DR. PETER LUTHER

„Hier stehe ich, ich kann nicht anders.“

GESCHICHTE EINER DEUTSCHEN FAMILIE

Luther, Dr. Peter: „Hier stehe ich, ich kann nicht anders.“
Berlin, September 2007

Einheitsaufnahme: Ein Titeldatensatz für diese Publikation ist bei der Deutschen Nationalbibliothek erhältlich

ISBN 978-3-940445-08-7

Inhalt

Vorwort

Wenn man Geschichte nicht um ihrer selbst Willen liebt, sondern sich selbst als Teil derselben sieht, dann hinterfragt man oft: „Wie war das damals?“ und „wie hast du das eigentlich erlebt ...?“

So habe ich meinen Vater öfter gefragt, wie das war damals, zum Beispiel in der Nazizeit in Drohndorf, in seiner Jugendzeit. Vieles hatten wir zwar in der Schule gelernt, aber wie waren die persönlichen Erlebnisse in der eigenen Familie?

Auch ich selbst wurde ja häufig nach noch gar nicht lange zurück liegenden Ereignissen gefragt: „Wie war das 1989 mit der friedlichen Revolution in Deutschland, zwischen Ost und West, wie hast du das selbst erlebt? War das wirklich so?“

Oder, ich wollte meinen Vater nach einem Landkauf aus dem Jahre 1889 in Drohndorf fragen, also 100 Jahre zurück! Nach 1990 war es manchmal ganz wichtig, solche Auskünfte wie Eigentumsnachweise zu haben oder zu bekommen. In der DDR war es unbedeutend geworden oder man brauchte sich nicht kümmern, es gehörte ja ohnehin alles dem Staat. Später fand ich bei der „Entrümpelung“ unseres alten Wohnhauses in Drohndorf viele alte Fotos, doch die abgebildeten Personen aus den Jahren zwischen 1890 und 1930 konnte ich zum Teil nur mit Mühe und der Hilfe einiger älterer Familienmitglieder identifizieren. „Papa hätte das alles gewusst“, war oft mein Gedanke, „aber den kann ich nicht mehr fragen, der war 1992 im Alter von 90 Jahren gestorben.“

So sollte es meinen Kindern nicht gehen!

Diese oder ähnliche Erfahrungen ließen in mir den Entschluss reifen, alle eigenen Erlebnisse in diesen spannenden Epochen meines Lebens und dem meiner Familie in Deutschland Ost und West aufzuschreiben. Das gilt zum einen für die Erinnerungen aus der Schulzeit – als „Luther-Nachfahre" in der DDR, insbesondere aber auch für die Zeit bei der friedlichen Revolution in der DDR 1989. Das waren Erlebnisse, wo viele Freunde oder Bekannte, wenn ich später davon erzählte, meinten: „Das solltest du unbedingt aufschreiben, viele Menschen wissen das alles gar nicht." und „Das darf nicht in Vergessenheit geraten!"

Also begann ich festzuhalten, was mir wichtig erschien. Dabei wollte ich zwei Dinge von vornherein ausschließen:

Das Buch sollte kein „Bestseller" sein oder werden von der Sorte, wie sie heute von allen möglichen Leuten, reißerisch aufgemacht, den Markt überschwemmen. Ich wollte ganz einfach meine persönliche Sicht der Geschichte aufschreiben, so wie ich es erlebt habe. Wie es mir zum Beispiel als Senator erging und wie ich manches ganz anders erlebt habe, als es in den Zeitungen stand ...

Eine Autobiographie aber soll dieses Buch dennoch nicht sein. Die schreiben nur wirklich bedeutende Persönlichkeiten. Meine eigenen, ganz persönlichen Erlebnisse in einer bedeutenden Zeit mitten in Deutschland, mitten in Ost und West, mitten im Volk und zum Teil im Zentrum der Macht, das, so dachte ich, könnte interessant sein.

Das Buch soll und kann kein literarisches oder wissenschaftliches Werk sein mit allen Zitaten, Nachweisen, umfassenden Quellenangaben und so weiter. Fachbücher habe ich früher in der Medizin geschrieben!

Nein, es soll ein Zeitdokument sein, in dem ich meine ganz persönliche Sicht der Dinge schildere, die ein anderer wieder ganz anders gesehen haben kann. Dabei habe ich mich mit meinen Söhnen, meiner Frau und auch mit Freunden beraten und einfach angefangen. So ist dieses Buch als mein ganz persönlicher Dialog mit meiner eigenen Geschichte mitten in Deutschland und doch in zwei so unterschiedlichen Welten zwischen Deutschland-Ost und Deutschland-West entstanden.

Da sich unsere Familiengeschichte, die Geschichte der Luther-Familie, die bei dem Reformator Dr. Martin Luther und davor beginnt, bis heute nachzeichnen lässt, ergibt sich ein Faden von dieser Zeit bis heute. Manche Ereignisse oder Vergleiche zu heute verblüffen sogar.

Dieser „Faden" könnte Reformen heißen! Der Wunsch, etwas reformieren zu wollen oder für Reformen einzustehen, hieß damals wie heute, etwas zum Besseren zu verändern, neu zu ordnen und nicht zu zerstören! Nicht Revolution, sondern friedlich, aber mit großer Beharrlichkeit für eine Veränderung zu kämpfen, war das Ziel Martin Luthers. Vielleicht sind diese Gene in der Lutherfamilie besonders ausgeprägt – bis in unsere Generation.

Der geneigte Leser dieses Buches wird sehen: Der Weg von einer Kindheit in einem kleinem Dorf als „Luther" bis hin zum Senator und Vizepräsidenten des Parlamentes in Berlin ist ungewöhnlich und doch wieder eine typische deutsch-deutsche Geschichte zwischen dem 20. und 21. Jahrhundert.

Die Geschichte der Luther

Die Familie seit dem Jahre 1295

Die Geschichte der Luther-Familie in Drohndorf ist vor allem deshalb spannend, weil sie einen fast lückenlosen Rückblick zu den wichtigsten Lebensdaten der Familie, aber auch des damaligen Lebens über 500 Jahre zurück erlaubt. Dieser Umstand ist im Vergleich zu den meisten Familiengeschichten nur aus zwei Gründen möglich geworden: Zum ersten und Wichtigsten liegt es an dem berühmten Vorfahren, dem Reformator Dr. Martin Luther, da es über ihn in seiner Zeit und in den Jahrhunderten danach immer wieder Aufzeichnungen gab. (Das ist also überhaupt nicht mein Verdienst oder mein Fleiß!) Zum anderen an dem Umstand, dass es bei landbesitzenden Familien, wie den Luthers in Drohndorf oder auch anderswo, immer üblich war, dass mindestens ein Familienmitglied, in unserer Familie seit 500 Jahren der jüngste Sohn, auf dem väterlichen Besitz blieb und so eine gewisse Tradition fortführen konnte. Damit blieben auch viele Geschichten, Besonderheiten, Ereignisse Gegenstände, Papiere, Karten und andere „Zeitzeugen" im Haus und so in der Familie.

Im Gegensatz zu fast allen anderen Berufen konnte man die familienerhaltenden „Produktionsmittel", den Lebensunterhalt, das heißt den Acker beziehungsweise den Grund und Boden, der entscheidend für das Überleben der Familie und der nachfolgenden Generation war, nicht einfach an einen anderen Ort mitnehmen. Viele Daten, viel Wissen wurde auf diese Weise immer direkt der nächsten Generation mit „auf den Weg“ gegeben. Sie waren Garant dafür, dass die Nachkommen überlebten und ihren Besitzstand vermehren konnten.

Den Stammbaum der Luther-Familie in Drohndorf, aus dem Jahr 1295 bis heute, möchte ich hier aber nicht im Einzelnen aufführen, er befindet sich im Anhang des Buches. Es lohnt schon ein Blick in diese Details, um bestimmte Personen in die Geschichte jener Zeit einordnen zu können. So kann daraus entnommen werden, wer, wen, wann, in welchem Alter geheiratet hat, wie alt frühere Generationen geworden sind oder aus dem Kurz-Stammbaum, welche weltgeschichtlichen Ereignisse oder Persönlichkeiten Zeit-genossen des jeweiligen Vorfahren waren.

Wohl aber will ich einige erwähnenswerte Gegebenheiten und kleine Geschichten aus früheren Jahrhunderten beschreiben.

In unserer Familie war es seit jeher üblich, dass der jüngste Sohn das väterliche Erbe bekam. Diese Tatsache wurde mir auch von meinem Vater in früheren Jahren immer wieder klar gemacht: „Du bist doch der jüngste Sohn, du musst einmal den Hof erben.“

Vielleicht wäre ich ein guter „Gutsbesitzer“ oder Landwirt geworden wie meine Vorfahren, aber die Zeiten waren wohl nicht danach in der damaligen DDR. So war dieses Thema sowohl in meiner Kindheit als auch in der gesamten DDR-Zeit eher eine Last denn eine Freude für mich und ich habe mich oft gefragt, „warum gerade ich, warum soll ich das erben, was ich gar nicht wollte, was mir ja auch nichts nützt in der DDR?!“ Das lag natürlich vor allem daran, dass sowohl mein Vater als auch ich, wenn ich den Hof bekommen hätte, in der DDR zwar Pflichten wie Steuern und anderes gehabt hätten, aber keinerlei Rechte. Ich hätte das Land nicht selbst nach eigenem Ermessen bewirtschaften können, hätte aus dem Land weder Nutzen ziehen, noch es verkaufen oder bebauen können. Schon gar nicht konnte man in dieser Zeit daraus einen erstrebenswerten, selbstständigen oder eigenverantwortlichen Beruf machen.

In der DDR war alles „verstaatlicht", also letztlich Hof, Gebäude, Land, Vieh, Maschinen und so weiter. Alles gehörte dem Staat und der entschied, was damit geschehen sollte! Obwohl ich mir Mühe gab, etwas Vorteilhaftes für meine Zukunft konnte ich an diesem Erbe nicht finden.

Die Erbgepflogenheiten meiner Vorfahren seit dem 12. Jahrhundert hatten in den Jahrhunderten vor meiner Zeit aber durchaus ihre Berechtigung. Der Vorteil war nämlich, dass der Vater seinen „Betrieb" beziehungsweise Besitz immer dem jüngsten Sohn übergab. Dadurch blieb er selbst länger „Chef" und behielt die Fäden länger in der eigenen Hand. Damals war das durchaus eine wichtige Überlegung. Zum anderen konnte er als Vater auch für die älteren Söhne eher eine Ausbildung finanzieren oder anderweitig für einen Broterwerb sorgen, als es vielleicht konkurrierende Brüder getan hätten, da ein vergleichsweise jüngerer Vater noch in der Lage war, ihnen zu helfen. Für die Töchter wurde ohnehin in der Regel durch richtiges beziehungsweise „gutes" Heiraten gesorgt. So war es auch in der Familie des Reformators Dr. Martin Luther.

Für die Zeit zwischen der ersten Erwähnung aus dem Jahr 1275 oder 1295 bis zum Reformator gibt es nur spärliche geschichtliche Aufzeichnungen und sicher ist längst nicht alles bekannt. Ich weiß auch nicht genau, ob ein Luther von Braunschweig, geboren um 1275, Hochmeister des Deutschen Ordens in Königsberg, zu unserer Familie zählt. Wohl eher nicht, denn es heißt, er sei Sohn des Herzog Albrechts zu Braunschweig und dessen zweiter Ehefrau Adelheit von Montferat (gestorben 1285).

Reichskanzler Hans Luther dagegen, der in den 20er Jahren unseres Jahrhunderts zweimal deutscher Reichskanzler war, ist mein direkter Verwandter, ebenfalls nach Jakob Luther. Sein Vater, der mit seiner Familie nach Berlin gegangen war, stammte aus Aschersleben.

Der Vater des Reformators, Hans Luther, war 1480 jedenfalls Besitzer mehrerer Bergwerksgruben in Mansfeld und in Eisleben. Diesen Besitz bekam der jüngste Sohn Jakob. Der ältere Bruder Martin „musste" studieren und wurde bekanntlich etwas anderes.

Jakob nun, der den väterlichen Betrieb geerbt hatte, musste seinerseits für seinen ältesten Sohn Johannes wieder etwas suchen, denn das „Bergwerk" bekam ja wiederum sein jüngster Sohn.

Jakob, der jüngere Bruder des Reformators, war in dieser Zeit ein sehr angesehener und wohlhabender Bürger in Mansfeld. Er war dort zeitweise Bürgermeister und danach gleichzeitig Ratsherr in den Städten Aschersleben und Goslar. In Goslar im Oberharz wurde damals viel Bergbau betrieben. Auf dem Weg von Mansfeld nach Aschersleben oder Goslar (damals eine Zwei- bis Dreitagereise für einen Weg!) gelangt man in jedem Fall auch über Drohndorf. Es ist leicht vorstellbar, dass Jakob für seinen ältesten Sohn Johannes auf den Wegen zwischen Mansfeld, Aschersleben und Goslar entweder eine „passende" Frau oder einen wirtschaftlich günstigen Hof zum Kauf gefunden hatte.

So ist es wahrscheinlich, dass Jakob für seinen ältesten Sohn Johannes einen Bauernhof kaufte. Mit der Heirat seines Sohnes Johannes nach Drohndorf begann also ab etwa 1536 eine sehr erfolgreiche „Drohndorfer Familiengeschichte".

Abb. 1 Wappen der Familie Luther von 1531

Das Familienwappen von Jakob – ein Wappen war seinerzeit ein wesentlicher Bestandteil aller größeren Familien-Clans – unterschied sich deutlich von dem späteren Wappen des großen Bruders, dem späteren Reformator. Während dieser die allseits bekannte Lutherrose (siehe auch Abb. 20 am Wohnhaus in Drohndorf) als sein Wappen beziehungsweise Petschaft führte (eine aufgeblühte weiße Rose mit rotem Herz und schwarzem Kreuz auf hellblauem Feld; es war eine Heckenrose, Rosa canina

– soviel Naturwissenschaft muss sein!), blieb Jakob als jüngster Sohn der Familie, vielleicht auch als Erbe des Familienbesitzes, bei dem alten Familienwappen: Schild in rotem Feld mit halber Armbrust und zwei kleinen Rosetten rechts (möglicherweise waren diese kleine Rosenblüten, für Martin die Verbindung zur Familie). Die Helmzier in Jakobs Wappen bestand aus zwei Büffelhörnern (zitiert nach: Johannes Luther „Das Luthersche Familienwappen", Evang. Verlagsanstalt GmbH, Berlin 1954).

Johannes, der Sohn Jakobs, hatte also 1536 Margarete Stehling aus Drohndorf geheiratet und den Hof dazu gekauft. In alten Kirchenbüchern heißt es dazu: „... tätigte einen Erbkauf in Drohndorf gegenüber der Kirche ..." 1565 heißt es: „... kaufte von Jörg Stehling seines Weibes angekauften Hauses." Seit dieser Zeit wird auch in Drohndorf der Besitz an den jüngsten Sohn weiter vererbt. Bis zum heutigen Tag, also auch an mich.

An dieser Stelle ist es vielleicht ganz interessant, einige Bemerkungen zu den wirtschaftlichen Verhältnissen, zu dem Besitz meiner Vorfahren zu machen.

Über Johannes Luther, also jenen, der von seinem Vater Jakob den Hof in Drohndorf bekam, weiß man, dass er auch „Miles" genannt wurde. Das heißt soviel wie „im Krieg gedient" oder „verdient gemacht". Da es damals, um 1530, eine kriegerische Zeit war, ist die Tätigkeit eines „Kriegsmannes" ein durchaus nachvollziehbarer Beruf, der wohl auch etwas Geld eingebracht haben könnte.

Jedenfalls ist von Andreas Luther, dem Sohn von Johannes, geboren 1536, bekannt, dass er zehneinviertel Hufen Land besaß und seine Frau zur Hochzeit 50 Gulden und eine Kuh als „Mitgift" in die Ehe brachte. (Das waren noch Zeiten ?!) Aber was sind 10,25 Hufen Land? Was sind 50 Gulden wert?

Eine Hufe Land war im frühen Mittelalter die Ackerfläche, die gerade ausreichte, eine bäuerliche Familie zu ernähren. Das war ein von den damaligen Regierenden (die Kurfürsten von Sachsen zum Beispiel) sinnvolles Gesetz. Jede ländliche

Familie musste mindestens eine Hufe haben, um sich selbstständig ernähren zu können.

In Sachsen Anhalt (wo Drohndorf liegt) war eine Hufe Land gleich 30 Magdeburgische Morgen, in Preußen jedoch entsprach eine Hufe Land gleich 66 Preußischen Morgen (1 Morgen als Flächenmaß in der Landwirtschaft sind heute noch 2500 m^2). Dieses unterschiedliche Maß für eine Fläche, die nötig war, eine Familie selbstständig zu ernähren zeigt schon, wie viel wertvoller der Boden in Drohndorf schon damals eingeschätzt wurde, ohne die heute bekannten modernen wissenschaftlichen Meßmethoden zu kennen. Aber die damalige Einschätzung würde auch heute noch gelten können.

Wenn Andreas also zunächst 10,25 Hufen Land in Sachsen Anhalt besaß, waren das immerhin 76,9 ha, das entspricht etwa 770 000 m^2 Land (!), also ein richtig guter und großer Besitz. Mein Vater hat mir diesen Besitz dann ebenfalls vererbt, aber es waren nicht mehr 77 ha sondern nur noch 55 ha – ein Teil der Fläche ist wohl im Laufe der Geschichte verloren gegangen (durch Teilung, Mitgift oder ähnliches).

Wenn man die Wertigkeit des Bodens von 90 Bodenpunkten beachtet (Der wertvollste Boden in Deutschland ist der in der Magdeburger Börde. Er wird mit 100 Bodenpunkten bewertet, besseren gibt es in ganz Deutschland nicht!), hatte Andreas für seine Familie ein sehr gutes Auskommen. Auf solch einem Boden (Es ist ja heute mein Land!) konnte man bei der gleichen Aussaat oft das Doppelte ernten als beispielsweise in der Gegend um Berlin. In den sehr trockenen Sommern 2003 oder 2004 beispielsweise vertrocknete um Berlin herum ein großer Teil der Ernte bei Getreide, während es in Drohndorf bei gleichem Klima kaum Ausfälle gab, wie mir meine Pächter sagten. Besonders anspruchsvolle Pflanzen wie Zuckerrüben oder Weizen wachsen in der Gegend Berlins oder auf ähnlichen „Sandböden“ gar nicht beziehungsweise der Anbau lohnt nicht – sehr wohl aber in Drohndorf. Soviel also zur

Bodenwertigkeit beziehungsweise dem Begriff „wertvoller Boden“.

Wenn man diese Zeilen bewusst liest (Leser machen das natürlich immer!), muss man zu dem Schluss kommen, dass die Familie des Reformators Dr. Martin Luther beziehungsweise auch die seiner Geschwister oder Nachfahren in Drohndorf wohl reich gewesen war. Diese Feststellung ist nach meinen Unterlagen und Berechnungen auch nicht falsch. Ein Finanzvergleich zwischen Gulden, der damaligen Währung, im Vergleich zum Euro, der heutigen Währung, bestätigt diese Vermutung! Folgen Sie einfach einmal meinen Überlegungen:

Überliefert ist, das der Reformator gerne Bier trank. (Mindestens dieses Gen hat sich über all die Generationen bis zu mir vererbt!!)

Die Frau des Reformators, Katharina, war sehr gewissenhaft, führte den ganzen Haushalt und hatte auch die Finanzen in der Hand. Viele Dinge sind von ihr festgehalten worden. In ihrem Wirtschaftsbuch zeichnete sie auf: „2 Liter Bier für 3 Pfennige“.

Wenn man heute für zwei Liter Bier, das sind sechs kleine Biere in einer Berliner Gaststätte, etwa zehn Euro rechnet, ist das sicher nicht zu hoch gegriffen, denn ich kenne teurere Kneipen! Für drei Pfennige also sechs kleine Biere (je Glas 0,33l) mit einem Preis von zehn Euro setze ich als Vergleich an. Dann wären also: Ein Pfennig von damals soviel wert wie 3,33 Euro heute. Für die damaligen Zahlungsmittel waren festgelegt:

1 Gulden = 21 Silbergroschen;
1 Silbergroschen = 12 Pfennige.

Ein Gulden hatte also den Wert von 252 Pfennigen. (Denken Sie dabei auch wieder an das Bier?!) Ein Gulden wäre dann gleich 168 Liter Bier, das entspräche 504 Bieren mit 0,33 l in meiner Stammkneipe!!

Ein zweites überliefertes Beispiel: Ein Sohn des Reformators, Dr. Paul Luther, war Leibarzt beim Kurfürsten von Sachsen – sie wissen schon, das ist der, der auch dem Reformator sehr wohl gesonnen war und ihn beschützte (im „Luther-Film" gespielt von Sir Peter Ustinov). Paul war gerade Professor der Medizin an der gegründeten Universität Jena geworden und ging von Jena aus zunächst als Leibarzt zu Joachim dem II., Kurfürst in Berlin Brandenburg. Jakob Luther, Vorfahre der Drohndorfer Luther und Bruder des damals bereits verstorbenen Reformators, war Pate bei der Geburt des jüngsten Sohnes von eben diesem Dr. Paul Luther. Also reiste er nach Berlin zur Taufe. Dr. Paul Luther war, wie man schon damals sagte, beim „Landesfürsten" als Leibarzt angestellt – und das war eine hoch angesehene „Be schäftigungsposition", wie es hieß. Dr. P. Luther bekam damals (im Jahr 1560) als Jahresgehalt 200 Gulden.

Nun war die Funktion oder der „Job" Leibarzt bei einem Kurfürsten eine wichtige Vertrauensstelle und vielleicht etwa vergleichbar mit der heutigen Position des Gesundheitsministers beziehungsweise Gesundheitssenators eines Bundeslandes und dessen „Landesfürsten" – zum Beispiel des Bundeslandes Berlin mit dessen „Landesfürsten"! Möglicherweise war diese Stelle aber doch wichtiger als heute die eines Gesundheitssenators ist, denn der Leibarzt Dr. P. Luther war 1560 verantwortlich für das ganz persönliche Wohlergehen des Landesfürsten!! Er musste also immer in der Nähe des Kürfürsten sein, wichtige Medikamente (Kräuter!) für oder gegen alles „Unwohlsein" verordnen oder dabei haben, bei allen Geburten in der Familie oder von höheren Beamten des Landesfürsten dabei sein, den Fürsten auf Reisen begleiten und so weiter.

Der Leser muss nun natürlich wissen (wahrscheinlich weiß er es ohnehin), dass ich selbst Gesundheitssenator/Minister eines Bundeslandes war – auch in Berlin – nur eben später, zwischen 1990 und 1996! Ist das nicht eine komische, interessante Konstellation?

Bereits vor über 450 Jahren war jemand aus meiner Familie „Gesundheitssenator“ bei seinem Landesfürsten in Berlin?!

Jetzt komme ich mit den Vergleichen zwischen Dr. Paul Luther im Jahre 1560 und Dr. Peter Luther im Jahre 1995 aber doch in Schwierigkeiten. Beim Vergleich des Aufgabengebietes von uns beiden würde das ja heißen, ich wäre für alle Krankheiten meines damaligen „Landesfürsten“, also Eberhard Diepgen, (und eigentlich ausschließlich für diesen!) zuständig und verantwortlich gewesen! Sie sehen, so weit geht der Vergleich über etwa 450 Jahre doch nicht auf!

Der finanzielle Vergleich aber ist wieder interessant und passt erstaunlich gut zu der eben benutzten „Bier-Umrechnung“. In meiner Zeit als Gesundheitssenator von Berlin habe ich zum Beispiel 1995 ein Jahresgehalt, umgerechnet über den Wert des Bieres, von etwa 182 Gulden im Jahr bekommen. Der Leibarzt vor 450 Jahren bekam 200 Gulden im Jahr – gar kein so großer Unterschied! Jetzt rechnen sie zum Spaß selbst einmal über das Bier um:

200 Gulden = 50.400 Pfennige = ... Biere ...!!

Die Zeiten waren gar nicht so schlecht – wenn man Gulden hatte.

Ein Hofrat beim Kurfürsten bekam übrigens 230 Gulden im Jahr, das war noch besser. Ein Hofrat war aber nicht „nur“ für die Gesundheit, sondern eben mehr für die Politik seines Landesfürsten zuständig, musste also vielleicht auch mehr Politik machen als ein Leibarzt. Politik machen wurde also auch damals schon höher bezahlt als für gute Gesundheitspolitik zu sorgen – heute wie vor 500 Jahren.

Der Leibarzt des Kürfürsten, Dr. Paul Luther, war der Jüngste Sohn des Reformators (Geboren am 28. Januar 1533), ging nach dem Tod von Kurfürst Joachim II. in Berlin als Leibarzt zu dem Kurfürsten von Sachsen, wurde dort für die damalige Zeit ein richtig guter Forscher in der Medizin und erfand verschiedene „Medikamente“ und Rezepte.

Auch mehrere „neuartige erfolgversprechende Mischungen“ werden Dr. Paul Luther nachgesagt. War das wieder das „reformerische, forschende Gen“ der Luther? Immer auf dem Weg, etwas besseres, neueres, erfolgreicheres zu suchen?

Ein dritter und letzter Finanzvergleich rundet das Bild wirklich ab:

Nach dem Tode des Reformators musste eines seiner landwirtschaftlichen Güter, das der Reformator für seine Verdienste vom Kurfürsten geschenkt bekam, von seiner Frau Katharina verkauft werden. In den Büchern steht geschrieben:

„Frau Katharina bekam für 80 ha Land 2.200 Gulden.“

Der Ackerpreis dieses Landes (im Jahr 2005) in Drohndorf wird beim Landwirtshaftsamt in Aschersleben mit ein bis zwei Euro je Quadratmeter bewertet. (Flächenmaße: 1 ha sind 10.000 m², also waren 80 ha = 800.000 m²) Katharina hatte also umgerechnet über das Bier etwa 1,6 Millionen Euro bekommen, das ist eine heute ebenfalls realistische Zahl. Denn zurück auf Gulden über das Bier umgerechnet wären es 2.200 Gulden mal 839 €/Gulden = 1,84 Mio. € , also nur wenig mehr als die 1,6 Mio., die man heutzutage dafür bekommen könnte. Der Vergleich über die „Bierwährung“ ist also gar nicht so falsch.

Die finanziellen Berechnungen und Umrechnungen, zum Beispiel über das Bier, zeigen erstens eine erstaunliche Übertragbarkeit auf den Wert des heutigen Geldes oder die heutigen Waren. Zum anderen kann festgehalten werden: Die Luther-Familie beziehungsweise die Familie des Reformators war nicht wirklich arm! Zurück zur Chronik und den Luthers in Drohndorf.

Den Namen Peter Luther gab es im Verlauf von 500 Jahren unter den Vorfahren in Drohndorf natürlich öfter. Peter Luther, geboren 1580, gestorben 1627, war Hofbesitzer und zugleich Richter in Drohndorf. Diese Kombination, Gutsbesitzer oder Freisasse beziehungsweise Ackersasse zusammen mit Richter gab es öfter unter den Vorfahren (siehe Stammbaum) und war früher nicht unüblich, da besonders angesehene Bürger einer Gemeinde oder eines Dorfes oft für Rechts- und Streitfragen ausgewählt wurden.

Dieser Peter Luther baute zusammen mit seinem Vater Johannes (geboren 1557) den von seinem Ur-Großvater 1536 erworbenen Hof neu. Der Bau dieses neuen Hofes in Drohndorf war im Jahre 1601 abgeschlossen, wahrscheinlich moderner und der damaligen Zeit entsprechend. Nach der Fertigstellung des gesamten neuen Hofes – muss das ein glückliches, tolles Gefühl gewesen sein – heiratete Peter Luther im selben Jahr, 1601, Anna Duderstadt aus Mehringen.

Der Grundstein dieses Gutshofes von 1601 befindet sich noch heute, wiederverwendet in dem Neubau des Hofes von 1889, in den jetzigen Gebäuden sichtbar verwendet. (siehe Abb. 2)

Wie üblich in der Familie, erbte der jüngste Sohn, Andreas Luther, der am 7. Februar 1610 als drittes Kind geboren wurde, einen schönen Hof, denn er durfte sich bereits Freisasse nennen. Nach einer sicherlich sehr glücklichen Kindheit und Jugend schlug das Schicksal aber später hart zu. Andreas heiratete mit 37 Jahren, anlässlich seines Geburtstages, am 8. Februar 1647 die 18-jährige Maria Günzen aus Mehringen. Der wohl glücklichen Ehe wurden vier Kinder geboren.

Doch kurz nach der Geburt des vierten Kindes, des jüngsten Sohnes Peter Ernst Luther (geboren am 21. Oktober 1653) verstarb Maria am 16. März 1654 und hinterließ den vier Monate alten Peter, dessen drei kleine Geschwister und ihren Mann Andreas, damals im Alter von 44 Jahren.

Abb. 2 Grundstein des Lutherhofes von 1601 (Peter Luther) und des 2. Neubaues von 1890 (Tafel darüber)

In den Annalen ist vermerkt, das Vater und Ehemann Andreas drei Wochen später gestorben ist. Niemand weiß, ob es Krankheit, ein Unfall oder der Schmerz über den Verlust seiner jungen Frau war. Welche Tragik für die vier kleinen Kinder, die erst zwischen einem halben Jahr und vier Jahre alt waren!

Offensichtlich hat aber die Großfamilie Luther auch damals funktioniert: Die Kinder wuchsen, wahrscheinlich mit Hilfe des Onkels Martin Luther aus Drohndorf, der bis 1673 gelebt hat, gut auf. Denn, ein Jahr nach dessen Tod heiratet Peter Ernst Luther, der beim Tod seiner Eltern fünf Monate alt war, am 26. Januar 1674 in Drohndorf Magdalene Dummenhagen aus Freckleben. Peter Ernst Luther ist Freisasse, Richter und Kirchenvorsteher in Drohndorf, was signalisiert, dass er als jüngster Sohn den väterlichen Besitz bekam und Ansehen im Ort hatte.

Danach, um 1701, als gerade der erste König in Preußen gekrönt wurde (Friedrich I.) gab es in Drohndorf von meinen Vorfahren gleichzeitig drei größere Höfe:

Georg Luther, Ackersasse, 06.03.1685 bis 22.03.1730,
Johann-Daniel Luther, Ackersasse, 01.10.1680 bis 01.10.1735
Andreas Luther, Freisasse, 16.05.1678 bis 16.02.1742.
(Ackersasse hieß soviel wie eigener Besitz an Land/Acker.)

Alle genannten Vorfahren stammten von Johannes beziehungsweise seinem Vater Jakob, dem Bruder des Reformators Dr. Martin Luther, ab, der zuerst den Hof in Drohndorf kaufte. Sehen Sie sich den Stammbaum wirklich einmal genauer an!

Zu dem eben genannten Georg Luther kam später noch die Mühle in Drohndorf, die sein Sohn Johann Martin Luther betrieb. Die Luthers waren in dieser Zeit also richtig aktiv und erfolgreich. Ob das nachfolgend beschriebene Phänomen mit dem Erfolg zu tun hat oder Folge des Erfolges war, ist nicht bekannt: Es heirateten damals jedenfalls öfter die Luther untereinander, Neffe-Nichte und so weiter wie später beschrieben wird!

Sehen Sie spätestens jetzt auf die Stammbaum-Seite im Anhang!

Denn, Johann Gottfried Luther, der mit der „Mühlen-Luther“-Tochter verheiratet war, vererbte seinen beiden Söhnen zwei große Höfe: An Johann Georg Andreas einen Gutshof, nach dem später die „Gottlieb-Luther-Strasse“ in Drohndorf benannt wurde und an seinen jüngsten Sohn Johann Martin Hardwig (in den alten Büchern oft Martin L. sen. bezeichnet) unseren

Stammsitz, den Hof, auf dem auch ich später geboren wurde, gegenüber der Kirche, die auf der folgenden Abb. mit einem Kreuz gekennzeichnet ist. (siehe Abb. 3)

Auf dem Grundriss von Drohndorf, der etwa 1875 entstand, sind gut die beiden „Luther-Höfe“ und die zu heute entstandenen Veränderungen zu erkennen:

Zum einen ist die Straße „der Sack“ ist damals noch eine Sackgasse, markiert mit den beiden roten Pfeilen, wo heute die Verbindungsstrasse ist. Zum anderen wurde auch die Schenkgasse erst 1848 so breit wie sie heute ist. Sie war früher nur ein Fußweg im oberen Teil, solange, bis mein Ur-Großvater 1848 die Gartenmauer nach innen verlegte, sodass die Bauern im „Nord-Dorf“ wie zum Beispiel Espenhahn oder Lüder durch die Schenkgasse fahren konnten. Für den Verzicht an Bauland (Gartenland) baute die Gemeinde 1848 unsere Gartenmauer neu (siehe Abb. 4, Grundstein in der Mauer von 1848), gebaut von Hugo Götze.

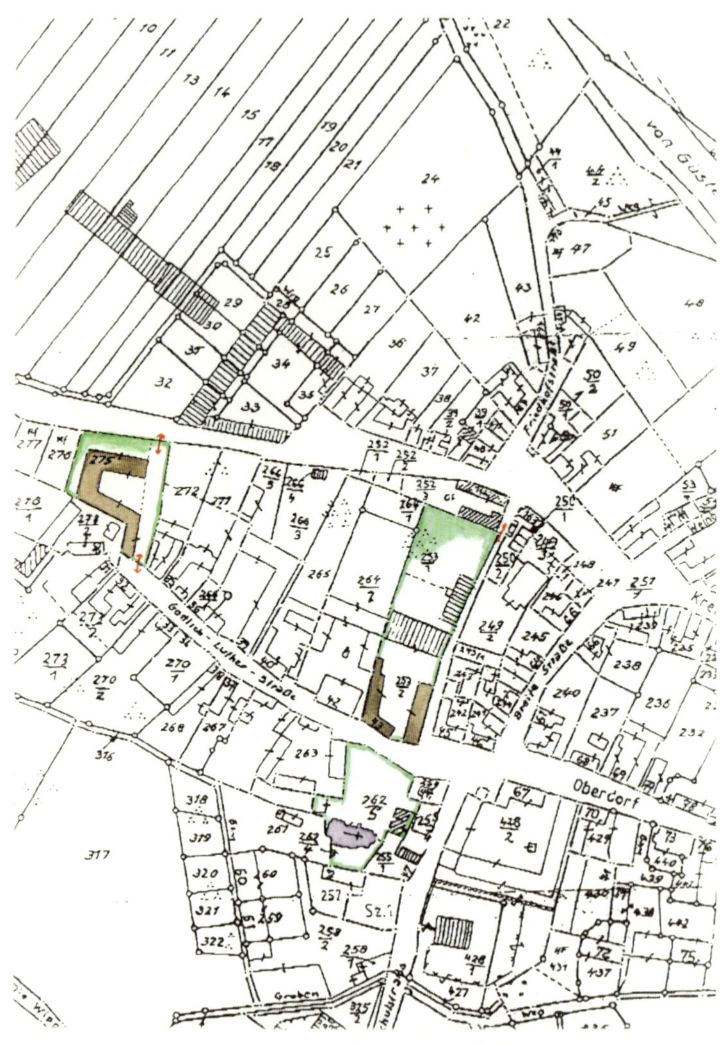

Abb. 3 Teilgrundriss Drohndorf 1875

Abb. 4 Grundstein von 1848

Überhaupt wurde die frühere Geschichte des Dorfes Drohndorf, nicht nur in dieser Zeit, von den Aktivitäten der Luther-Familie mit geprägt. Zurück zu den Heiraten „Luther gegen Luther".

Einmal oder wahrscheinlich sogar öfter heirateten dabei in voller Absicht Luther und Luther (Neffe und Nichte!). So zum Beispiel im Jahre 1743: Johann Ludolph Luther, der die Tochter vom Bruder seines Vaters, Dorothea Maria Luther, geboren am 11. Oktober 1724 heiratete! Sein Ur-Großvater, Andreas Luther, geboren am 7. Februar 1610, war damals einer der bedeutendsten Männer in Drohndorf: Gutsbesitzer, darüber hinaus „Gerichtsschöppe" und Kirchenvorsteher in Drohndorf. Sein älterer Bruder Martin (er konnte bekanntlich den väterlichen Hof nicht bekommen), begründete im Nachbarort Mehringen einen kleinen Hof, der nach einigen Generationen größer wurde und den Grundstein der Mehringer Gutsbesitzer-Luther-Familie bildete, die erst nach 1890 ihren Hof, den jetzt in Mehringen die Familie Winkler bewirtschaftet, verkaufte, um sich in einer anderen Gegend einen neuen Hof zu kaufen.

Die beiden Enkel von Andreas, Johann Andreas und Johann Daniel (in der Zeit um 1700!) hatten beide mit ihren Familien beziehungsweise ihren Kindern kein Glück. In beiden Familien wurden sechs beziehungsweise sieben Kinder zur Welt gebracht. Bei Johann Andreas starben zwei nach der Geburt, bei Johann Daniel Luther starben immerhin vier Kinder von sieben gleich nach der Geburt beziehungsweise bevor sie ein Jahr alt waren. Möglicherweise hat das zu der Überlegung geführt, nicht „fremdes Blut" zu heiraten, sondern innerhalb der eigenen „gesunden" Familie zu heiraten, der Luther Familie, die über lange Jahrzehnte „gesund" war, wie man in dieser Zeit dachte. Natürlich war die Kindersterblichkeit in früheren Jahrhunderten generell sehr hoch, aber vier von sieben geborenen Kindern war auch damals zuviel.

So heirateten im Jahre 1743, wie erwähnt, die Tochter von Johann Andreas, (Dorothea Maria Luther) und der Sohn von Johann Daniel (Johann Ludolph Luther) miteinander und - wie man es sich damals gewünscht hatte - gebaren sie tatsächlich nur gesunde Kinder. Sein Sohn, Johann Gottfried Christoph Luther, der einen der beiden Höfe seiner Eltern erbte, heirate dann (oder daraufhin?) wieder eine Luther aus der Verwandtschaft, die Tochter des Mühlenbesitzers Johann Martin Luther mit großem Erfolg, denn sie gebar ihm sechs gesunde Kinder, zwei Söhne und vier Töchter. Jeder Sohn wird in den Analen als „Gutsbesitzer" geführt, sodass davon ausgegangen werden kann, dass sie die jeweiligen Höfe ihrer Eltern bekamen.

Eine Aufteilung/Zerteilung des Besitzes unter den Kindern war auch früher nicht üblich, obwohl nach meinem Wissen erst in der nationalsozialistischen Zeit per Gesetz verboten wurde, den Landbesitz durch vererben zu zerteilen und damit letztlich zu verkleinern und unwirtschaftlich zu machen.

Auch in Tirol zum Beispiel findet man noch heute an alten Bauernhöfen die mahnende Inschrift:

„Als **unverkäuflich** Lehen, **unteilbar** im Bestand,
soll ich stets **übergeben, in Treu von Hand zu Hand**,
und wenn im Weltgeschehen auch vieles fällt und bricht,
der Bauer bleibt bestehen, der Bauernstand fällt nicht."

(Am Hotel „Rössel", ehemals Hof,
in Welschenhofen/Süd-Tirol)

Noch eine letzte Anmerkung zu dem Thema Luther und heiraten:

Seit Johannes „Miles" Luther 1536 als wahrscheinlich erster Luther in der Drohndorfer Dorfkirche geheiratet hat, haben das nach ihm alle Luthers in vier Jahrhunderten, mindestens aber diejenigen, die den Hof erbten, ebenso getan wie auch ich und zuletzt mein Sohn Kai Luther im Jahr 2006.

Beide Söhne aus der damaligen „Luther-Luther-Heirat" waren, als der eine, 1811 beziehungsweise mein Ur-Ur-Großvater Martin Hardwig Luther 1816, heirateten, Gutsbesitzer. Der ältere Bruder meines Vorfahren war, wie erwähnt, derjenige, dessen Enkel Gottlieb Luther später den Hof verkaufte und so einer Straße in Drohndorf den Namen gab (siehe später).

Martin Hardwig Luther, wohl einer der erfolgreichsten und reichsten Vorfahren der jüngeren Zeit hinterlässt nach seinem Tode 1846 ein großes Vermögen. Aus alten Wirtschaftsbüchern aus dem Familienbesitz geht hervor, wie genau er bereits 1834 Buch führte, was und wie viel er geerntet hat, während sein Sohn Martin Luther junior 1828 in der Drohndorfer Schule, zehnjährig, zwei verschiedene Schriftarten in Deutsch üben musste.

Die beiden folgenden Abbildungen aus dem Familienbesitz demonstrieren das eindrucksvoll.

Im Jahre 1834 habe ich geerndet in Roggen
48 Schock 1 Mandel 11 bund auf den [illegible] 10 Morgen
13 Schock 1 Mandel 11 bund in [illegible]
9 Schock 2 Mandel 4 bund in [illegible]
2 Schock 1 Mandel 4 bund in [illegible]
1 Schock 3 Mandel 6 bund in Westerland
6 Schock 1 Mandel 14 bund auf Weinberge
3 Schock 3 Mandel 4 bund in [illegible]
4 Schock 1 Mandel 3 bund in [illegible]
3 Schock 2 Mandel 6 bund in Westerland
10 Schock 2 Mandel 14 bund in der [illegible]
2 Schock 2 Mandel 11 bund in der [illegible]
8 Schock 3 Mandel 8 bund an der [illegible]
3 Schock 3 Mandel 8 bund auf den [illegible]
6 Schock 2 Mandel 14 bund auf den Rathskeller Berg
7 Schock 1 Mandel 5 bund auf dem [illegible]berge
10 Schock —— in Westerland
137 Schock 2 Mandel 3 bund in Summa Martin Luther [illegible]

Abb. 5 Wirtschaftsbuch von 1834

Tabac ist eine ursprünglich Amerikanische Pflanze, die von der Insel Tabago ihren Namen hat, wo sie die Spanier im Jahre 1520 zu erst entdeckten. Jetzt ist der Tabac in der ganzen Welt verbreitet.
Unter den Vögeln ist der Straaß der größte, er wiegt an die 70 bis 80 Pfund schwer, und ist 6 Fuß hoch. Er kann wenig fliegen läuft aber viel schneller als ein Pferd.
Martin Luther in Drehndorf am ersten Februar 1828.

Dresden die Hauptstadt und Resid[illegible]
[illegible] Martin Luther

Abb. 6 Schulbuch von 1828

Der Schuljunge von 1828 „Martin Luther junior“ vererbt aber nur noch einen verkleinerten Besitz. Auf alten Flurkarten erscheint in dieser Zeit seine kleine Schwester Luise, die am 22. Mai 1842 Friedrich Christof Wiechmann heiratete, als Besitzerin der Flächen, die später, 1945, als Besitz des Erich von Biedersee (Wiechmann-Schwiegersohn), in Drohndorf enteignet wurden. Auch gibt es auf alten Flurkarten Flächen mit der Bezeichnung „Martin Luther senior“, die nicht an seinen Sohn Martin Georg Gottfried Luther, (meinen Urgroßvater) weiter vererbt wurden.

Wie es zu dieser Landaufteilung/Verteilung kam, kann leider nicht mehr festgestellt werden, da es keine Unterlagen dazu gibt. Als sicher gilt nur, dass in der damaligen Zeit um 1700 die Familien Luther und Wiechmann immer wieder als Gutsbesitzerfamilien genannt wurden.

Dennoch ging es auch seinem Sohn „Martin Luther jun.“ richtig gut, denn er vererbte seinen Kindern auch noch ein großes Vermögen und baute außerdem zwischen 1889 bis 1892 den gesamten Gutshof neu – nämlich in der Form, wie er heute noch als unser Hof in Drohndorf steht, in dem auch ich geboren wurde. (siehe Abb. 20)

Das Vererben des Besitzes spielte also in der damaligen Zeit wirklich eine große Rolle. Wie das damals ablief, zeigt der Original-Erbvertrag nach Martin Hardwig Luther („Martin L. sen.“). Dieser war am 24. Februar 1846 mit 51 Jahren relativ jung und vielleicht unerwartet gestorben. Jedenfalls gibt es einen Ehe- und Erbvertrag, den sein Sohn „Martin L. jun.“ am 4. November 1848 mit seiner zukünftigen Frau Dorothee Mähnicke (einen Monat vor der Hochzeit!) notariell geschlossen hat, der leider bisher nicht auffindbar ist. Beide, inzwischen Eheleute mit fünf Kindern, ändern genau 30 Jahre später (1878) diesen Ehe- und Erbvertrag in einen neuen Erbvertrag für sich und ihre Kinder um und erklären den ersten Vertrag für ungültig. (siehe Abb. 7)

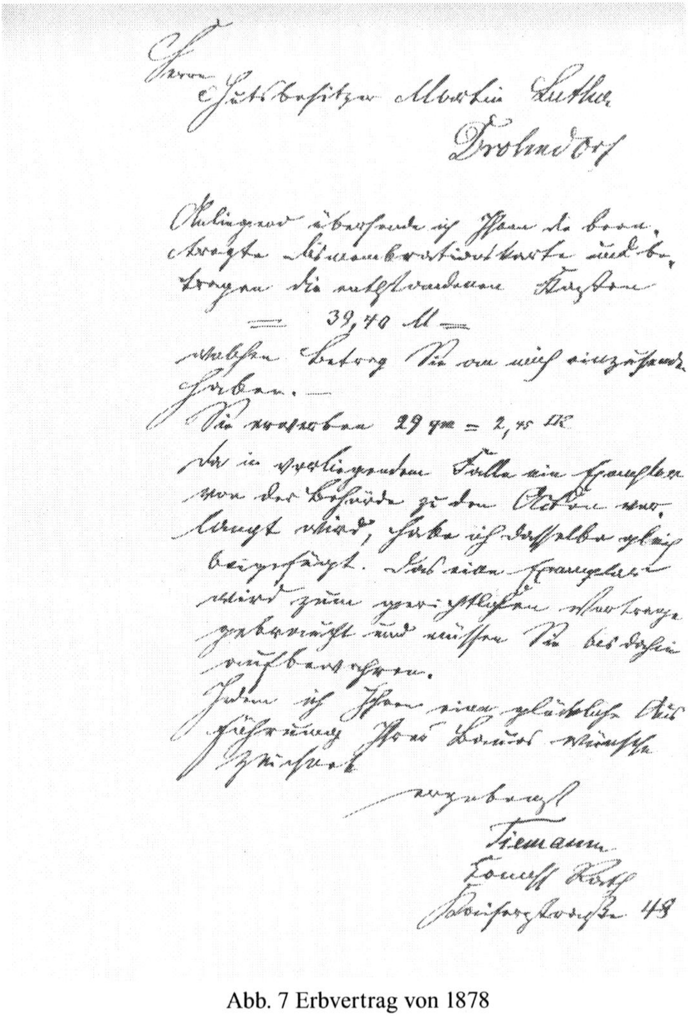

Herrn
Gutsbesitzer Martin Luther
Drohndorf

Anliegend übersende ich Ihnen die beantragte [illegible] und betragen die entstandenen Kosten
= 39,40 M =
welchen Betrag Sie an mich einzusenden haben. —
Sie [illegible] 29 qm = 2,45 [illegible]
da im vorliegenden Falle ein Stempel von der Behörde zu den Akten verlangt wird, habe ich denselben gleich beigefügt. Das eine Exemplar wird zum gerichtlichen Vertrage gebraucht und müssen Sie [illegible] aufbewahren.
Indem ich Ihnen eine glückliche Ausführung Ihres Baues wünsche zeichnet

ergebenst
Tiemann
[illegible]
[illegible] 48

Abb. 7 Erbvertrag von 1878

Abb. 8 Mein Großvater mit seinen Schwestern 1878

Nach der Regelung der Erbangelegenheiten in der Familie Luther ging es an das „richtige“ Verheiraten, sofern das nicht längst vorher geplant oder vorbereitet war.

Nachdem beide Töchter „gut“ verheiratet waren (beide heirateten 1880 beziehungsweise 1881 jeweils einen Gutsbesitzer in Zickeritz) und erhielten zusätzlich noch eine gute „Mitgift“ in Geld (siehe Abb. 9, Bankanweisung).

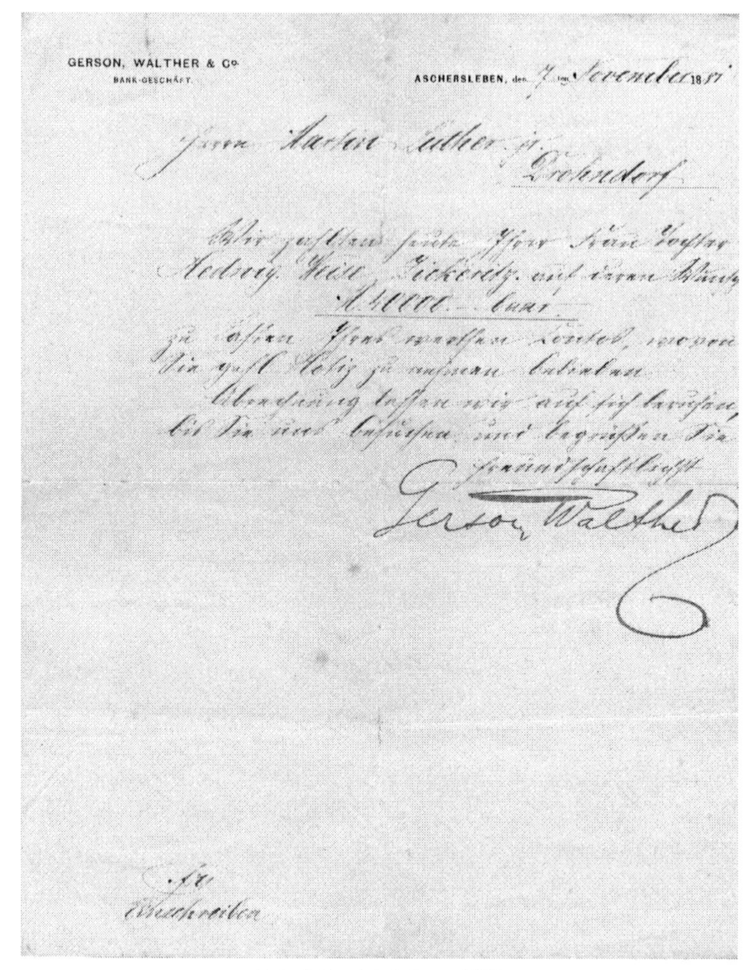
GERSON, WALTHER & Co.
BANK-GESCHÄFT.
ASCHERSLEBEN, den

Abb. 9 Bankbrief von 1881

Das war zu einem Zeitpunkt, als der Urgroßvater sicher zufrieden auf sein Lebenswerk zurückblicken konnte. Er hatte einen tüchtigen Erben, der heiraten wollte und seine Töchter waren ebenfalls gut versorgt. Dennoch war soviel Geld über, dass der gesamte Hof aus der Zeit von 1601, der inzwischen sicher nicht mehr modern war, abgerissen werden konnte und ein komplett neuer Gutshof entstand. Allein das Angebot für die Dachziegel ist spannend. (Abb. 10)

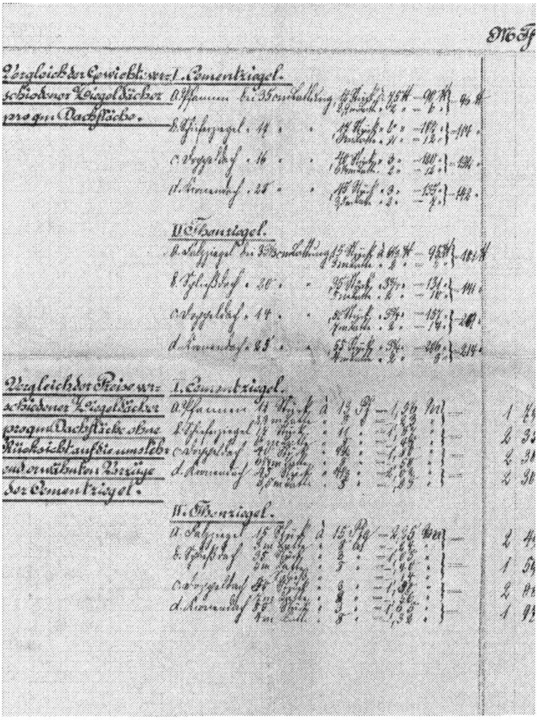

Abb. 10 Angebot Dachziegel von 1881

Die Preise beziehungsweise die Rechnung des Maurermeisters Hugo Götze von 1888 will ich lieber nicht kommentieren, da könnte man heute sicher neidisch werden. Das Angebot der Dachziegel ist aber auch heute noch informativ.

Übrigens, wir befinden uns jetzt gerade in der Zeit, als in Preußen Kaiser Friedrich Wilhelm III., der „99-Tage Kaiser", gestorben war und sein Sohn, Kaiser Wilhelm II., die Krone übernahm.

Gebaut wurde der neue Hof von Maurermeister Hugo Götze, meinem Urgroßvater von mütterlicher Seite. Ein Foto zeigt ihn 1907, ein Jahr nach der Geburt meiner Mutter.

Abb. 11 Hugo Götze, das kleinste Mädchen ist meine Mutter (1906 geboren)

Beim Studieren der alten Unterlagen der Familienchronik fällt nicht nur die hohe Kindersterblichkeit auf. In alten Kirchenbüchern stehen allgemein verzeichnet die Daten der Geburt, der Taufe und der Sterbetag. Das Taufdatum ist dabei, aus heutiger Sicht überraschend, stets derselbe Tag wie der Tag der Geburt, das heißt es wurde sofort nach der Geburt getauft. Das lag sicher auch daran, dass viele Kinder mit der Geburt oder gleich danach starben. Das medizinische Wissen und die Leistungsfähigkeit der Ärzte waren eben auch noch sehr unterentwickelt im Vergleich zu heute.

Wer übrigens nicht getauft war, durfte ja nicht auf dem Friedhof begraben werden, dem sogenannten „Gottesacker“, sondern musste heimlich im Wald oder anderswo begraben werden.

Man kann gut nachvollziehen, dass dieses bei der hohen Sterblichkeit der Kinder ein großes Problem in den Familien war – deshalb die Taufe gleich am Tag der Geburt! Es war vermutlich schlimm genug, wenn ein Kind früh beziehungsweise gleich nach der Geburt starb, noch schlimmer aber war es, dann nicht als Christ auf dem Friedhof begraben zu sein, wo man ein Grab pflegen und sich erinnern konnte.

Die verwandtschaftlichen Beziehungen der Luther-Familie lassen sich heute, wo man Informationen aus vielen Büchern, Archiven oder Kirchenbüchern erhalten kann, leichter erforschen als es früher möglich war, wo es noch kein Internet gab. Das war aber auch noch zu meines Vaters Zeiten völlig anders.

So behauptete sogar mein Vater immer – bezogen auf die im Unterdorf in Drohndorf wohnende Familie Gottlieb Luther (bis nach 1900), die ebenfalls auf einem großen Hof saßen, aber nicht auf dem Stammhof gegenüber der Kirche – dass sein Vater ihm gesagt habe „diese Luthers gehen uns verwandtschaftlich nichts an.“ Schaut man heute in den Stammbaum, wird sichtbar, dass nur drei Generationen zurück beide Vorfahren Brüder waren. (Bruder von Martin Hardwig Luther) Nach diesem **Gottlieb** Friedrich Gottfried Luther wurde, wie schon angedeutet, die heutige „Luther-Straße“ in Drohndorf wirklich benannt und das kam so:

Die Straße von unserem Haus in Drohndorf bis zu dem Hof von Gottlieb war eine Sackgasse und hieß als Straße folgerichtig auch „Der Sack“. (dieser alte Straßenname wurde noch zu meiner Kindheit von älteren Menschen benutzt). Gottlieb Luther, geboren 1845, gab nach 1900 seinen Hof auf, da er keine Erben hatte. Der Hof wurde verkauft. Ein großes Gebäude des Luther-Hofes kaufte die Gemeinde. Es wurde (mit Wohnungen für die Bevölkerung) zum „Gemeindehaus“ ausgebaut und durch seinen Hof hindurch wurde eine Verbindungsstraße zur Hauptstraße (Kreisstraße) gebaut. Damit war „Der Sack“ kein Sack mehr und wurde in der Verbindung von unserem Haus bis zum neuen Gemeindehaus „Gottlieb-Luther-Straße" genannt. Die neu geschaffene Verbindungsstraße zeigt Abbildung 13. Zu sehen sind die ehemalige Hofeinfahrt und Hofausfahrt des Lutherhofes (siehe auch Abb. 3 im Grundriss von 1878). Die Initialen von Martin Luther, ***M L***, sind in dem alten Gebäude gerade noch zu erkennen.

Abb. 12 ehemaliges Wohnhaus von Gottlieb Luther und Initialen seines Vaters, Martin Gottlob Luther (ML)

Abb. 13 Gottlieb-Luther-Straße (ehemalige Hofeinfahrt)

In Drohndorf gibt es heute nur noch eine (meine) Luther-Familie.

Eine letzte Begebenheit aus der jüngeren Vergangenheit Drohndorfs und meiner Familie muss ich als kleine Auswahl von Geschichten noch erzählen, weil sie auch zeigt, wie Eigeninitiative – heute würde man sagen unternehmerisches Denken – zum Erfolg führt:

Die Geburt meines Vaters im April 1903 konnten meine Großeltern in dem kleinen Dorf Drohndorf schon mit elektrischem Licht feiern. Zu einem Zeitpunkt also, wo es in vielen Städten Deutschlands noch kein elektrisches Licht gab. In Berlin, auch damals schon deutsche Hauptstadt, waren 1903 nur 1,5 Prozent der Haushalte mit elektrischem Licht versorgt!

Hauptakteur dieser Entwicklung in Drohndorf war der damalige Mühlenbesitzer Karl Külz, der auch sonst immer über die modernsten Entwicklungen und Erfindungen in der Welt bescheid gewusst haben soll. Zusammen mit einigen Mitstreitern aus dem Dorf, unter anderem meinem Großvater (es ging um finanzielle Unterstützung) träumte er schon ab 1886 von dem Projekt, aus der Wasserkraft seiner Mühle über eine Turbine und einen Transformator Strom zu erzeugen. Die Elektrizität war damals erst „neu erfunden". Diese sogenannten „Gründerjahre" wie man die Zeit in Deutschland nach 1871 bezeichnete, gab es also wirklich, sogar in Drohndorf. Das war übrigens die Zeit, in der die „Reichskanzler Luther Familie" von Aschersleben nach Berlin zog.

Mein Großvater also und einige andere „Vermögende" oder Mutige aus dem Dorf machten bei dem Projekt mit! Nach dem gelungenem Start der Unternehmungen „Elektrischer Strom aus der Mühle" wurden zunächst Stromleitungen quer durch das Dorf nur zu den Häusern gezogen, die sich beteiligt hatten. Unter anderem auch noch zu dem Gastwirt Erich Witte und eben auch zu meinem Großvater in unser heutiges Wohnhaus, gebaut 1892.

Im Jahre 1897 bekommt bereits das ganze Dorf Strom aus der Drohndorfer Mühle. Das Licht in Drohndorf und in unserem Haus war natürlich eine Sensation im Dorf. Die „Sensation“ wurde durch eine Glühbirne mit Kohlefaden erzeugt, die Edison, der Erfinder, erstmals 1881 zur internationalen Elektrizitätsausstellung in Paris vorführte.

Die deutsche Hauptstadt Berlin hatte auch in dieser Zeit das erste elektrische Licht bekommen (erste elektrische Bogenlampen am Potsdamer Platz), aber 1897, als Drohndorf voll mit elektrischem Licht versorgt war, hatten das die Berliner Haushalte erst zu 1,5 Prozent! Aber es kommt noch besser:

Der Kaiser in Wien, Kaiser Franz Joseph II., einer der mächtigsten und reichsten Männer jener Zeit, bekam sogar erst lange nach unserem Haus in Drohndorf elektrisches Licht in sein Schloss Schönbrunn! Wie man überall nachlesen kann, wurde erst 1904 das kaiserliche Schloss Schönbrunn mit elektrischem Licht versorgt!

So hatten wir bereits 1896 in unserem kleinen Dorf in Sachsen-Anhalt elektrische Beleuchtung. Diese elektrischen Leitungen von 1896 liegen noch heute in unserem Haus und lösen bei manch interessierten Besuchern Erstaunen aus, da dieses alte elektrische Leitungssystem wieder über einen Niedervolttransformator zur Beleuchtung dient und noch funktioniert. Es gibt sogar noch eine alte Kohlefadenbirne.

Abb. 14 elektrische Leitungen von 1896 in unserem Keller

Der erwähnte relative Reichtum unserer Vorfahren, begründet durch fruchtbaren Boden und vieler Generationen Fleiß und Können, ist zum großen Teil in der Inflationszeit ab 1923 wieder verloren gegangen beziehungsweise verringerte sich deutlich. Viele anständige und arbeitsame Menschen, die über Jahrhunderte gespart hatten oder fleißig waren, haben in der sogenannten Inflationszeit ab 1923 „Hab und Gut" verloren - andererseits wurden Spekulanten und einige Bankbesitzer in dieser Zeit reich.

Mein Großvater, so erzählte es mein Vater öfter, kam mit der Inflationszeit, mit dem Verhalten der Menschen und dem Verhalten der Politik nicht zurecht. Die wöchentliche Lohnauszahlung mit Körben voll Geld konnte er nicht verstehen. Das alles passte nicht zu seinem Leben, zu seinen Vorstellungen von Gut und Böse, richtig oder falsch, Anstand und so weiter.

Bekannten oder Freunden, denen er Geld zum Bau deren Hauses geborgt hatte, zahlten nun ihr Geld zurück und das Geld, das vorher zum Bau oder Kauf eines neuen Hauses gereicht hatte oder eben soviel Wert hatte, reichte jetzt gerade noch zu einer Tasse Kaffe auf dem Bahnhof. Als Ergebnis dieser Zeit holte er seinen 25-jährigen Sohn, meinen Vater, von der

Ausbildung auf einem anderen Gut zurück, um ihm unseren Hof und die Verantwortung zu übertragen. Das war im Jahre 1927.

Mein Vater modernisierte unsere Wirtschaft und nutzte auch den nach der Inflation beginnenden wirtschaftlichen Aufschwung in Deutschland. 1934 heiratete er meine Mutter Margarete Götze, die er schon acht Jahre lang als Freundin hatte.

Abb. 15 Meine Mutter vor der Hochzeit

Abb. 16 Hochzeit der Eltern

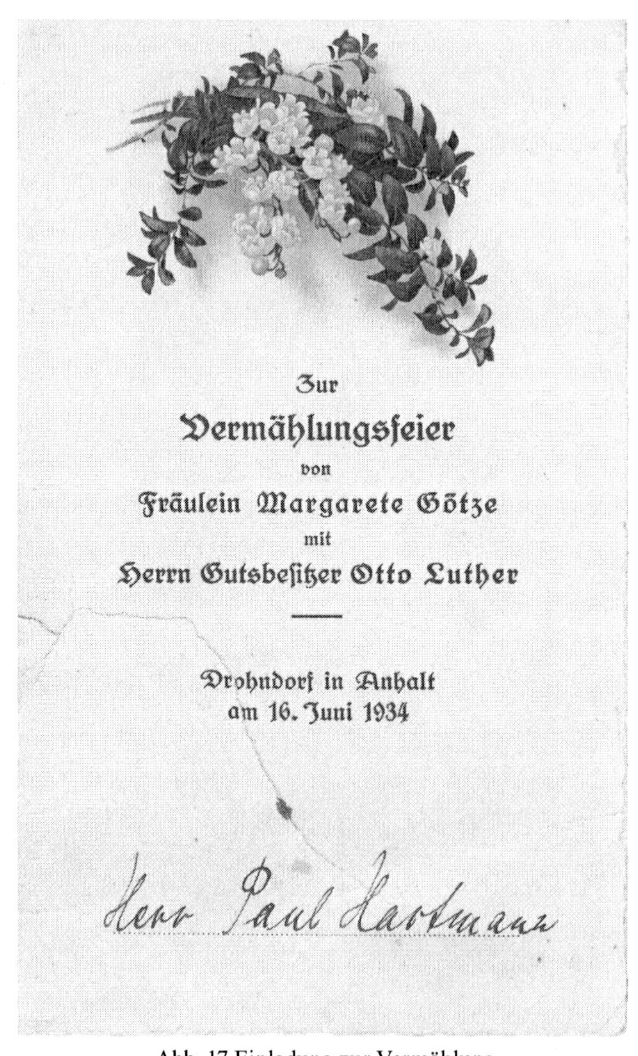

Zur
Vermählungsfeier
von
Fräulein Margarete Götze
mit
Herrn Gutsbesitzer Otto Luther

Drohndorf in Anhalt
am 16. Juni 1934

Herr Paul Hartmann

Abb. 17 Einladung zur Vermählung

Mein Großvater erlebte dennoch wohl ein erfülltes Leben, mindestens in der ersten Lebenshälfte, bevor er 1943 starb. Er war ein sehr musisch/künstlerisch interessierter Mann und soll sehr gut Klavier gespielt haben. Bereits lange vor 1900 hatte er übrigens Theaterbesuche in der damaligen Landeshauptstatt Dessau gebucht und fuhr regelmäßig mit seiner Frau Luise von Drohndorf nach Dessau zu Theateraufführungen. Das klingt heute einfach, war es damals aber überhaupt nicht. Man fuhr mit einem Landauer (Kutsche), Kutscher und Pferden. Einen Tag vor der Aufführung fuhr man früh los, bis Dessau und musste dort übernachten. Am nächsten Tag ging man zu der Theateraufführung, übernachtete wieder und fuhr am nächsten Morgen zurück. (Ein Weg ca. 60 km, für Pferde, Kutsche und den Großvater.)

In der Betriebsführung konnte mein Großvater meinen Vater gut beraten. Die moderne Entwicklung ermöglichte es, dass es zum Beispiel genügend Düngemittel gab (damals hieß das „Kunstdünger“) und Kunstdünger, richtig angewendet, brachte deutlich verbesserte Ernteerträge, mehr Einnahmen, mehr Ansehen und so weiter. Es ging meiner Familie also gut und das kann man sicher auch auf den folgenden Bildern erkennen.

Drohndorf ist heute ein sauberes, vergleichsweise wieder wohlhabendes Dorf mit verschiedenen kleinen Gewerben und mehreren Vereinen und es hat sogar auch eine nette Internet-Seite.

Abb. 18 Papa und Opa im Feld, unten der Hof
(beides 1933 fotografiert)

Drohndorf in Sachsen-Anhalt – Stammsitz der Luther

Den Namen der Ortschaft Drohndorf – mein Geburtsort und der meiner Vorfahren – gibt es im deutschsprachigen Raum nach eigenen Nachforschungen nur dieses eine Mal! Da in einer anderen Sprache derselbe Ortsname ohnehin nicht vorkommen kann, gilt das also vielleicht weltweit.

Für mich jedenfalls ist Drohndorf ohnehin etwas Besonderes.

Nach Angaben der umliegenden Museen in Sachsen-Anhalt beziehungsweise dem landesarchäologischen Museum in Sachsen-Anhalt ist diese Region im Wippertal, also die Dörfer Drohndorf, Freckleben und Mehringen (alle nur weniger als zwei Kilometer auseinander), schon seit über 4000 v. Ch. durch „Rodebauern" besiedelt gewesen.

Menschen haben dort aber nach den Angaben der Museen schon viel länger gelebt: Die ältesten Funde von Urmenschen sind datiert auf 65.000 v. Chr., ein Jägerlager bei Königsaue (Nähe Aschersleben) sogar noch viel früher. Im Mansfelder Land, dem Geburtsort des Reformators, wurden bis heute über 700 Fundstellen von Werkzeugen der Urmenschen (zum Beispiel Faustkeile) gefunden, die auf etwa 250.000 v. Chr. datiert wurden.

Abb. 19 Drohndorf von der Gipshütte gesehen

Abb. 20 Wohnhaus in Drohndorf

Im Jahre 1877 wurde am nördlichen Ortsrand von Drohndorf entlang eine neue Eisenbahnlinie in der Verbindung Halle-Magdeburg gebaut, die noch heute „Kanonenbahn" heißt, da im ersten Weltkrieg hier sehr viel Kanonen von der Ostfront an die Westfront transportiert wurden.

Beim Bau dieser sogenannten „Kanonenbahn“ fand man 1877 in acht Metern Tiefe bearbeitete Knochen von einem Wisent, datiert auf etwa 2000 v. Chr. Auf der anderen Seite des Dorfes gibt es große tiefe Höhlen einer ehemaligen Gipsabbaustätte, der Gipshütte.

Für mich und meine Freunde waren das früher tolle Abenteuer-Ziele. Heimlich hineinzugehen und sich an einem Seil bis zum Wasser unten in den Höhlen abzuseilen, war zu Recht verboten, aber aufregend. Das war wegen der Einsturzgefahr natürlich streng verboten, aber für Kinder oder Jugendliche leider mehr Anreiz als Warnung. In diesen Höhlen fand man bei Gipsabbauarbeiten 1899 ebenfalls bearbeitete Tierknochen etwa aus dem Jahr 2000 v. Chr.

Die letzten, weltweit aufsehenerregenden Funde, die der „Himmelsscheibe von Nebra“ belegen, dass diese unsere Region Mitteldeutschlands wahrscheinlich schon vor noch viel längerer Zeit besiedelt war. Die Historiker bezeichnen diese Himmelsscheibe von Nebra als eines der bedeutendsten und frühesten Zeichen der menschlichen Entwicklung in Europa. Der Fundort liegt etwa dreißig Kilometer südlich aus Drohndorfer Sicht. In vergangenen Jahren wurde es immer spannender: Bei Ausgrabungen in der Nähe der Ortschaft Goseck, ebenfalls nicht weit entfernt, fand man das wohl erste „Observatorium“ in Europa. Es wird datiert auf 4870 v. Ch., ist viel älter als „Stone henge“, der wohl ältesten und berühmtesten Errichtung dieser Art in England, aber direkt vergleichbar. Die Anlage in Goseck war ein „Kalender aus Holz“ und wurde errichtet von Menschen, die von den Archäologen als „Stichwandkeramiker“ bezeichnet werden.

Die Geschichte bezeichnet die frühen Menschen später im Wippertal als die sogenannten „Bandkeramiker“, ebenfalls benannt nach der Art, wie sie ihre Tongefässe verzierten.

Auch die Königsgräber dieser Region, zum Beispiel das Königsgrab von Leubingen datiert 2000 Jahre v. Chr., belegen die Aussage des landesarchäologischen Museums, dass „... die Eliten der damaligen Zeit in dieser Region lebten ..."

Also muss man wohl annehmen, dass dieses Tal des kleinen Flusses „Wipper" auch schon in der Steinzeit besiedelt gewesen war, da Drohndorf und das Wippertal klimatisch und geologisch sehr begünstigt gegenüber anderen Regionen sind: Sehr guter, fruchtbarer Boden (die Bodenwertzahlen liegen auch heute, mit modernen Methoden bestimmt, durchschnittlich bei 90 Bodenpunkten!), windgeschützt, warm und genügend Wasser durch den kleinen Fluss.

Im Mittelalter lebten dort nach der Völkerwanderung die Sachsen als Heiden, bis sie durch Karl den Großen nach dem Jahr 733 unterworfen wurden und das Christentum als Religion erhielten. Lange werden die Menschen, unbeobachtet von der Geschichte, dort gelebt haben, ehe vermutlich erstmalig Markgraf Albrecht der Bär in einer Urkunde aus dem Jahre 1155 Drohndorf schriftlich erwähnte.

Diese Urkunde von Albrecht dem Bären von 1155 ist deshalb auch interessant, weil genau dieser Herzog, Albrecht der Bär, auch als Gründer Berlins gilt und der Name „B(ä)erlin" mit diesem Bären tatsächlich viel zu tun hat (siehe auch Wappen Berlins und so weiter). Denn bald nach der Unterschrift unter die „Drohndorf-Urkunde" macht sich der Herzog auf den Weg nach Norden, um im Auftrag des Kaisers die unruhige, von Streitigkeiten der dortigen Adelsfamilien geprägte Landschaft Brandenburg zu „befrieden" beziehungsweise dem Reich einzuverleiben.

Albrecht der Bär aus dem Hause der Askanier wurde also von Kaiser Lothar mit der Nordmark belehnt, besetzt diese im Jahr 1157 und begründet die Linie der Markgrafen von Brandenburg. Ursprung der Askanier im 11. Jahrhundert war ein Graf zu Ballenstedt, „Otto der Reiche", dem auch die

Grafschaft Aschersleben gehörte (wo ich zur Schule gegangen bin) und sich zunächst Graf von Askanien nannte, nach der Burg bei Aschersleben. Albrecht der Bär war nun der Sohn dieses Grafen „Otto der Reiche“ und lebte von 1100 bis zum Jahr 1170.

Albrecht der Bär teilte dann sein Reich (seinen Besitz) unter fünf Söhnen auf, der Jüngste bekam die Stammburg (Grafschaft Aschersleben) und ein anderer Sohn erbte Berlin-Brandenburg, wo schließlich 80 Jahre nach Drohndorf, Berlin im Jahr 1237 gegründet wurde. (Drohndorf ist also älter als Berlin, das habe ich doch gut hinbekommen, stimmt's?)

Die Tatsache, dass Drohndorf auch als Dorf noch viel älter sein muss als die erste schriftliche Erwähnung von 1155, lässt sich allein schon aus der größten Besonderheit oder Berühmtheit des Ortes ableiten – einer Kirchenglocke!

Nun wird selbst der wohlwollenste Leser meinen, „... jetzt hat er mit seiner Drohndorf-Verehrung aber völlig abgehoben!“ Habe ich aber nicht, denn die größte Besonderheit hängt „leibhaftig“ und gelegentlich in Aktion, in der Drohndorfer Kirche: Es hängt dort eine der ältesten Glocken Deutschlands! In dem Fachbuch „Die Glocken im Herzogtum Anhalt“ schreibt F. W. Schubart zu der Glocke in der Drohndorfer Kirche:

„... die Inschrift der Glocke lautet ‚*anno 1098 am Tage nach dem Fest des Erzengels St. Michael, 30. September*‘ ...“ Weiterhin heißt es: „... wäre die Drohndorfer Glocke tatsächlich die bei weitem älteste in Deutschland,... am nächsten kämen ihr die Glocke von Iggensbach in Niederbayern (1144) und Helfta bei Eisleben (1234).“

Dass ich als ein „Luther“ in Drohndorf konfirmiert wurde, ist sicher klar – und Konfirmanden hatten in Drohndorf auch Kirchendienste zu leisten. Dazu gehörten neben gewöhnlichen Aufräum- oder Saubermach-Arbeiten in der Kirche eben auch, den Blasebalg zur Orgel zu bedienen, wenn Gottesdienst war. Auch habe ich diese berühmte kleine Glocke läuten dürfen! Das geschah nur an besonderen Tagen allein oder zusammen mit der großen Glocke. Weihnachten, Ostern, Pfingsten und Kinder-Taufe waren, glaube ich, die Tage, an denen die berühmte Glocke geläutet werden durfte.

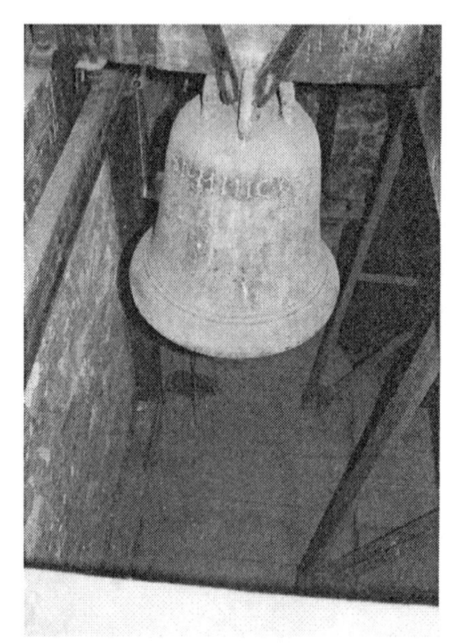

Abb. 21 Berühmte Drohndorfer Kirchenglocke

Zurück zur Dorfgeschichte. Noch vor diese Zeit der Kirchenglocke fällt die Christianisierung unseres Dorfes beziehungsweise der Dörfer des Wipper-Tales.

Nach Karl dem Großen (der im Jahre 800 zum Deutschen Kaiser beziehungsweise Kaiser des „heiligen römischen Reiches deutscher Nation“ gekrönt wurde), der sein Reich bis nach Böhmen ausgedehnt und den christlichen Glauben eingeführt hatte, musste das Land durch Burgen gesichert werden und so entstanden rechts und links von Drohndorf, also in Freckleben und Aschersleben, Burgen beziehungsweise befestigte Anlagen zum Schutz der dort lebenden Menschen.

Viele dieser alten Festungsanlagen gibt es noch heute. Das wird auch aus dem Buch „Burgen und Schlösser im Harz" (Drohndorf ist Harzvorland) deutlich. Wenn dort berichtet wird, dass hier „... mehr als 500 Burgen und Schlösser auf einer Fläche von 100 km^2 gezählt werden und ... die Region die damit am dichtesten bestückte Region Europas ist ...", wird ersichtlich, wie wertvoll oder strategisch wichtig dieses Gebiet auch für die damaligen Kaiser war.

Die Burg Askanien (heute nur noch aus einer Burgruine bestehend) hatte ich schon erwähnt. Auch die Burg Arnstein bei Aschersleben, mit dem Fahrrad sind wir früher von Drohndorf dorthin gefahren, ist eine solche Burg. Sie war von 1678 bis 1945 im Besitz der Freiherren von Knigge! Stimmt's, mit dem Namen, da war auch etwas?

Richtig, Adolf Freiherr **von Knigge** hat im 18. Jahrhundert das noch heute zitierte Benimmbuch „Über den Umgang mit Menschen" geschrieben. Generationen von Kindern in Deutschland, die wohl erzogen sein wollten, wurden nach „Knigge", also diesem Buch des Freiherren von Knigge ausgebildet.

Etwa 700 Jahre nach der Christianisierung, der ersten großen Umwälzung beziehungsweise Wende im Dasein der Menschen in der Gegend um Drohndorf, gab es wieder Veränderungen im Glauben. Dieses Mal aber nicht vom Heidentum zum Christentum, sondern wie vom Leser inzwischen längst erwartet, des gesamten Lebens innerhalb des Christentums:

Im Jahre 1531 wurde nach Martin Luthers Thesenanschlag in Wittenberg und den damit verbundenen Veränderungen die Reformation offiziell in den Wipperdörfern, also Freckleben, Drohndorf und Mehringen, eingeführt. Kurz danach, etwa 1536 nämlich, wie sich der Leser vielleicht erinnert, erwarb der

Bruder Martin Luthers, Jakob, für seinen Sohn unser kleines Landgut. (Hochzeit 1536 in Drohndorf)

Etwa um 1200 wurde in Drohndorf und den Nachbarorten von Benediktiner- und Zisterzienser-Mönchen bereits der Weinanbau eingeführt. Hinter dem Dorffriedhof in Drohndorf gibt es deshalb einen interessanten Namen für ein Flurstück. Der warme Südhang wird noch heute „der Weinberg" genannt. Hier pflanzten die Mönche Wein an, eine Pflanze die bis dahin bei den Einwohnern dieser Gegend unbekannt war. Seit langem gibt es dort keinen Weinbau mehr – wahrscheinlich war er auch viel zu sauer! Der Name aber ist geblieben.

Der Drohndorfer Chronik nach befand sich das Kloster dieser Mönche in einer Flur genannt „Klause". Das Flurstück heißt noch heute so und gehört zum Teil zu unserem Familienbesitz. Eine schwarze Nonne in der Kirchenaußenwand, die in diese südöstliche Richtung blickt, stammt eventuell aus dieser Zeit, aber das weiß heute keiner so recht zu deuten. Das Kloster wurde im 30-jährigen Krieg restlos zerstört, die Kirche nicht.

Drohndorf, ich hoffe, der Leser stimmt mir jetzt nach den tapfer bewältigten Zeilen zur Geschichte zu, ist wirklich ein besonderes Dorf!

Das Leben als „Luther“ im DDR-Alltag

Nachkriegszeiten – glückliche Kindheit auf dem Bauernhof

„Du bist eben ein Sonntagskind!“ hat meine Mutter Zeit ihres Lebens zu mir gesagt. Und sie sagte es immer, wenn mir etwas gut gelungen, etwas positiv verlaufen war oder ich einfach nur Glück hatte! Sie war wirklich stolz darauf, dass sie mich an einem Sonntag geboren hatte und glaubte daran, dass es Glück bringt. Auch viel später – zu meiner Promotion oder Habilitation etwa – wenn die Verteidigung geschafft war, hieß es wie selbstverständlich: „Du bist doch ein Sonntagskind!“

Irgendwie glaubte ich wohl auch selber daran, dass ich oft Glück hatte. Aber es war am Ende auch egal ob Zufall, fester Glaube oder Fleiß und Beharrlichkeit oder eben die Tatsache, dass ich an einem Sonntag geboren wurde, die Ursachen dafür waren, dass ich meine Ziele erreichte. Der 10. Mai 1942, mein Geburtstag, war also ein Sonntag.

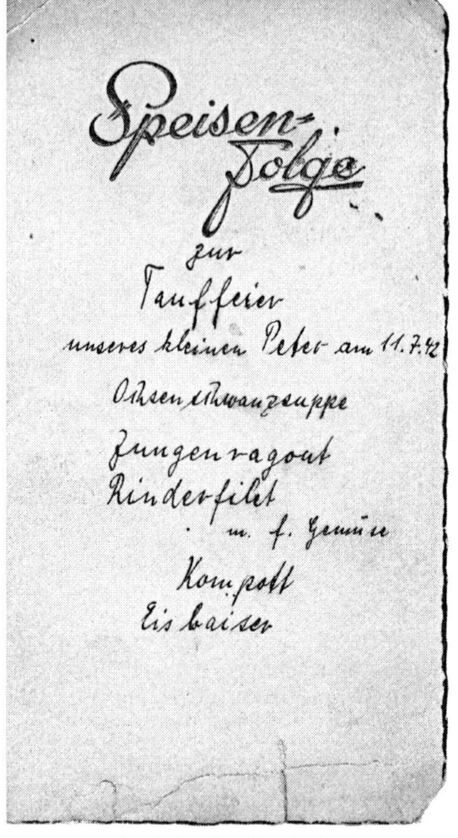
Speisen-
Folge
zur
Tauffeier
unseres kleinen Peter am 11.7.42
Ochsenschwanzsuppe
Zungenragout
Rinderfilet
m. f. Gemüse
Kompott
Eisbaiser

Abb. 22 meine Taufe 1942

Da ich sechs Jahre nach meinem großen Bruder geboren wurde, war ich sicher auch ein Wunschkind, meine Eltern wollten es jedenfalls nicht nur bei meinem großen Bruder belassen. Das Jahr 1942 war – jedenfalls nach Aussagen meiner Eltern – noch eine glückliche Zeit, da der Krieg in unseren Dörfern noch keine wirklich schlechten Zeiten bescherte.

Einladung zur Jagd.

Zu der am 22. November 41 zu [illegible]

stattfindenden Hasen Jagd ladet ergebenst ein

Otto Luther

Sammelplatz meine Wohnung

Zeit 10 Uhr.

U.A.w.g.

Abb. 23 Einladung zur Hasenjagd 1941

Abb. 24 Der Festsaal im Wohnhaus

Abb. 25 Noch glückliche Kindertage im Garten (ich hinter meinem Bruder) und ein stets aufpassendes Kindermädchen.

Mein Vater wurde zunächst noch nicht in den Krieg eingezogen, da er „Gutsbesitzer" (Landwirt) war. Landwirt, das hieß damals „Erbhofbauer" und das war etwas gutes, hatten wir doch nachweisen können, schon seit Jahrhunderten dieses Land zu besitzen und zu bearbeiten! Das „nachweisen" bezog sich auf eine Anordnung der damaligen Regierung, der Nazis, die von allen, besonders aber von den „Besitzenden" in Deutschland einen „Nachweis der arischen Abstammung" sehen wollten. Außerdem produzierten Landwirte ja für die Bevölkerung und auch für die Soldaten Lebensmittel und waren somit besonders wichtig.

Einen zweiten Aufschub von der Einberufung zum Krieg konnte mein Vater noch einmal erreichen, nämlich bis zu dem Zeitpunkt, da meine Schwester 1943 geboren wurde – darüber war natürlich die Familie und meine hoch schwangere Mutter sicher am meisten glücklich. Nach der Geburt half aber dann nichts mehr und mein Vater wurde mit 40 Jahren noch in den Krieg geschickt, als einfacher Soldat. Aber auch er hatte Glück, wie er es oft formulierte. Er wurde in das Kriegsgebiet in Süd-Frankreich gebracht und nicht an die Ostfront – vor der alle, die in den Krieg mussten, große Angst hatten – wie wir heute wissen, zu Recht!

Er geriet 1944 in französische Kriegsgefangenschaft, überlebte diese und wurde danach nach Deutschland zurück entlassen.

Aber alle Erzählungen aus dieser Zeit erfuhr ich erst etwa 20 Jahre später von meinem Vater, da das Thema Krieg und Gefangenschaft in den ersten Jahren nach dem Krieg und damit auch in den ersten Jahren der DDR ein absolutes Tabuthema in der Familie war und meine Eltern stets Angst vor irgendeiner falschen Formulierung zu uns Kindern hatten, die dann in der Schule oder anderswo landen konnte.

In diesen Zeiten hatten sich die Großbauern – so hießen wir jetzt in der „Ostzone“, der späteren DDR – auf den Dörfern zu den am meisten gehassten Berufsstand bei den „Regierenden“ in der inzwischen gegründeten DDR und der SED „entwickelt“. Wie sehr diese Ansicht, dass wir Großbauernfamilien beziehungsweise eigentlich alle freien Bauern oder auch alle selbstständigen Berufe in der DDR ungeliebt waren, verbreitet war und wie sehr das zum System der DDR gehörte, zeigt ein kleines Beispiel.

Auch wir Kinder, meine Schwester und ich bekamen das schon in unserer Schulzeit zu spüren, ebenso später, noch in den Jahren nach 1970 unser Sohn Jan. Unser großer Sohn, geboren 1967, war ein typisches DDR-Kind: Kinderkrippe, Kindergarten,

Schule, er hat all diese Stationen durchlaufen. Da meine Frau und ich voll berufstätig waren – auch das war typisch für eine DDR-Familie – eine ganz normale Entwicklung. Also ging Jan zunächst in die Kinderkrippe und bis zum Schulanfang in den Kindergarten.

Jan wuchs in Berlin auf und in regelmäßigen Abständen fuhren wir über das Wochenende zu meinen Eltern nach Drohndorf. Dort war es üblich, dass meine Mutter am Sonntagvormittag das Mittagessen vorbereitete und wir drei „Männer", Jan war damals zehn Jahre alt, also in der vierten Klasse, einen Spaziergang in den nahe gelegenen Wald, das Frecklebener Holz oder den Kient – beides landschaftlich schöne Regionen – machten. Mitten in eine Unterhaltung zwischen mir und meinem Vater – Jan war längere Zeit verdächtig ruhig – unterbrach er uns mit einer völlig verblüffenden Frage: „Stimmt's Opa, du bist doch gar kein böser Mensch und Ausbeuter gewesen!"

Wir sahen uns erschrocken an und konnten uns diese Feststellung nicht erklären. Aber ehe wir zu einer Antwort oder Gegenfrage kamen, hatte Jan schon seine zweite Bemerkung oder Feststellung, die ihn offenbar seit längerem beschäftigte, parat: „Die anderen Großbauern und Gutsbesitzer waren böse Menschen und Ausbeuter, aber Du, Du bist gar nicht böse!"

Natürlich waren mein Vater und ich einen Moment schockiert, ehe wir erkannten, wie lange Jan sich wohl mit diesem inneren Konflikt beschäftigt hatte. Auf der einen Seite musste ja alles stimmen, was man in der Schule und im Kindergarten bis dahin gelernt hatte. Andererseits wurde er lange Zeit von uns, seinen Eltern, zu einem Menschen mitgenommen, der eigentlich böse sein musste und ein „Ausbeuter" war. Wie lange hatte es wohl gedauert, ehe ihn die Wirklichkeit in diesen Konflikt brachte. Ich selbst hatte das auch schon in der Schule so lernen müssen, aber ich konnte natürlich zu Hause mit den Eltern darüber reden. Mit Jan dagegen war ja schon die nächste Generation betroffen.

Nun soll das natürlich nicht heißen, dass jetzt alle Großbauern durchweg nette Menschen gewesen sein mussten oder auch alle Großbauern böse Menschen waren – in der DDR wurden sie jedenfalls allesamt zu den letzteren gemacht!

Meine Schwester und ich bekamen von all dem, jedenfalls in den ersten Jahren vor der Schule, also nach 1945, nur wenig mit und lebten gut behütet in Haus, Hof und Familie. Selbst das „Spielengehen auf die Straße" wurde aus Angstgründen von meiner Mutter nicht gern gesehen. Die Familie, das war zunächst meine Mutter (Vater war bis 1948 in Kriegsgefangenschaft in Frankreich), dann eine, manchmal zwei Schwestern meiner Mutter, die kriegsbedingt in unserem Haus waren und mit im Haushalt halfen, sowie ein Kindermädchen und eine Haushaltshilfe. Und dann waren da auch noch die beschäftigten Arbeitskräfte auf dem Hof, zu denen wir Kinder, mindestens aber ich, gute Beziehungen hatten. Das war manchmal auch notwendig, da meine Mutter – allein für den ganzen Betrieb verantwortlich – in dieser schweren Zeit bei unserer Erziehung sehr streng zu uns war und darüber hinaus immer eine Tante mit auf uns zu achten hatte und auf uns aufpassen sollte. Da war es gut, wenn man sich, nach einer kleinen Ungehorsamkeit, mal in einem der Ställe, zum Beispiel im Kuhstall bei dem Schweizer oder im Pferdestall bei einem Geschirrführer verstecken konnte und diese einen bei der Suche nach mir nicht gleich verrieten: „nein, habe ich nicht gesehen..."sagten die dann.

Die eine Schwester meiner Mutter, das war Tante Hilde, die später nach München zog, wurde meine absolute „Lieblingstante" und ich verbrachte in späteren Schuljahren viele schöne Ferien bei ihr. Die andere Tante war die jüngste Schwester meiner Mutter – Tante Anni. Sie war für uns Kinder die „Modernste", wenn ich das so bezeichnen darf. Sie lehrte uns, was in der Stadt wichtig war, etwas über den Unterschied von Kunst und Kitsch, sprach mit uns über Kinofilme und andere Dinge, für die meine Mutter allein keine Zeit hatte. Von Tante Anni lernte ich später auch Tennis spielen in der Sportgemeinschaft „BSG Lock Aschersleben". (Sie selbst war irgendwann auch einmal Landesmeisterin im Tennis und hatte einige gewonnene Medaillen.)

Dann lebte natürlich auch noch meine Oma – die Mutter meines Vaters – im Haus. Sie litt aber sehr darunter, dass mein Vater nicht da war und lebte sehr zurückgezogen. Sie mischte sich jedenfalls weder in den Betrieb noch in die Kindererziehung oder -betreuung ein und meine Mutter wollte das wohl auch nicht. Bei ihr im Bücherschrank gab es aber schöne Tier-Alben (Sammelalben), die ich mir oft bei ihr ansehen konnte.

Eine Geschichte zu unseren Beschäftigten muss ich noch erwähnen, weil sie wichtig für die spätere Zeit war.

Bis zum Kriegseinzug 1943 war mein Vater zeitweilig Ortsbauernführer in Drohndorf und dabei auch verantwortlich für die Verteilung von Kriegsgefangenen aus Polen, die nach dem „Polenfeldzug" 1939 im Dorf ankamen und in der Landwirtschaft arbeiten mussten. Dass mein Vater „Ortsbauernführer" wurde, hing sicher auch damit zusammen, dass er im Dorf hohes Ansehen besaß und sich in schöner Tradition unserer Vorfahren befand, die in früheren Jahrhunderten (siehe Stammbaum) oft ehrenamtliche Richter im Dorf waren. So wurde mein Vater 1937 zum „Anerbenrichter" ernannt (siehe Abb. 26).

Gelegentlich kam es vor, dass sich einer dieser Arbeiter nach einer Arbeit im Dorf schlecht behandelt fühlte und sich bei meinem Vater beschwerte. Da geschah es, auch für meinen Vater selbst manchmal nicht erklärbar in damaliger Zeit (1940/41!), dass er den einen oder anderen Kriegsgefangenen aus Polen, die sicher manchmal wirklich „schlecht" behandelt wurden, verteidigte und ihnen Recht gab gegenüber anderen Bauern oder anderen Menschen im Dorf, die damals eher „Nazi-treu" waren.

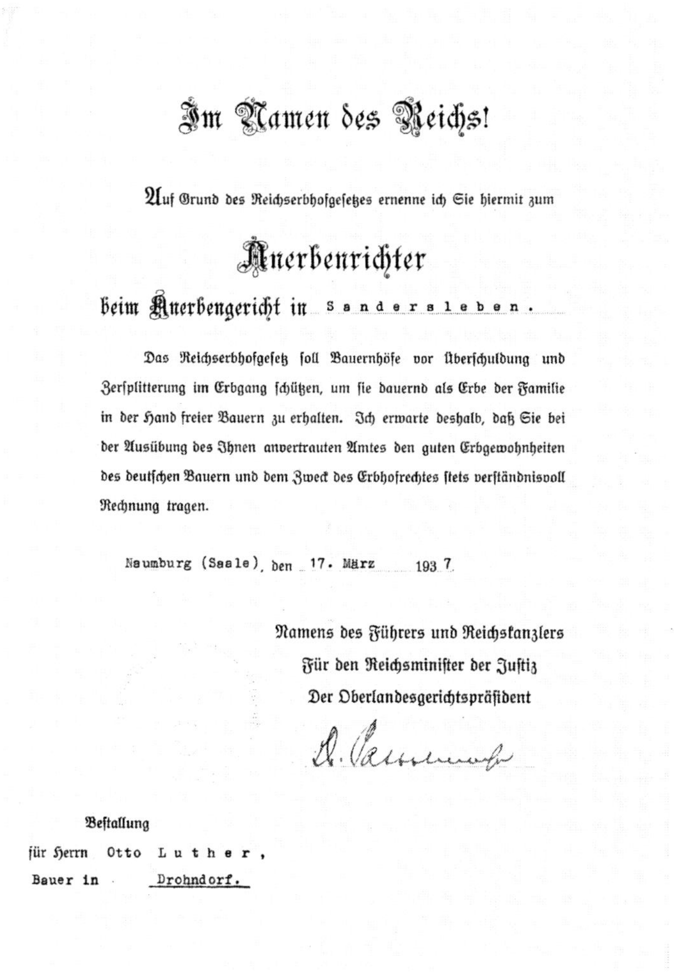

Im Namen des Reichs!

Auf Grund des Reichserbhofgesetzes ernenne ich Sie hiermit zum

Anerbenrichter

beim Anerbengericht in Sandersleben.

Das Reichserbhofgesetz soll Bauernhöfe vor Überschuldung und Zersplitterung im Erbgang schützen, um sie dauernd als Erbe der Familie in der Hand freier Bauern zu erhalten. Ich erwarte deshalb, daß Sie bei der Ausübung des Ihnen anvertrauten Amtes den guten Erbgewohnheiten des deutschen Bauern und dem Zweck des Erbhofrechtes stets verständnisvoll Rechnung tragen.

Naumburg (Saale), den 17. März 1937.

Namens des Führers und Reichskanzlers
Für den Reichsminister der Justiz
Der Oberlandesgerichtspräsident

Bestallung
für Herrn Otto Luther,
Bauer in Drohndorf.

Abb. 26 Anerbenrichter

Das Verhalten meines Vaters lag nicht etwa daran, das er besonders mutig oder mächtig war (1941 gehörte sicher Mut dazu, gegen die damals bestehende Auffassung der Nationalsozialisten beziehungsweise der Nazis zu handeln und einem polnischen

Kriegsgefangenen zu verteidigen), sondern es lag wohl viel mehr an der über Jahrhunderte gehende Erziehung in der Familie zu dem, was Recht beziehungsweise Unrecht ist. Begriffe, die auch wir Kinder immer wieder lernen mussten, wie „das gehört sich“ oder „das gehört sich nicht“ oder was anständig oder unanständig ist, hatten eben über viele Generationen in der Familie ihren Wert und waren bei uns sozusagen in „Fleisch und Blut„ übergegangen und mein Vater handelte eben danach. So konnte er also für sich völlig selbstverständlich auch gegenüber „Kriegsgefangenen“ nur so handeln. Wenn sie ungerecht behandelt wurden, musste man das eben auch „ungerecht“ nennen! Er hat das in dieser Zeit jedenfalls ohne Schaden überstanden, da alle im Dorf ihn als „anständigen“ Menschen kannten und auch achteten.

Kurz vor Kriegsende und vor allem kurz nach Kriegsende gab es deshalb für außenstehende und wohl auch für einige Kommunisten im Dorf ungewöhnliche Ereignisse. Gerade in den äußerst schwierigen und gefährlichen Zeiten zum Ende des 2. Weltkrieges und kurz nach dem Krieg, als die meisten bis dahin gültigen Gesetze und Regeln praktisch außer Kraft waren oder noch nicht wirklich neu geregelt waren.

So war es in den Zeiten direkt nach dem Krieg in der „Sowjetischen Besatzungszone“, so hieß die spätere DDR offiziell, nicht unüblich und ist in einigen Dörfern praktiziert worden, dass manche Menschen über Nacht verschwanden, eingesperrt oder erschossen waren oder ihnen auch „nur“ der Besitz, Haus, Hof und so weiter weggenommen wurde. (enteignet beziehungsweise beschlagnahmt hieß das damals) In dem dreiteiligen Fernsehfilm „Die Kirschenkönigin“ (Deutschland, 2004) wird die Situation, die ebenfalls in einem Dorf in Sachsen-Anhalt spielt, gut dargestellt. In einer ähnlichen Lage wie die „Ruth“ im Film muss sich wohl auch meine Mutter gefühlt haben – auch sie kämpfte um unseren Hof und Besitz und die

Familie. Aber auch meine Mutter hatte diese schwierige Zeit überlebt: „Ihr könnt überall plündern oder verhaften, aber nicht bei Otto Luther – der war immer anständig zu uns!“, sagten jetzt einige der ehemaligen Kriegsgefangenen, denen mein Vater Jahre vorher geholfen hatte. Deren Wort hatte jetzt viel Gewicht – und sie verhinderten dadurch Schlimmeres. Damals konnte meine Familie beziehungsweise meine Mutter (mein Vater war noch im Krieg oder schon in Kriegsgefangenschaft) keine besseren Fürsprecher haben.

M Margarete L u t h e r
D r o h n d o r f
b. Aschersleben

Drohndorf, den 11. September 1945

An den

Herrn L a n d r a t
(Kreiskommissar zur Durchführung
der Bodenreform)

B e r n b u r g.

Die Gemeindekommission zur Durchführung der Bodenreform beabsichtigt auf Grund des Art. II Ziffer 2 b der Verordnung über die Bodenreform vom 3.9.45, den etwa 50 ha grossen Bauerhof meines Mannes, der sich z.Zt. noch in Kriegsgefangenschaft befindet, zu enteignen und aufzuteilen. Jch bitte, als gesetzliche Vertreterin meines Mannes, die nach Artikel IV Ziffer 6 der vorbezeichneten Verordnung erforderliche Bestätigung zu versagen und zwar aus folgenden Gründen :

1. Nach Art. II b unterliegt der Grundbesitz der Naziführer und aktiven Verfechtern der Nazipartei sowie der führenden Personen des Hitlerstaates der Enteignung.
   Mein Mann war nur Mitglied der Nazipartei, aber niemals Naziführer und aktiver Verfechter der Nazipartei, er gehörte auch nicht zu den führenden Personen des Hitlerstaates.
   Als er 1942 gezwungen wurde den zur Wehrmacht einberufenen Ortsgruppenleiter kommissarisch zu vertreten geschah dieses unter der Voraussetzung, dass der zur Wehrmacht eingezogene und reklamierte Ortsgruppenleiter nach kurzer Zeit zurückkehren würde. Die Vertretung war daher nur kommissarisch und von kurzer Dauer. Mein Mann hat nicht für die Nazipartei geworben und sich in keiner Weise hervorgetan. Die Geschäfte wurden von ihm nur zwangsmässig und ohne Ansehen auf Parteizugehörigkeit erledigt. Von den Naziführern hatte er dieserhalb mehrfach Beschwerden und Unannehmlichkeiten zu erdulden. Die Wahrheit dieser Angaben können durch die Gefolgschaft des Betriebes sowie von 90 % der Einwohner in Drohndorf bestätigt werden.

2. Der Betrieb ist unter der Führung meines Mannes von der Landwirtschaftskammer als Lehrwirtschaft und als Saatgutvermehrungstelle anerkannt und somit als Mustergut anzusprechen.

3. Der Betrieb ist nachweisbar etwa 500 Jahre im Besitz der Familie Luther.

4. Das Verhältnis der Grösse des Betriebes zu den Gebäuden und dem Inventar entspricht einem gesunden anzustrebenden.

5. Das Verhältnis zwischen meinem Mann und der Gefolgschaft, von denen auch nicht einer der Nazipartei angehörte, ist das denkbar beste. Mehrere sind annähernd 20 Jahre im Betrieb tätig.

6. Unter den vorstehend geschilderten Tatsachen ist eine Enteignung eine <u>unbillige Härte</u>, der Zerfall unserer Familie dürfte unvermeidlich sein. Volkswirtschaftlich ist keine Notwendigkeit für eine Enteignung zu erkennen.

Jch bitte, meinem Antrag zu entsprechen und uns den Hof zu erhalten.

Hochachtungsvoll !

Abb. 27. Brief der Mutter an den Landrat

Viele der Kriegsgefangenen von damals blieben auch danach im Dorf, bekamen zum Teil Neubauernstellen, das heißt kleine Bauernhofstellen aus den Landflächen der enteigneten großen Güter. In Drohndorf war das nur der Gutshof von Erich von Biedersee, wir wurden nicht enteignet. Eine Haushaltshilfe aus dieser Zeit, die als junges Mädchen aus Polen bei uns bis 1945 arbeitete – sie lebt heute wieder in Polen – hatte erst kürzlich noch Briefkontakt zu mir. Sie brauchte eine Bestätigung Ihrer Arbeit bei uns aus dieser Zeit für Ihre Rente. Natürlich habe ich ihr das notariell bestätigt zugeschickt und aus Ihren Briefen konnte ich schließen, dass es ihr geholfen hat. Ich selbst konnte mich nicht wirklich an das Mädchen erinnern, mein großer Bruder Martin aber noch sehr gut.

In meinen eigenen persönlichen Erinnerungen gibt es nur zwei „bildliche“ Vorstellungen aus dieser Zeit: Die eine ist mein dritter Geburtstag am 10. Mai 1945!

Wir in unserem Dorf wurden nach dem Krieg zuerst von den Amerikanern befreit, im Mai 1945. Das passierte damals in Drohndorf wie folgt: Zunächst wollten die Amerikaner die Eisenbahnlinie Halle - Halberstadt mit Bomben treffen und verfehlten diese. Die Bomben fielen zwischen Bahnlinie und Dorf in die „wilde Wipper“, ein Nebenflussbett für gelegentliches Hochwasser der Wipper, und richteten keinen Schaden an. Danach wurde noch, spät im Krieg, von Drohndorf aus ein amerikanisches Flugzeug abgeschossen. Das Wrack, einschließlich der toten Soldaten lag im „Seesel“, ein Flutstück in der Nähe des Dorfes und unseres Ackers.

Später, beim Rückzug der deutschen Soldaten verschanzte sich eine kleine Gruppe der deutschen Armee mit Pferden, Maschinengewehren und wohl einem „Flakgeschütz“ im „Kux“, einer Obstplantage, die durch viele kleine Hügel und Gräben gekennzeichnet war und aus der man sich angeblich ideal vor den anrückenden Amerikanern verteidigen konnte (von dort wurde wahrscheinlich das Flugzeug abgeschossen). Warum die sich gerade in Drohndorf verschanzten, wusste niemand. Im Dorf wurde erzählt „sie meinten, die Amerikaner wären eher feige und würden nicht kämpfen und vorbei ziehen."

Die versprengten Soldaten irrten sich aber. Kämpfen wollten die Amerikaner auch nicht, doch zwei amerikanische Panzer schossen von weitem so lange in den „Kux", bis sich nichts mehr bewegte. Diese Art Kriegsführung wurde später von den älteren Männern im Dorf gelegentlich kritisch diskutiert, aber wir Kinder der damaligen Zeit, wenn wir manchmal solche Gespräche der „Älteren" zufällig mithören konnten, verstanden davon ohnehin nichts und wunderten uns nur.

Möglicherweise waren diese Ereignisse Anlass für meine Mutter, eine vielleicht wichtige Tat für das Dorf oder für die Einwohner zu leisten. Als danach die gesamte amerikanische Front Richtung Drohndorf vorrückte, entschloss sie sich, an einer langen Fahnenstange (sie liegt heute noch in unserem Haus auf dem Dachboden!) die weiße Fahne aus dem Bodenfenster zu hissen, damit die Amerikaner nicht aus Furcht vor versprengten Nazis das Dorf beschossen. (Die weiße Fahne war in Ermangelung richtiger Fahnen natürlich ein zusammengenähtes Bettlaken.)

Warum ausgerechnet meine Mutter das tat und nicht Kommunisten oder sogenannte Widerstandskämpfer, die es **nach** dem Krieg natürlich überall in den Dörfern gab, auch in Drohndorf, beziehungsweise nicht diejenigen, die sich jetzt nach dem Krieg lautstark dafür hielten (... sie hatten ja „schon immer gegen die Nazis gekämpft"), ist nicht bekannt.

Großbauernkind in einer DDR - Dorfschule

Mit Kriegsende wurden zwei Familien bei uns einquartiert.

Die Umsiedler-Familien, so nannte man diese Vertriebenen aus Schlesien oder den Sudeten, lebten sich schnell bei uns in Haus und Hof ein. Arbeit gab es ja genug und damals ging es den Flüchtlingsfamilien, die Vertreibung, Flucht und Tod gerade überstanden hatten, vor allem erst einmal darum, die Familie ernähren zu können und ein „Dach über dem Kopf" zu haben.

Mein Vater lebte noch und das war die wichtigste Botschaft für meine Mutter nach dem Krieg, auch wenn er sich in Süd-Frankreich in Kriegsgefangenschaft befand. Meine Mutter ließ ein Foto von uns anfertigen, das sie dorthin schickte, um zu zeigen, dass es uns gut ging.

Abb. 28 Unsere Familie ohne Vater 1945

Meinem Vater ging es als Kriegsgefangenem in Frankreich im Vergleich zu Erzählungen aus russischer Kriegsgefangenschaft relativ gut – wohlgemerkt „relativ“ – denn wirklich gut aus heutiger Sicht ging es sicher keinem deutschen Kriegsgefangenem nach 1945!

Jedenfalls hatte er bemerkt, dass verschiedene Gefangene schon nach einem Jahr zurück nach Deutschland konnten, er jedoch nicht. Vorsichtige Recherchen unter den Gefangenen ergaben, dass die Franzosen keinen in die „sowjetische Besatzungszone“ entließen. Daraufhin schrieb mein Vater jetzt jede Woche einen Brief an meine Mutter mit der Adresse unserer Verwandten in Bayern, der Schwester meiner Mutter. Die Briefe waren derart abgefasst, dass er sich freue, „... dass die Familie wohlbehalten nach Bayern umgesiedelt sei in das neue Zuhause ...“

Die Verwandtschaft in Bayern wunderte sich sehr über den Brief meines Vaters. Als das aber kein Einzelfall blieb und regelmäßig solche Post kam, schickte die bayrische Schwester meiner Mutter einen Brief an meine Mutter in Drohndorf mit dem Bemerken:

„Ich verstehe Otti nicht, vielleicht hat die Kriegsgefangenschaft und der Hunger ihn verwirrt gemacht ..., was soll ich schreiben und ihm antworten?“

Meine Mutter verstand aber das Problem sofort und so hieß es jetzt in Antwortschreiben nach Frankreich: „... wir sind ausgebombt und leben jetzt in Bayern. ...“

Tatsächlich wurde auch mein Vater einige Monate später aus der Kriegsgefangenschaft entlassen, entlassen nach Bayern, wo er sich auch melden musste. Jetzt war er erst einmal wieder in Deutschland! Nach einiger Zeit wurde dann überlegt, wie gefährlich es sei, wenn er nach Drohndorf zurückkommen würde, in die sowjetische Besatzungszone.

Im Drohndorfer Haus lebte inzwischen Frau Rieger, die mit drei Kindern aus den Sudeten als Flüchtling zu uns gekommen war, und Frau Heider mit zwei Kindern. Das hatte natürlich erst einmal Umräumaktionen und Umorganisationen im Haus und bei allen Abläufen im Betrieb zur Folge. Für meine Schwester und mich bewirkte es vor allem, dass wir jetzt mit deren Kindern Spielkameraden im Haus, auf dem Hof und in dem großen Garten hatten und das war für alle Seiten positiv. Wir waren für meine Mutter besser unter Kontrolle und mussten nicht auf die Straße zum „Spielen gehen".

Familie Heider zog nach einigen Jahren wieder aus und in die Bundesrepublik. Sie hatten dort andere Familienmitglieder gefunden, die sie bei der Flucht verloren hatten. Frau Rieger und später einer ihrer Söhne wurde fest bei uns angestellt. Frau Rieger arbeitete bis zu Ihrer Rente in den sechziger Jahren bei uns. Sie wurde zu einem festen Bestandteil in unserem Haus und auch für uns Kinder. Sie blieb auch bei uns wohnen, als Ihre Kinder lange verheiratet oder ausgezogen waren.

Bei diesen gemeinsamen Spielen mit den Kindern aus dem Haus hätte ich beinahe meine Schwester schwer verletzt.

Das Spielen im Haus bezog sich hauptsächlich auf den 20 Meter langen Flur unten und das Treppenhaus. „Versteck-Spiele" oder „Indianerspiele" waren für mich als fünf- oder sechsjährigen Jungen besonders beliebt. Bei einem dieser Spiele hatte ich einen richtig guten Bogen mit einem Pfeil gebaut und wollte damit natürlich auch Indianer sein. Warum ich im Flur schoss und warum gerade in diesem Moment meine Schwester hinter einem Versteck am Schrank hervortrat, weiß ich nicht mehr... Ich traf sie jedenfalls mitten an der Stirn und es blutete fürchterlich! Bei meiner Schwester, bei mir und noch mehr bei meinen Eltern löste das Panik aus!

Später stellte sich zwar heraus, dass es keine so schlimme Verletzung war, aber es blutete eben sehr stark. (Das ist bei einer Platzwunde an der Stirn wirklich immer der Fall, aber medizinisch gesehen nicht so schlimm!) Es löste in der Familie jedoch zu Recht erst einmal großen Ärger und Aufregung aus und ich bekam eine saftige Strafe. Es hätte ja wirklich leicht Schlimmeres passieren können.

Als „Rechtfertigung“ aus heutiger Sicht ist das nur damit zu erklären, dass damals regelmäßig „Strom-Sperren“ für das ganze Dorf üblich waren. Zu bestimmten, im allgemeinen bekannten Zeiten, wurde die gesamte Elektrizität für eine Region für mehrere, vorher bekannt gegebene Stunden abgeschaltet. In den wichtigsten Räumen in unserem Haus und auch auf dem Flur stand in dieser Zeit eine Kerze zur Beleuchtung. In dem Wohnzimmer hatten wir eine schöne große, alte Petroleumlampe, die noch aus der Zeit stammte, als es noch keine Elektrizität gab.

Stromsperren waren eben zum „Versteck-Spiel“ oder anderen Spielen für uns fünf- bis sechsjährige Jungs und Mädchen bestens geeignet. So ist es vielleicht zu erklären, dass meine Schwester in dem halbdunklen Raum bei Indianer-Spielen wirklich nicht zu sehen war.

Nach diesem Vorfall war erst einmal jegliches Spielen mit Riegers und Heiders Kindern verboten. Eine Strafmaßnahme musste sein! Die Strafe wurde zum Glück später gelockert oder geriet wieder in Vergessenheit. Da Weihnachten nicht mehr weit war, hatte ich den ganzen Vorgang zwar verdrängen können, das Ganze war mir jedoch eine ziemliche Lehre.

Meine Schwester hat mir jedenfalls gleich verziehen, ich glaube sie hat sogar bei meiner Bestrafung eher mit mir gelitten. Sie wusste ja, es war keine Absicht.

Weihnachten war für die ganze Familie und besonders für uns Kinder immer eine sehr schöne, feierlich-festliche Zeit und unsere Eltern gaben sich auch viel Mühe, das festliche und vor allem das traditionelle Feiern zu pflegen. Manches hat sich als „Tradition“ in unserer Familie – wahrscheinlich schon bei unseren Eltern und deren Eltern – stark ausgeprägt und ist bis heute so geblieben.

Abb. 29 mit den Flüchtlingskindern in unserem Garten (ich 2. von oben)

Einen Weihnachtsbaum besorgen oder kaufen war ausnahmslos Sache meines Vaters, so wie das Schmücken des Baumes nur meine Mutter machte – immer am 24. Dezember vormittags. Nachmittags beziehungsweise abends ging mein Vater mit uns Kindern in die Kirche gegenüber von unserem Haus. (Wir gingen los, exakt wenn zum dritten mal begonnen wurde die Glocken zu läuten). Das erste Mal wurde geläutet, eine Stunde vor Beginn der Kirche, das zweite Mal 30 Minuten vorher und das dritte Mal fünf Minuten vor Beginn. Die Eltern waren genau so aufgeregt wie wir Kinder – jedenfalls schien es uns so. Papa oder Mutti fragten öfter „...hat es schon zum zweiten Mal geläutet?“ Natürlich wussten meine Schwester oder ich das ganz genau – wir zählten schließlich die Minuten bis dorthin, denn danach begann ja die „Bescherung". Exakt, wenn das dritte Mal begonnen wurde zu läuten gingen wir los, nicht eher und nicht später. Jetzt hatten wir genau fünf Minuten Zeit, denn sobald der letzte Glockenschlag verklungen war, kam der Pastor aus der Sakristei und ging zum Altar. Da saßen wir aber schon auf unseren „festen" Plätzen. (Die meisten Besucher aus dem Dorf hatten in der Kirche „ihre„ Plätze).

Während wir in der Kirche waren, kümmerte sich unsere Mutter um das Essen – es waren stets ein oder zwei Ringe einer Bratwurst, die in die Ofenröhre gelegt wurde und als heiße Bratwurst mit Schwarzbrot und Senf gegessen wurde. Dann wurde eine Messingglocke geläutet und wir gingen in das „Esszimmer". Das Esszimmer war nach dem Saal der größte Raum im Haus und wurde nur zu bestimmten festlichen Anlässen oder bei „gutem" Besuch benutzt. Das Zimmer war im Normalfall auch verschlossen. Schon deshalb hatte dieser Raum immer einen besonderen, festlichen Reiz.

Der Weihnachtsbaum stand auf einer Spieluhr, die sich drehte und Weihnachtslieder spielte – damals etwas besonderes (mit richtigen, brennenden Kerzen). Danach spielte mein Vater am Klavier – später unser großer Bruder – und es wurden Weihnachtslieder gesungen. Nach dem Abendessen, dem Liedersingen und erstem „Geschenke-Austauschen" gab es Eierpunsch, den sogar wir Kinder ausnahmsweise mit trinken konnten, denn er enthielt nicht viel Alkohol.

Nachdem wir die Geschenke unserer Eltern also ausgepackt und mit Eierpunsch angestoßen hatten, verschwanden wir Kinder und jeder holte die Geschenke für die Eltern, die wir gemalt, gebastelt oder später auch gekauft hatten. Als wir noch kleiner waren, durfte jedes Kind ein Geschenk aussuchen und mit ins Bett nehmen.

So verliefen die Weihnachtsfesttage alle Jahre, wahrscheinlich wurden diese „Rituale" schon von unseren Vorfahren genau so praktiziert und jeweils auf die nächste Generation übertragen.

Diese traditionellen Abläufe fanden schließlich alle schön und ähnliches galt zu Ostern oder entsprechenden, geeigneten Anlässen ebenso.

Wir Kinder jedenfalls mochten das damals besonders und praktizieren das noch heute. Zur Tradition Ostern gehörte immer, dass die Eltern für Ihre Kinder im Garten Ostereier (bunt gefärbte, hart gekochte Hühnereier) versteckten und die Kinder diese Ostereier suchen mussten. So haben wir Kinder, auch als wir schon 20 oder 30 Jahre alt waren, darauf bestanden, dass unsere Eltern Ostereier im Garten versteckten, die wir suchen konnten, weil das eben zu Ostern dazu gehörte. Unsere Kinder machen das übrigens heute ebenso mit uns– unaufgefordert beziehungsweise ohne dazu angeregt worden zu sein. Vielleicht ist das ja auch nur eine besondere Form des sich Erinnerns an eine glückliche Kindheit.

Mein großer Bruder war sechs Jahre älter als ich und spielte als „Spielkamerad“ für mich keine wichtige Rolle – er war schon viel zu erwachsen und wurde von meiner Schwester und mir auch eher den Eltern zugeordnet. Dennoch spielte er, solange er noch in Drohndorf war, meistens eine Art Vorbildrolle für mich. Immer wollte ich das erreichen, was der große Bruder schon hatte oder konnte – sei es im Fußball, an der Oberschule oder später, als er Student war. Immer habe ich versucht ihm nachzueifern. Das ist wohl auch nicht unüblich so zwischen „großem“ und „kleinem“ Bruder, wenn der Altersunterschied größer ist.

Im Mai 1947, nach meinem fünften Geburtstag, wurde entschieden, dass ich im Herbst eingeschult werden sollte!

Meine Einschulung erfolgte wie wohl in den meisten Fällen ohne meinen Einfluss oder auch mein Mitwirken – es war eben so. Im Nachhinein war es sicher zu früh, denn nach meiner „wohlbehüteten“ Kindheit war ich unter den gegebenen Bedingungen sicher zu jung. Insbesondere war das auch deshalb nicht leicht, weil ich unverhofft mit mir bis dahin völlig unbekannten Dingen in Konflikt kam. Außerdem war ich erst fünfeinhalb Jahre alt und der Jüngste in der Klasse.

Viele Kinder, meist die Umsiedler aus Schlesien, Sudetenland oder Pommern, wurden (kriegsbedingt) viel älter eingeschult und waren schon sieben oder acht Jahre alt. Diejenigen, die „sitzengeblieben“ waren (nicht versetzt von Klasse 1 in Klasse 2) waren zum Teil schon acht oder neun Jahre. Die Älteren wussten schon wie man Mädchen ärgern konnte oder hatten schon allerlei Streiche oder „Ungehorsamkeiten“ im Kopf. Daran sollte ich mir zwar kein Beispiel nehmen, aber gerade das war wiederum interessant. Obwohl Streiche gegen Erwachsene oder gar den Lehrer nicht ungefährlich waren, reizten sie doch. Wer sich traute, die Tasche des Lehrers vor dem Unterricht zu verstecken, galt natürlich als mutig und war bei den meisten Jungs und Mädchen der Klasse hoch angesehen.

Unsere Erste Klasse in der Dorfschule in Drohndorf bestand aus heutiger Sicht aus sagenhaft vielen Kindern: Wir waren 42! Es gab aber nun keine Lehrer oder sie waren Nationalsozialisten und deshalb nicht geeignet. So wurde Friedrich Maikath mein erster Lehrer. Der war schon lange vor meiner Einschulung pensioniert, doch er war in der Nazizeit Sozialdemokrat und damit jetzt am ehesten geeignet, Lehrer in der Nachkriegszeit zu sein. Er war zunächst der einzige Lehrer, wohl gemerkt für alle acht Klassen!

Abb. 30 Meine 1. Klasse in Drohndorf, 1947, rechts Lehrer Maikath

Abb. 31 Meine 4. Klasse in Drohndorf (ich Mitte, 3. v. l.)

Danach kam Fräulein Ryba, eine unverheiratete Dame, ich schätze sie war damals 40, dazu. Sie war Lehrerin unter den

Flüchtlingen aus dem Sudetenland und hat danach mit ihrer älteren Schwester bis zu ihrem Tode in Drohndorf gelebt.

Der Unterricht bei Lehrer Maikath war eindrucksvoll und, wie ich viel später von meinen Lehrern in der neunten oder zehnten Klasse in Aschersleben hörte, einer mit erfolgreichen Methoden. Zensuren vergab er in den ersten Klassen nicht. Stattdessen benutzte er eine besondere Sitzordnung, die letztlich viel wirksamer und auch schmerzlicher war! Der beste Schüler war „Klassen-Erster“ und saß in der letzten Reihe außen, der schlechteste Schüler saß in der vordersten Reihe innen. Die Mädchen saßen geschlossen auf der anderen Seite im Klassenraum – auch entsprechend sortiert.

Nach der Einschulung wurde mir von Herrn Maikath der Platz in der ersten Reihe innen zugeteilt – in den obersten Reihen saßen logischerweise die Älteren beziehungsweise die „Sitzengebliebenen“ (nicht versetzten nach Klasse 2 des Vorjahrganges). Manche Kinder von Vertriebenen hatten schon ein Jahr Schule oder auch nur ein angefangenes Jahr Unterricht, manche gar keinen und waren dennoch schon sieben oder acht Jahre alt. Das war natürlich alles dem Krieg geschuldet.

Das Fragen des Lehrers im Unterricht, das heißt die Überprüfung des Wissens, erfolgte immer von oben nach unten, also von dem höher eingeordneten Schüler entsprechend der Sitzordnung zu den schlechter platzierten. Wo beziehungsweise bei wem er anfing mit fragen, wussten wir nicht. Konnte die Frage nicht beantwortet werden oder wurde nicht zufriedenstellend geantwortet, wurde schrittweise nach „unten“ weitergefragt bis jemand alles richtig wusste! Wenn erst der Dritte oder Vierte nach unten die richtige Antwort hatte, kam dieser die drei Plätze nach oben und die anderen rutschten runter. Bewertet wurde schon damals alles – Art und Weise der Antwort, Sprache und so weiter. Auch wenn jemand seine Stifte, Federtasche oder ein Buch vergessen hatte oder Unfug im Unterricht machte, kam er ein oder zwei Plätze runter. Das tauschen der Plätze erfolgte sofort nach der Prüffrage und deren Beantwortung, so dass Erfolg oder Misserfolg für alle sofort sichtbar waren.

Ein Schüler hatte einmal einen jungen Hasen aus dem Feld oder vom Acker mit nach Hause genommen. (Aber das war sicher in Wirklichkeit ein Feldkaninchen, die es in Drohndorf sehr viel gab und einige Familien gingen verbotener Weise mit Fallen und Schlingen auf die „Jagd") Für das „Retten" des jungen Hasen bekam er großes Lob und drei Plätze „hoch". Nach einer Woche hatte er angeblich durch Vergessen des Futters das Tier verhungern lassen und kam prompt mehrere Plätze zurück. Das alles erinnert immer an das alte Würfelspiel „Mensch ärgere dich nicht". Die Sätze „... pack deine Sachen und rutsche zwei Plätze runter ...", habe ich noch heute im Ohr.

Das hat sich bei uns Kindern alles tief eingeprägt. Noch heute heißt es: „... das ist der, der den Hasen verrecken ließ ..." Manch ein Mädchen weinte, wenn es hörte: „Pack deine Sachen und geh' zwei Plätze runter!" – die Gewinner rutschten entsprechend hoch und konnten es stolz nach der Schule zu Hause ihren Eltern und Geschwistern erzählen und so wusste man nicht selten auch im Dorf, wer „hoch" beziehungsweise wer „runter" gerutscht war.

Zwei Mal war ich im Verlauf des ersten Schuljahres bis hoch in die „erste Reihe" nach oben gekommen, immerhin durch etwa 20 Schüler, aber nur für kurze Zeit – sonst hielt ich mich meist in einer der mittleren oder oberen Reihen auf. Ein Mal, wirklich nur ein Mal kam ich mit einer guten Beantwortung gleich vier Plätze nach oben und war für kurze Zeit „Klassen-Erster".

Wir jüngeren Schüler wurden „beherrscht" von den Großen und Älteren der Klasse, mindestens aber in den Pausen oder nach der Schule. Meine Möglichkeiten zur Verbesserung meiner Stellung in der Klasse kamen erst mit dem Sportunterricht in der vierten oder fünften Klasse. Der Sportunterricht der

Nachkriegsjahre auf unserem Dorf beschränkte sich auf wenige Disziplinen: Hundertmeterlauf, Weitsprung, Hochsprung und so weiter – in diesen Disziplinen war ich meistens sehr gut oder gar der beste in dieser Zeit. Selbst bei Freizeitsport – die Schule bekam eine Tischtennisplatte – hatte ich zunächst Vorteile (aber nur, weil ich wohl als einziger im Elternhaus schon früher einmal ein Tischtennisspiel zu Weihnachten bekommen hatte). Hier jedoch waren später andere nach entsprechendem Training schnell besser – nicht aber in der Leichtathletik – da kam ich später sogar einmal zu einer Kreismeisterschaft.

Der gesellschaftliche Mittelpunkt in Drohndorf dieser Nachkriegsjahre aber war unbestritten der Fußball!

Die Drohndorfer Fußballmannschaft war damals weit besser als die der Nachbardörfer – falls diese überhaupt eine Mannschaft hatten. Jedes Kind und wer sonst in Drohndorf etwas auf sich hielt, wollte dabei sein oder gar glänzen – und ich war dabei – in einer Schülermannschaft. So ziemlich jeder Junge im Dorf wurde irgendwann ob seiner Fähigkeiten zum Fußballspiel getestet und sofort geworben oder zu einem Training bestellt, wenn er gut war. Hier war mein großer Bruder Martin mein besonderes Vorbild – er war einer der besten Spieler, die es in der Drohndorfer Jugend gab und spielte zum Leidwesen des Dorfes in der Spitzenmannschaft der B-Jugend und danach A-Jugend in der Kreisstadt Aschersleben.

Später allerdings ordnete unser Vater an, dass er in Drohndorf spielen sollte, um den Stand der Familie zu verbessern. (Sie erinnern sich, wir waren Großbauern und das war bei den regierenden Kommunisten im Dorf etwas schlimmes – Klassenfeind eben!) Tatsächlich waren wir dann mit dieser „Fußball-Entscheidung" unseres Vaters besser angesehen, denn der Drohndorfer Fußball erlebte zwischen 1953 und 1960 eine Glanzzeit. Hier beim Fußball war es egal, ob wir Großbauern oder Ausbeuter waren – bei den Fußballern im Dorf hatten wir einen guten Stand. Und unter den Fußballern waren nicht wenige, die vor dem

Krieg Sozialdemokraten oder Kommunisten waren und danach eben jetzt in der SED waren. Der Drohndorfer Fußball war so gut, dass in dieser Zeit manchmal drei Spieler aus Drohndorf in der Kreisauswahl mitspielten: Achim („Mifa“) Marscheider, mein Bruder Martin und manchmal „Schocki“ Kuhwald. Drei von elf Fußballern aus einem kleinen Dorf für den gesamten Landkreis, das war wirklich gut.

Auch ich erlebte schöne Erfolge mit der Drohndorfer Schülermannschaft und hatte viele schöne Erlebnisse bei Punktspielen. Bei auswärtigen Wettkämpfen, also in einem anderem Dorf, wurde das Gewinnen allerdings sehr erschwert.

Abb. 32 Schülerfußballmannschaft (ich spielte Rechtsaußen) mit Pokal

Das einzige Transportmittel über manchmal neun oder zehn Kilometer war das Fahrrad, das längst nicht alle hatten. Meist fuhren wir zu zweit auf einem Rad, es gab aber auch Fälle, wo nur fünf Fahrräder zusammen kamen und wenn wir elf Spieler sein wollten, ging das wirklich schlecht. Da kam es schon mal vor, dass einer zu Fuß gehen beziehungsweise laufen musste. Tatsächlich ist mal einer fast zwei Stunden vorher losgelaufen (Er ist wirklich gelaufen!) und war rechtzeitig zum Spielbeginn dort. Auch kamen nicht immer alle Fahrradfahrer an. Manche Panne verhinderte das. Jeder Spieler, der noch im Verlaufe des bereits begonnenen Spiels ankam, wurde mit lautem Freudengeschrei begrüßt, um die Mannschaft noch vollzählig zu machen. In einem Auswärtsspiel als Schülermannschaft zu gewinnen, war also damals nicht leicht.

Aber meine Freizeit bestand nicht nur aus Fußball oder Sport.

Eines Tages fand ich beim „rumstöbern" auf unserem Hausboden, ich war vielleicht sechs oder sieben Jahre alt, zwei alte Schmetterlingskästen von meinem Vater und dazu zwei alte Schmetterlingsbücher aus dem Jahr 1889 mit schönen farbigen Abbildungen der wichtigsten Schmetterlinge. Ich war fasziniert! Die Bücher nahm ich heimlich mit in mein Bett und sah die Bilder mit glänzenden und verwunderten Augen an. Solche Schmetterlinge und solche wunderbaren Farben sollte es wirklich geben?

Sicher hatte ich bisher nicht bewusst darauf geachtet.

Ich erzählte es vorsichtig meinem Vater. „Natürlich kannst du die Bücher nehmen", sagte er. Ich war erleichtert und erfreut. Er sagte weiter: „Auf dem Boden sind zwei Kästen, darin sind Schmetterlinge, die ich dir zeigen kann, sie haben wunderschöne Farben." Ich sagte nur enttäuscht „die habe ich schon gefunden, aber es sind keine Schmetterlinge mehr drin." Wir gingen auf den Boden und nun war mein Vater enttäuscht. Natürlich hatten Motten und Museumskäfer die Schmetterlinge nach so vielen Jahren Lagerung auf dem Boden restlos zerstört, nur die Nadeln steckten noch im Kasten. Er tröstete mich aber mit den Worten: „Draußen im Garten oder auf dem Feld zeige ich dir ein paar wunderschöne Schmetterlinge – noch schönere Farben als in dem Buch."

Ich war glücklich und das einmal geweckte Interesse an der Natur und überhaupt an den Zusammenhängen von Ereignissen und Vorgängen in der Natur wurde immer weiter vertieft.

Es begann das große Staunen, wenn man als Kind erste Abläufe in der Natur selbst erlebte. Es war nur die Raupe des Tagpfauenauges (Vanessa io), schwarz mit dicken stachelähnlichen Borsten auf dem Rücken, an Brennesseln fressend, die mein Vater mitbrachte. Die Raupe kam in ein Glas, das mit Papier und einem Gummiring verschlossen wurde und täglich kamen frische Brennesseln in das Glas. Allein das Beobachten des Fressens aus der Nähe war echt spannend. Die Raupe hatte eine richtige, sich immer wiederholende Technik, das Blatt vollständig zu zerlegen und aufzufressen. Eines Tages hing sie kopfüber an einem Stängel – und das hatte ich in dem Buch schon gelesen – jetzt musste man sie in Ruhe lassen! Tatsächlich war aus der pechschwarzen, stacheligen Raupe eine hellgrüne Puppe geworden – nach Ei und Raupe das dritte Stadium der Verwandlung!

Meine Freude war perfekt, als nur etwa zwei Wochen später ein wunderschöner Schmetterling, ein Pfauenauge, in wirklich tollen Farben, wie sie kein Maler und nur die besten Fotographen hervorbringen konnten, in meinem Glas saß. So etwas schönes wollte ich natürlich öfter haben und das Sammeln, Beobachten und Erforschen war die logische Folge.

Von nun an verbrachte ich viele Stunden und einen hohen Anteil Freizeit in Wald, Feld und Flur zur Beobachtung der Natur. Manchmal allein, manchmal mit meinen Freunden, die ich von dem „Wunder Natur“ oder den Schmetterlingen überzeugt hatte. Egal, was wir gerade machten; arbeiten auf dem Feld, Fußball spielen auf dem Sportplatz oder nur herumstreifen in der Natur – ein Auge war immer darauf gerichtet, zu sehen, was sich unten im Gras bewegte oder welcher Vogel gerade über uns flog.

Viele heute selten gewordene oder bereits in Drohndorf ausgestorbene Schmetterlinge haben wir damals noch in Menge beobachten können. So flog damals im Sommer noch regelmäßig und oft an den warmen Bahndammhängen der „Kanonenbahn" (Südhang der Eisenbahnlinie) ein brauner Augenfalter, der wegen seines schnellen Fluges und einer super Tarnfarbe (wenn er sich auf den Boden setzte, war er praktisch unsichtbar) „Berghexe" genannt wird. (wissenschaftlicher Name: Chazara briseis) Viele Jahre konnte ich ihn in großer Zahl beobachten, heute ist er (nach Angaben in Fachbüchern) in ganz Deutschland bereits ausgestorben.

Wie schon erwähnt, ist die Region des Wipper-Tals biologisch sehr interessant durch den kalkhaltigen, fruchtbaren Boden, der eine große Pflanzenvielfalt ermöglicht und somit wiederum viele andere Tiere dort anzutreffen sind.

Zurück zu den anderen Geschehnissen im Dorf und in der Familie.

Das Jahr 1953 war in der Politik der DDR ein Besonderes und mit den „Großbauern" sollte nun endlich abgerechnet werden.

Als zehnjähriger Sohn bekommt man doch die Sorgen und Nöte und Ängste der Eltern mit, hört den einen oder anderen Halbsatz und merkt, dass da immer eine Art Bedrohung der bisherigen Existenz spürbar ist. Sicher war das auch ein Grund meiner wachsenden Abneigung, so etwas später selber zu erleben. Es hieß ja schon damals gelegentlich von meinem Vater zu mir „na, du musst doch einmal alles erben und weiterführen..."

Die etablierten und erfahrenen Bauern wirtschafteten besser und erfolgreicher als die sogenannten „Neubauern", die eigentlich die „Guten" sein sollten im DDR-Staat, denn sie stammten mehrheitlich aus der Arbeiterklasse oder hatten früher als Arbeitskräfte auf einem Gutshof gearbeitet. Die sogenannten Großbauern waren die untergegangene Gesellschaftsordnung, waren Rückschritt. Als die vielen kleinen Neubauernhöfe zum

Teil wirtschaftlich nicht mehr gut zurecht kamen, schloss man sie zusammen zu „Landwirtschaftlichen Produktionsgenossen schaften“ (LPG). Das geschah, wie eigentlich alles in diesen Zeiten, nach dem Vorbild der Sowjetunion und die hatten ebenfalls Landwirtschaftliche Produktionsgenossenschaften, so genannte „Kolchosen“ auf dem Land. Und was in der Sowjetunion gemacht wurde, war damals allemal richtig und Vorbild. Der Spruch, den wir alle in der Schule lernen mussten, der auf jedem Transparent stand, der an mindestens drei Häuserwänden in Drohndorf mit großen Lettern geschrieben stand hieß:

„Von der Sowjetunion lernen heißt Siegen Lernen!“

Es half aber den kleineren Bauern nicht wirklich, auf ihrem guten Boden die besten Ernten zu erzielen und auch sonst nicht. Die fehlende Erfahrung konnte eben nicht ersetzt werden. Der Zusammenschluss verschiedener kleinerer Bauern oder Neubauern zur LPG half aber eben auch nicht der Genossenschaft, denn es fehlten die erfahrenen Fachleute.

Jetzt hieß es jetzt, die Großbauern sind schuld! Jetzt sollten die erfahrenen und erfolgreicheren Altbauern und insbesondere die größeren Bauern in die LPG gebracht werden. Da diese das aber nicht freiwillig wollten, wurden allerlei Zwänge, Drohungen und Schikanen angewendet. Bei uns wurden Arbeitskräfte abgeworben, das „Abgabe-Soll“, also Pflichtabgaben an Getreide und so weiter wurde ständig erhöht (Wehe, wenn es durch Regenperioden ein schlechtes Jahr, eine geringere Ente war!) Dünger wurde erst an uns verkauft, wenn die LPG allen Dünger hatte, den sie wollte, Dieselkraftstoff für den Traktor wurde rationiert – alles Dinge die sogar wir Kinder ständig mitbekamen.

Viele erfolgreiche Bauern in der DDR – und diese sicherten ja auch die Ernährung der DDR-Bevölkerung und des Landes nach dem Krieg – flüchteten damals in den „Westen“, weil sie sich nicht zwingen lassen wollten oder Angst hatten eingesperrt zu werden, weil sie ihr „Soll“ nicht erfüllen konnten.

So war das Jahr 1953 in der Politik der DDR ein Besonderes. Jetzt sollte endlich mit den Großbauern abgerechnet werden und alle sollten in die LPG.

Auch wir kamen schließlich an die Reihe.

Ein Anlass, das zu erzwingen wurde konstruiert und beschlossen. Ein früherer „Kriegsgefangener" (siehe Kapitel Chronik), der in Drohndorf jetzt Neubauer und SED-Mitglied war und noch zwei andere Freunde warnten meinen Vater jedoch heimlich, indem sie ihn informierten, dass in der SED am Abend vorher beschlossen worden war, den Düngemitteleinkauf meines Vaters als „Sabotage" an Volkseigentum und als „der LPG weggenommen" gewertet werden würde und er deshalb verhaftet werden sollte. (Das mit dem Einsperren in ein Gefängnis ging damals wirklich so einfach und wurde auch in Bekanntenkreisen so schon praktiziert – meine Eltern wussten das!)

Diese Information, die Drohung eingesperrt zu werden, löste sofort Panik aus und die Familie beschloss, den Bauernhof nach über vierhundert Jahren Familienbesitz „Hals über Kopf" zu verlassen und ohne etwas mitzunehmen in den „Westen" zu flüchten. Das war kurz vor Ostern 1953.

Eingeweiht in die Flucht war nur mein großer Bruder und der engste Freund der Familie. Die wirklich besten Freunde meiner Eltern, Ziegeleibesitzer im Nachbardorf – sie waren drei Wochen vorher „geflüchtet", hatten eine Postkarte aus einem Flüchtlingslager in West-Berlin geschrieben. Da mussten wir jetzt hin!

Wir kleinen Kinder, also meine Schwester und ich, wurden nicht eingeweiht. Wir wunderten uns nur, als wir an einem schönen Sonntag morgen mit dem Vorortzug allein nach Aschersleben fahren sollten zu unseren Bekannten, Familie Dr. Abesser, Orthopäde im Ascherslebener Krankenhaus und gute Freunde der Eltern. Insbesondere aber wunderten meine Schwester und ich uns darüber, dass wir einen dünnen Mantel und darüber noch einen Wintermantel anziehen mussten, obwohl es gerade an diesem Tag im März 1953 sehr warm war. Spät nachmittags trafen meine Eltern ein und wir fuhren zu „Bekannten" von Abessers, die am Stadtrand von Berlin wohnten, die meine Eltern oder wir noch nie vorher gesehen hatten, die sich aber in Berlin auskannten und uns über die S-Bahn nach West-Berlin bringen sollten. Mit Hilfe der S-Bahn in Berlin in den „Westen" zu kommen, galt damals als möglicher Weg.

Ich war zehn Jahre alt, erkannte wohl eine knisternde, für mich ungewohnt ängstliche und angespannte Stimmung meiner Eltern, konnte aber die Ursachen noch nicht richtig einordnen. Nur eben das etwas Ungewöhnliches – ja Ungeheuerliches vorging und beschloss insgeheim, alles peinlich genau zu beachten und auszuführen, was mir gesagt wurde. (Zu diesem Zeitpunkt waren weder meine Eltern noch wir Kinder jemals in einer Großstadt und natürlich auch nicht in Berlin gewesen und schon gar nicht kannten wir das System einer S-Bahn.)

Allein der Begriff „S-Bahn" löste sowohl bei meinen Eltern und über diese auch bei uns kleineren Kindern Angst und Schrecken aus. Wir alle kannten die Geschichte eines kleineren Unternehmers aus dem Nachbardorf von Drohndorf, der glücklich nach West-Berlin gekommen war, vom Osten in den Westen geflüchtet war und am nächsten Tag in die „falsche" Seite einer S-Bahn eingestiegen war und wieder im Osten landete, nach Kontrollen erkannt und eingesperrt wurde und seit dieser Zeit wegen „Republikflucht" im Gefängnis saß. Diese Geschichte wurde natürlich überall unter Bekannten erzählt und so kannten auch meine Schwester und ich sie. Aber was war das für eine komische Geschichte?

Diese Angelegenheit mit der S-Bahn hat uns Kinder damals sehr gewundert. „Wie kann man bei einer Bahn in eine falsche Richtung einsteigen – als Erwachsener ...?", fragten wir uns.

Jedes Kind in Drohndorf wusste, wenn ein Zug kam oder auf dem Bahnhof stand, in welche Richtung der fuhr. Er fuhr entweder nach Aschersleben oder nach Halle. Diese Richtungen kannte wirklich jedes Kind. Und außerdem, was heißt „falsche Richtung“ – jeder Zug hatte schließlich eine Lokomotive und da weiß auch jedes Kind wo vorn und damit die Fahrtrichtung ist!? Und das passiert einem Erwachsenen?! Die „S-Bahn“ musste also etwas besonderes sein.

Wir kleineren Kinder wurden der 16-jährigen Tochter der Bekannten in Berlin übergeben, denn wir durften nicht als Familie von Ost- nach West-Berlin fahren, um nicht aufzufallen. Meine Eltern fuhren extra und mein großer Bruder ebenfalls. Am nächsten Tag kamen wir auch wohlbehalten in Westberlin an und waren fast überrascht, wie stürmisch und überglücklich uns unsere Eltern am Abend, als wir uns endlich in Westberlin trafen, in die Arme nahmen. Diejenigen, die uns behilflich waren beim „rüberbringen“ nach West-Berlin, hatten viel Geld bekommen und ihr „Job“ war beendet.

Da wir niemanden in Berlin kannten, fuhren wir zu der Ziegelei-Besitzer-Familie aus dem Nachbardorf in das Flüchtlingslager, deren Adresse wir von der Postkarte hatten. Das war ein Lager in Berlin-Nikolassee im Süd-Westen Berlins. Die Wiedersehensfreude mit der befreundeten Familie war gegenseitig überraschend und groß. Die erste Nacht verbrachten wir in deren „Zimmer“, in dem etwa zwanzig Personen lebten. Da wir überraschend ankamen, verbrachten wir die erste Nacht jeweils zu zweit im Bett mit unseren Bekannten beziehungsweise meine Eltern auf einem Stuhl – doch schon am nächsten Tag wurde uns von der Lagerleitung, bei der wir uns inzwischen gemeldet hatten, eine andere Baracke zugewiesen mit nur 12 oder 14 Personen im Zimmer. Meine Mutter und wir kleineren Kinder hatten ein dreistöckiges Bett für uns, mein Vater und mein Bruder waren in einem Doppelstockbett untergebracht.

Es mag komisch klingen – für mich und selbst für meinen großen Bruder war es eine schöne Zeit, die vier Wochen Lagerleben im Frühjahr in Nikolassee. Das eher einfache oder kärgliche Essen war für uns neu und deshalb eher interessant, Schule war praktisch freiwillig, ich lernte meine ersten Worte Englisch und Zensuren gab es schon gar nicht. Wir sahen viele tolle, neue Autos, in einem Geschäft zum ersten mal im Leben einen Fernseher in Aktion und hatten viel Freizeit. Die meiste davon verbrachten wir in der umliegenden Natur, an einem kleinen, naturbelassenem See, der auf der anderen Seite des Lagers hinter einer großen Straße lag. Das war die erste und für lange einzige Zeit, die ich mit meinem großen Bruder gemeinsam verbracht habe. Vorher war er schon zu groß für mich, um sich mehr mit mir zu beschäftigen und später studierte er und war sehr selten zu Hause.

Den kleinen See, die Autobahn und das ehemalige Lager habe ich nach vielen Jahren auch in der Zeit als ich inzwischen Senator in Berlin geworden war und wir dieses Mal offiziell nach „West-Berlin" konnten, vergeblich versucht wieder zu finden. Selbst eingeweihte Zehlendorfer, wie der ehemalige Bürgermeister von Zehlendorf, konnten mir nicht helfen, den Platz des ehemaligen Lagers zu finden.

Das Lagerleben dauerte vier Wochen – auch aus heutiger Sicht fallen mir im nachhinein keine negativen Erinnerungen ein. Vielleicht war die Flucht weg von „Hab und Gut" eine Sache, die hauptsächlich meine Eltern betraf und ich war dafür noch zu jung, aber dennoch ist es ein nicht verständliches Geschehen.

Die vier Tage Übergangslager in Tempelhof – nahe am Flughafen, von dem wir dann nach Hannover flogen – waren dagegen schrecklich. Ich habe keinerlei Erinnerungen außer an staubige, laute Straßen und „Steinwüste". Eines ist dennoch bemerkenswert. Ich fand einen kleinen weißen harten Ball, der sehr hoch springen konnte. (Wie ich viel später erfuhr, war es ein Golfball, was ich damals nicht wusste.) Den hütete ich und als wir nach vielen weiteren Stationen später nach Drohndorf zurückkamen, konnte ich bei den Jungs im Dorf mächtig angeben mit einem Ball, der extrem höher als alle anderen Bälle sprang.

Golf spiele ich trotzdem bis heute noch nicht.

Von Tempelhof aus machten wir alle unsere erste Reise in einem Flieger, es war ein Flug nach Hannover: Meinem Vater ging es dabei gut, meinem Bruder auch – meiner Mutter, meiner Schwester und besonders mir ging es sehr schlecht. Karussell oder „Schiffsschaukel“ konnte ich schon immer nicht vertragen – aber das jetzt im Flieger war die Hölle und ich dachte es geht ans Sterben. (Ich musste mich unentwegt übergeben) Wenn mir damals jemand gesagt hätte, dass ich viel später, in der Senats-Zeit, manchmal drei oder vier Tage hintereinander fliegen werde und mir das auch noch Spaß machen würde – ich hätte es nie geglaubt.

Die folgenden Wochen sind schnell erzählt. Wir fuhren mit dem Zug von Hannover nach Ulm in ein „Eingliederungslager“ (ich denke so oder ähnlich hieß das). Unsere Verwandten aus Bayern, denen es allen gut ging, holten uns Kinder ab zu sich nach Hause (wir sollten das Flüchtlingslager nicht zu intensiv erleben!) und so verlebten zumindest wir Kinder wieder herrliche, bis dahin nie gekannte lange schöne Ferien. Ich kam zu meiner Tante Hilde, die ich schon aus Drohndorf kannte. Ihr Mann, Onkel Hans, war Anwalt in einem großen Konzern, sie hatten keine Kinder und so wurde ich ihr „Liebling“ und das blieb ich bis zu Ihrem Tode.

Mein Bruder und Schwester Heidi kamen nach Bad-Aibling, ebenfalls zu einer Schwester meiner Mutter. Sie wohnten in einer großen Villa mit noch größerem Park – Onkel Sepp (Josef) war Chefarzt und Direktor der Kurklinik und dorthin wurde ja mein Vater zunächst aus französischer Kriegsgefangenschaft entlassen. (Der Leser erinnert sich an diese komische Geschichte)

Unsere Verwandtschaft – sozusagen die Großfamilie – ist übrigens ein phantastisches Beispiel für gegenseitige Hilfe und Zusammenhalt. Vor und nach dem 2. Weltkrieg verbrachten sie die Zeit auf unserem Hof und erlebten so die schlechten Kriegsjahre bei uns. Später, sie waren alle in den „Westen" gegangen, halfen sie uns mit regelmäßigen Paketen. Noch bis in die 80er Jahre – solange die vier Schwestern meiner Mutter lebten – bekamen wir mindestens einmal im Monat ein Paket mit vielen schönen und wichtigen Sachen. (Wenn man das nur grob hochrechnet, sind das 30 Jahre mal 12 Monate – manchmal waren es sogar drei Pakete im Monat – also über 400 Pakete, die sie zu uns schickten, wohlgemerkt jedem von uns Kindern.) Unser gesamtes Leben in den Jahren nach der Republik-Flucht war dadurch mitbestimmt. Selbst meine gesamte Studienzeit bekam ich monatlich ein Paket geschickt. Das hat manches im DDR-Leben erleichtert oder verbessert. Es waren stets kleine Geschenke wie Kaffee, Seife, Spirituosen und so weiter.

Zurück zu 1953!

Es kam der 17. Juni 1953 mit den Volksaufständen in Berlin. Die extremsten „Scharfmacher" der Regierung wurden abgesetzt und alle hofften auf ein besseres Leben in der DDR und auch in Drohndorf. Zum Leidwesen der SED im Dorf, der LPG und einiger anderer schrieben uns viele Menschen aus Drohndorf: „Kommt bald zurück nach Drohndorf – wir warten auf euch – es geschieht euch nichts mehr!" und so weiter. Die Briefe kamen von dem inzwischen neuen Bürgermeister, dem Pfarrer und vielen Bauern aus dem Dorf. Nach einigem Zögern entschieden sich unsere Eltern zur Rückkehr – vor allem auch aus der Pflicht, einen uralten, traditionsreichen Familienbesitz zu behalten oder zu verteidigen. Zuerst fuhren meine Eltern zurück und nachdem die Lage sondiert war und keine Gefahr bestand, kamen auch meine Schwester und ich unter „Führung" des großen Bruders zurück.

Der Empfang für meine Eltern und später auch für uns Kinder war beeindruckend: Das „halbe Dorf" stand mit Blumen am Bahnhof und begleitete uns die zwei Kilometer bis zu unserem Hof im Dorf!

Abb. 33 „Empfang" meiner Eltern durch die Dorfbevölkerung auf dem Bahnhof in Drohndorf (mein Vater: Mitte mit Hut)

Jetzt hatten wir wieder einen anderen Status in der DDR und unsere Berufsbezeichnung hatte sich erneut geändert: Über Gutsbesitzer, dann Erbhofbauer, Großbauer und Republikflüchtling waren wir jetzt „Rückkehrer" – und „Rückkehrer" in der DDR 1953, das war zunächst wieder etwas Gutes. Wenn mein Vater beim Rat des Kreises oder einer anderen Behörde Probleme hatte, genügte der Hinweis „wir sind Rückkehrer" und die zunächst forsche Ablehnung eines Anliegens milderte sich zumindest. Die Behörden waren nach dem 17. Juni angewiesen, diejenigen, die freiwillig aus dem Westen in die DDR zurückgekehrt waren, gut zu behandeln. Natürlich hielt dieses „gut behandeln" nicht lange an. Bald schon hatten meine Eltern die Rückkehr bereut – aber wer weiß wie alles für unsere Familie gekommen wäre, wenn wir im „Westen" geblieben wären.

Ende August 1953 kamen wir also zurück nach Drohndorf und ich wurde wie selbstverständlich in die nächst höhere Klasse versetzt. (Ich hatte ein halbes Jahr gefehlt!) Meine Schwester (eine Klasse tiefer) ebenfalls, nur mein Bruder musste „aus dem Stand“ Abitur machen – aber alles ging gut und meine Eltern waren eigentlich erleichtert, wieder zu Hause zu sein und waren wohl auch glücklich.

Abb. 34 Meine Eltern in dieser Zeit nach 1953

Für mich begann eine gute Zeit, denn ich konnte im Dorf über Dinge erzählen, die kein Drohndorfer Kind kannte oder je erlebt hatte und ich nutzte das auch aus. Natürlich war ich auch der „Größte“, als ich mich nach einigen Anfragen bereit erklärte, wieder in der Schüler-Fußballmannschaft zu spielen. (Ich wollte es zwar ohnehin unbedingt, wollte aber doch gefragt werden.)

In diese Zeit fällt auch ein Ereignis, das alle heute als „Wunder von Bern“ bezeichnen. Der gleichnamige Film von 2003 hat mir wirklich gut gefallen und die damalige Situation ist auch im Film gut beschrieben. Auch ich stand mit einem Freund in Drohndorf an der „Kanonenbahn“ mit einem Strauss Feldblumen, um den 1954 aus russischer Kriegsgefangenschaft zurückkommenden ehemaligen deutschen Soldaten Blumen in den Eisenbahn-Waggon zu werfen, wie in diesem Film gezeigt. Wie mein Freund und ich darauf kamen, weiß ich nicht mehr. Dass aber die „Heimkehrer“ oben auf der Kanonenbahn zu einer bestimmten Zeit vorbeikommen sollten, war Dorfgespräch.

Das Fußball-Wunder von Bern erlebte ich bei Verwandten in Plömnitz, einem kleinem Dorf bei Bernburg. (Die Schwester meines Vaters hatte dort den Gutsbesitzer Oskar Kunze geheiratet) Das Radio war 1954 im „Osten“ die einzige Verbindung zum „Westen“ und fast jeden Abend saß mein Vater, mit dem Ohr dicht an das Radio gebeugt, um überhaupt etwas von dem gestörten West-Sender zu verstehen, um heimlich „West-Radio“ zu hören. Im Dorf war ja bekannt, dass der eine oder andere abends im Dorf unter den Fenstern auf der Straße stand und horchte, welcher Sender eingeschaltet war, um das gegebenenfalls gegen denjenigen zu benutzen – „West-Sender“ hören war ja verboten und alle West-Radiosender waren (durch Störsender) im Empfang gestört und meist sehr schlecht zu empfangen.

Wir waren also in dem kleinen Dorf Plömnitz und Onkel Oskar hatte ein gutes Radio!

Alle erwachsenen Männer saßen um das Radio herum und hörten die Reportage des WM-Finales in Bern. Die Freude nach dem WM-Sieg war riesig groß und wir fuhren alle sehr beschwingt zurück. Zurück aus Plömnitz. (Etwa 15 Kilometer entfernt von Drohndorf, aber abseits größerer Straßen und ein Auto hatte ohnehin keiner.)

Also hieß es an diesem Tag: Onkel Oskar spannte die Pferde vor eine Kutsche, fuhr uns zum nächsten Bahnhof (30 Minuten), von dort mit dem Zug nach Sandersleben (20 Minuten), umsteigen und von dort zum Drohndorfer Bahnhof (15 Minuten) und von dort zwei Kilometer zu Fuß nach Hause (20 Minuten). Diese 15 Kilometer waren manchmal sehr lang!

Das „Wunder von Bern“ löste natürlich im ganzen Dorf eine große Euphorie im Fußballsport aus. Sie erinnern sich – Fußball spielte in Drohndorf eine sehr wichtige Rolle.

Zurück zum Alltag und zur Lösung des Problems, „Rückkehrer“ aus dem Westen zu sein.

Ebenfalls aufregend und anstrengend gestaltete sich die Rückgabe unseres Hofes. Natürlich waren praktisch alle interessanten Dinge nach unserer Republikflucht aus dem großen Haus verschwunden und im Dorf unter den in März 1953 im Dorf „regierenden“ und anderen verteilt. Das unsere Kinder-Spielsachen im Kindergarten oder bei anderen Familien waren, war für uns zwar schmerzlich, aber nicht wirklich ein Problem – für verschiedene Möbel, Ölgemälde, Silberbestecke, Wäsche und natürlich die Maschinen, Geräte und Tiere mussten meine Eltern kämpfen! Die Regierung in Berlin-Ost hatte entschieden: Wer freiwillig zurück in die DDR kommt, bekommt alle seine Sachen zurück.

Die betrieblichen Sachen kamen dann offiziell aus der LPG zurück, das ging noch am einfachsten. Möbelstücke, Bilder Geschirr und anderes blieben zunächst verschwunden und es war den neuen Besitzern sicher auch peinlich. Da aber schnell Dorfgespräch war, was fehlte und andererseits fast jeder jeden im Dorf kannte, entstand ungewollt ein gewisser Druck.

Das ergab manch peinliche Situation im Dorf: Über Nacht standen plötzlich manche Dinge, die uns gehörten, wieder vor dem Haus oder auf dem Hof und wir wussten nicht und wollten wohl auch nicht wissen, wer sie gebracht hatte. Die Rückgabe einer wertvollen Briefmarkensammlung, die mein Vater forderte (schon mein Großvater hatte mit der Sammlung begonnen), war auch merkwürdig. Sie blieb lange „unauffindbar“. Danach aber hieß es, sie war im „Rat des Kreises“ (der Machtzentrale im Landkreis) gelandet. Sie wurde auch zurückgegeben, aber alle wertvollen Marken auf sämtlichen Seiten waren einfach herausgeschnitten. (Das Album mit den vielen ausgeschnittenen Fenstern gibt es noch!)

Die Rückgabe der landwirtschaftlichen Geräte und die Verrechnung der fehlenden Dinge gestaltete sich letztlich viel schwieriger als am Anfang (siehe Protokoll Abb. 35) angenommen. Das Protokoll war noch geprägt von dem Hauch einer neu begonnenen Zeit. Sehr schnell ging das aber wieder vorbei. Schließlich waren die Regierenden immer noch die SED geblieben und wir waren – obwohl in das Land der SED freiwillig zurückgekommen – immer noch „Großbauern" und damit Ausbeuter. Der Druck, die Selbstständigkeit aufzugeben und alles dem Staat beziehungsweise der LPG zur Verfügung zu stellen, wurde wieder erhöht.

Das Endziel hieß: Bis 1960 musste das gesamte Land DDR kollektiviert sein und es sollte keinen einzigen privaten Betrieb mehr geben.

Von dem nun beginnenden sechsten Schuljahr bis zur achten Klasse in der Dorfschule hatte ich eine gute Zeit. In den großen Ferien fuhren wir Kinder jetzt jedes Mal zu unseren Verwandten nach Bayern – ich meistens zu meiner Lieblingstante nach München – und wir lernten für unsere Verhältnisse viel von der damals möglichen Welt kennen. Aus einer Ferienzeit brachte ich ein gebrauchtes Sportfahrrad mit nach Drohndorf, obendrein noch mit einer Dreigangschaltung. Das war die Attraktion unter uns Jungen im Dorf. Natürlich musste ich eine Wettfahrt machen, gegen den besten Radfahrer – Ottmar Böhnisch – natürlich gegen eine Wette. Drei Freunde setzten auf mich, drei andere auf Ottmar.

Drohndorf, den 12. August 1953.

Protokoll über die Rückgabe des Nach dem Gesetzblatt 100 vom 17.7.52 behandelten Betriebes Otto Luther in Drohndorf.

Am 12.8.1953 wurde von einer Kommission des Rates des Kreises
Kollege Richter (LPG)
Kollege Fietz Kreiszootechniker
Kollege Thamig Abt. Leiter Erf. u. Aufkauf
Kollege Libnow Ref. Leiter Agrar u. Bodenordg.
die Wirtschaft des Herrn Luther die bisher von der LPG auf Anordnung des Rates des Kreises genutzt wurde herrn Luther zurückgegeben. Die Rückgabe erfolgte auf Grund des Uebernahmeprotokolls vom 8.4.1953. Bei lebendem Inventar wurde festgestellt, dass 31 Hühner nicht vorhanden waren. Bei dem Schweinebestand wurde ein Ueberbestand von 30 Ferkeln festgestellt. Als ausgleich für den jetzigen schlechten Zustand der schlechteren Sauen verbleiben 50 % der Ferkel in der Wirtschaft des Herrn Luther, die anderen 50% übernimmt die LPG. Bei dem Rindvieh wurde festgestellt, dass 2 Kühe nicht vorhanden sind. Wie im Protokoll vom 10.8.53 festgelegt wurde erhält Herr Luther die Versicherungssumme für die eine verendete Kuh und den Erlös für die verkaufte andere Kuh. Für den Wertzuwachs von 4 Kälbern wurde folgende Einigung erzielt: 2 Kälber verbleiben in der Wirtschaft des Herrn Luther, 2 Kälber übernimmt die LPG. Diese fehlenden 31 Hühner werden in der finanziellen Verrechnung mit der LPG berücksichtigt. Es wird pro Huhn 5.--DM als Erstattungspreis angenommen. Der Rat der Gemeinde wird angewiesen bei der Viehhalteplanung die fehlenden 31 Hühner zu berücksichtigen. Der Vorsitzende der LPG Kollege Körner wird beauftragt bis zum 20.8.53 eine Klärung über Küken und Gänseküken herbeizuführen.

Totes Inventar.

Die MTS wird angewiesen den Traktor des Herrn Luther sofort nach Fertigstellung der Reparatur in die Wirtschaft zurückzugeben. Sämtliche anderen Geräte sowie Fässer und Kanister sind von der MTS bis zum 18.8. an Herrn Luther zurückzugeben. Sämtliche Geräte und Maschinen die noch bei der Lanw. P.G. sind 1 gr. Hackmaschine, 2 Düngerstreuer, 2 Sensen, 1 Kleereiterschleppe, 3 Handscharrmaschinen, 1 Motorrad, 1 Ledertasche, (Motorradpacktasche), 2 Riemen, Garbenbänder, 1 Pferdekultivator, verschiedenes Kleingerät, 2 Planen, werden von der LPG bis spätestens den 17.8.53 an Herrn Luther zurückgegeben. Ueber das von der LPG genutzte Getreidegebläse mit Motor wird zwischen Herrn Luther und der LPG eine Vereinbarung über die Rückgabe getroffen. Die vorhandenen Säcke des Herrn Luther werden ebenfalls bis zum 17.8. von der LPG zurückgegeben.

Bei der Verhandlung waren anwesend:
Herr Luther als Uebernehmer
Kollege Körner Vorsitzender der LPG
Kollege Wengorz Bürgermeister
und die Kommission vom Rat des Kreises.

Otto Luther Körner Wengorz Libnow Rieger Thamig

Abb. 35 Rückgabeprotokoll nach unserer Rückkehr von West nach Ost

Start war die „Wasserteich-Brücke“ an der alten Schule vorbei. Bis zum „Schusterberg“ waren wir gleichauf, aber am Berg konnte ich mich dank der Gangschaltung und des kleinen Ganges weit absetzen und hätte hoch gewinnen müssen. Doch ich wollte die abschüssige Strecke zurück bis zum „Wasserteich“ (so heißt noch heute der Platz vor der Schule) unbedingt mit dem großen Gang fahren und da passierte das Unglück. Die Kette sprang auf dem Kopfsteinpflaster ab, verklemmte sich und ich konnte nur noch ausrollen lassen und verlor. Das war mir ziemlich peinlich.

Für die Jungs aber, die vielleicht auch ein bisschen neidisch auf die Gangschaltung waren war klar: „Die Gangschaltung macht’s nicht – der Fahrer ist entscheidend!“

Nach der achten Klasse schafften es mit mir noch drei weitere Jungen und ein Mädchen, nach Aschersleben in die höhere Schule zu kommen. Das hieß für uns täglich „Fahrschüler“ zu sein. Früh mit dem Bummelzug nach Aschersleben, am Nachmittag, manchmal dreiviertel eins, manchmal halb vier mit dem Zug zurück und manchmal auch sieben Kilometer zu Fuß bis nach Drohndorf, denn die Bahn fuhr nur 12:45 Uhr oder erst wieder 15:30 Uhr zurück.

Schulzeit in Aschersleben, Eisenach und Bernburg

Mit Beginn der neunten Klasse in Aschersleben änderte sich wieder so einiges in meinem bisherigen Leben.

Die vertraute Umgebung Drohndorf – wo alle Ereignisse, alles, was eben so passierte, mehr oder weniger vorhersehbar waren – ließ ich nun zeitweise hinter mir. Es kannte ja eigentlich fast jeder jeden in einem Dorf mit knapp 600 Einwohnern. So kannte man eigentlich auch alle handelnden Personen und deren Besonderheiten und selbst als Kind oder Jugendlicher wusste ich sehr genau, wer Freund, Feind, wichtig oder unwichtig ist.

Andererseits war man durch das „nach Aschersleben zur Schule fahren" auch ein bisschen erwachsen geworden. Trotzdem hatten wir Schüler aus Drohndorf einiges gegenüber den Stadtschülern zu lernen – nicht so sehr schulisch als vielmehr im Umgang mit Lehrern, Schülern und Schülerinnen.

In einem Tanzstundenkurs – von der Schule organisiert – lernte ich (mit 13 Jahren) schließlich beides. Als erstes „vergaß" ich eine Freundin aus Drohndorf – schließlich hatte fast jeder Junge, der wichtig sein wollte, mit 13 bis 14 eine „Freundin". Jetzt aber kamen neue „Herausforderungen" mit den Mädchen aus der Stadt in der Gestalt einer „Tanzstundendame". Die wurden in dem Kursus offen ausgesucht.

Zusätzlich lernten wir ein der damaligen Zeit angemessenes (man nannte das damals auch „Benehmen") Verhalten, insbesondere gegenüber gleichaltrigen Mädchen. Diese neuen Erkenntnisse standen zwar nicht im Gegensatz zu meiner bis dahin alt- oder großbürgerlichen Erziehung durch meine Eltern, aber die neue Art „Umgang mit der Umwelt“ war doch verschieden und für mich viel leichter zu benutzen.

Es war von der Freien Deutschen Jugend (FDJ) organisiert (aus Sicht meiner Eltern war die FDJ als kommunistische Jugendorganisation mit großer Vorsicht zu genießen), brachte für mich – damals im Sommer 1959 – aber schöne Stunden und Erlebnisse, sodass ich durchaus auch in Konflikt zu den elterlichen Mahnungen geriet und dachte: „Was die Eltern nur immer wollen, die Meisten in der FDJ sind doch alle nett und es macht Spaß.“

Durch meine Tante Anni, schon erwähnt, lernte ich auf der Anlage „BSG-Lock Aschersleben“ bei einem Trainer Tennis spielen. Träger der BSG (heute würde man sagen Hauptsponsor) war die Reichsbahn. Das hatte natürlich den Vorteil, bei Wettkämpfen kostenlos zu reisen – aber eben immer mit der Eisenbahn. Nach einem Jahr intensivem Jugendtraining spielte ich immerhin schon in einer Jugend-Mannschaft und wir fuhren in Nachbarstädte zu Wettkämpfen. (daher der Hinweis auf das Reisen mit der Eisenbahn)

Da ich immer noch in Drohndorf wohnte, war der Kontakt zum Dorf und allen Freunden nach wie vor eng geblieben.

Wichtig waren und sind in einem Dorf – früher wie heute – die sogenannten „kulturellen“ Ereignisse und Höhepunkte, wo man immer dabei sein musste. Das waren zuerst das Dorf- oder Heimatfest, das Erntedankfest, Sportfeste (Fußball), Reitveranstaltungen und so weiter. Bei all diesen Ereignissen gab es am Abend im Dorf-Festsaal Musik, Tanz und Bier. Da war immer etwas los und auch als Jugendlicher musste man dabei sein – wenn auch anfangs eben mit einer elterlichen Vorgabe, wann man zurück sein musste. Eine dieser Veranstaltungen habe ich als Jugendlicher sogar gegen die „Erwachsenen“ gewonnen – das war ein jährlich stattfindendes Reitturnier.

Zu einem unserer Pferde hatte ich ein besonders vertrautes Verhältnis durch oftmaliges Ausreiten. Das klingt zwar sehr ungewöhnlich für diese Zeit (Großbauernsohn und Reitpferd), aber das war in den Dörfern damals nicht ungewöhnlich und auch meine Eltern empfanden das nicht so. In den Monaten Mai/Juni, meist um Pfingsten, gab es in der Landwirtschaft eine kurze Phase von weniger Arbeit. Die Frühjahresarbeiten mit Säen, Vorbereiten und Düngen waren erledigt, die Sommerarbeiten mit Erntebeginn und Erntevorbereitungen waren noch nicht so weit und es gab auch weniger Arbeit für die Pferde. Trotzdem mussten die Pferde in dieser Zeit bewegt werden. (Pferde können nicht Tage im Stall angeleint ohne viel Bewegung stehen!) So durfte ich also öfter in solchen Monaten einen alten Militärsattel nehmen und mein Pferd zu einem Halbtagesritt satteln.

Ich hatte also ein schönes fuchsbraunes Pferd und nahm wie viele andere auch an dem „Ring-Reitturnier“ (so wurde das Turnier genannt) teil. Teilnehmer waren meist so etwa 30 Pferde aus Drohndorf und den benachbarten Dörfern.

Das Ziel war ebenso einfach wie schwierig: Der Reiter musste mit seinem Pferd im Galopp durch ein aufgebautes Tor reiten – oben am Tor hing ein Ring von fünf Zentimetern Durchmesser! Diesen kleinen Ring musste man beim Durchreiten mit einem Stab treffen (stechen) und an einem festgelegtem Platz zum Nachweis ablegen.

Dieser Parcours wurde solange mit allen Reitern durchgeführt (wiederholt), bis der Sieger als letzter fehlerfreier Reiter feststand beziehungsweise einer immer alle Ringe getroffen hatte.

Wenn ein Pferd nicht im Galopp laufen wollte – die meist Ackerarbeit gewöhnten Pferde wollten das natürlich nicht freiwillig und mussten eigentlich Tage vorher daran gewöhnt werden – wurde nachgeholfen. Schließlich sollten alle Teilnehmer die gleichen Bedingungen haben. Das hatte ich mit meinem Pferd natürlich vorher geübt.

Wer zu langsam oder im Trab auf das Ziel zu ritt, dessen Pferd bekam von einem extra beauftragten „Aufpasser“ mit einer Peitsche oder einem Besen einen „Klaps“, bis es galoppierte. Im Schritt oder im Trab ist der Ring natürlich leichter zu treffen als im Galopp. Diese Einlagen des Aufpassers und Richters dienten natürlich auch zur Belustigung der Zuschauer, denn wie erwähnt, waren solche Ereignisse Höhepunkte im Dorf und alle waren dabei auf dem Festplatz.

Das führte manchmal aber auch zu kuriosen Situationen. Manche Pferde wurden scheu und schlugen mit den Hufen aus und so hatte der Reiter schlechte Aussichten, den Ring zu treffen – manch schlechter oder ungeübter Reiter flog zur Belustigung der Zuschauer auch vom Pferd. Ebenso nur zur Belustigung wurde gelegentlich ein großer alter Ochse – an den Hörnern geschmückt – durch die Rennstrecke getrieben (Abb. 36).

Es war eben ein richtiges Volksfest und am Abend, wie immer, wurde auf dem Festsaal der Dorfgaststätte mit Blasmusik, Tanz und Bier gefeiert.

Abb. 36 Ringreitturnier in Drohndorf 1959

Natürlich war ich mächtig stolz, dass ich gewonnen hatte. (Dank der besseren Vorbereitung!) Die obligatorische „Saalrunde", die man als Sieger spendieren musste (das hieß damals wirklich „Bier für den ganzen Saal" und musste laut gerufen werden!), also das erledigte damals noch nach der Siegerehrung mein Vater (den finanziellen Teil!), aber ich glaube, er hat es gerne getan und war auch ein wenig stolz.

Auf den Feldern von uns arbeitete ich jedoch nicht mit unseren Pferden, das machten die Angestellten. In den Ferien aber halfen mein großer Bruder Martin und ich oft bei der Getreideernte. Meist war das beim „Bindern" mit einer über die Zapfwelle des Traktors angetriebenen Maschine, die das

Getreide von den Halmen abschnitt und selbstständig zu Garben zusammenband. Das war, bis zur Erfindung des Mähdreschers, die modernste Getreide- Erntemaschine.

Abb. 37 Ernte mit einem Zapfwellenbinder 1959

Die Zeit in der Schule in Aschersleben verging relativ schnell.

Mitte der zehnten Klasse wurde dann in der Familie, also mit den Eltern, dem großen Bruder und mir, beraten, was ich danach machen könnte. Wie unerfahren oder unreif man in solchen Sachen mit 15 oder 16 Jahren noch ist (zumindest ich damals) zeigt mein Wunsch, „Werkzeugmacher“ in Aschersleben in der dortigen Maschinenfabrik „WEMA“ zu werden. Ich weiß noch genau, dass ich keine Ahnung von diesem Beruf hatte. Da aber ein guter Freund von mir aus der Stadt das werden wollte und davon schwärmte, wollte ich das auch. Es kam sogar zu einer Bewerbung, die aber – aus heutiger Sicht zum Glück – nicht erfolgreich war.

Eigentlich leicht konnte ich dann überredet werden zu einer Ausbildung zu einem Biologie-Assistenten an der Biologischen Zentralanstalt in Aschersleben. Die Ausbildung dazu gab es einzig und allein in Eisenach – also eine Ewigkeit weit weg.

Als Alternative stand immer noch der Väterliche Betrieb, so wie das mit allen Söhnen oder auch Töchtern seit Jahrhunderten üblich war und wie es auch viele Familien im Dorf oder den

Nachbardörfern taten. Das aber wollte ich gerade nicht – das wusste ich schon genau! Täglich acht Stunden auf einem Feld oder im Stall arbeiten, nein, das wollte ich nicht! Da war ein „Weiterlernen" oder Qualifizieren und die Natur erforschen ein besseres Ziel.

Dass meine Eltern das erstere, was normal gewesen wäre – mein älterer Bruder war ja schließlich auch bereits auf dem Weg zu einem anderen Beruf – nicht von mir verlangten, hat mir später bei meinem Vater viel Respekt abverlangt. Das war durchaus sehr uneigennützig und weitsichtig, denn er hätte eine Unterstützung sicher gut gebrauchen können.

Die Situation in der Landwirtschaft der DDR zum Ende der fünfziger Jahre war als sehr kritisch einzuschätzen und es bot sich keine Chance für ein selbstständiges, freies Arbeiten oder Wirtschaften im eigenen Betrieb. Die später sogenannte Zwangskollektivierung, die 1961 begann, zeichnete sich bereits ab und meine Eltern wussten das wohl und ließen mich – sicher schweren Herzens – zunächst etwas anderes lernen.

Das waren – auch für mich inzwischen deutlich erkennbar – schwere Zeiten für meine Eltern und unseren Hof. Ständig hörte ich am Abend, nach dem Essen, wenn die Familie zusammen saß, von neuen Schikanen, neuen Problemen im Betrieb oder beim Personal. Sei es bei der Beschaffung von Bindfaden für den Zapfwellen-Binder, Öl oder Diesel für den Trecker, Dünger für die Pflanzen oder hauptsächlich auch über die ständig erhöhten „Pflichtabgaben" an landwirtschaftlichen Produkten. Alles war wie vor 1953!

Die Pflichtabgaben oder das „Soll" war in doppeltem Sinn belastend, weil es von landwirtschaftlichem Unverstand, wie es mein Vater oft beklagte, geprägt war. So wurde zum Beispiel das Abgabe-Soll für Milch oder Schwein ständig erhöht, obwohl der Boden in unserer Region außerordentlich hochwertig ist und der Schwerpunkt besser auf Produkten vom Ackerbau gelegen hätte und nicht auf der Viehzucht.

Wir mussten also immer mehr Schweineställe bauen und mehr Kühe als notwendig halten, um das „Abgabe-Soll“ zu erfüllen. Aber damals wurden alle Entscheidungen zentral und für alle gleich getroffen. Sinnvoll wäre es gewesen, mehr Milch in Weideland-Gebieten und mehr Schweinefleisch in den Gegenden, wo Kartoffeln besser wachsen, wie zum Beispiel in Mecklenburg, zu produzieren und dafür mehr Zuckerrüben oder Weizen in unserer Gegend. Damals aber sollte alles gleich gemacht werden.

Heute wird übrigens Landwirtschaft auch in Drohndorf und anderswo wieder so betrieben, wie es wirtschaftlich richtig ist und wie es bis etwa 1945 all die Jahrhunderte zuvor auch üblich war, also nach den Gegebenheiten von Boden, Klima, Regen und so weiter.

Diese erkannten und erlebten Schikanen und Probleme mit der Landwirtschaft im Allgemeinen und mit uns Großbauernfamilien und der LPG im Besonderen haben eine lang andauernde Abneigung bei mir erzeugt. „Also das wollte ich bestimmt nicht machen oder werden, nicht diesen Beruf!“ Aber Biologie-Assistent konnte ich auch nicht werden. Da hatte wohl der Staat beziehungsweise die LPG bei meiner Bewerbung an einer Fachschule in Eisenach interveniert, denn ich sollte schließlich in der Landwirtschaft bleiben und dort arbeiten, hieß es bei der Ablehnung. Also kam ich zwar an die Fachschule nach Eisenach, bekam aber das Ausbildungsfach „Landwirtschaft“ zugeteilt mit dem Ausbildungsziel „Staatlich geprüfter Landwirt“.

Die Fachschule hatte den Namen „Walter Ulbricht“. Ich glaube sicher, dass damals viele Tausende von Schulen, Betrieben, Straßen und Fabriken diesen Namen trugen – wie einfallslos aus heutiger Sicht! Das wäre ja so, als ob heute tausende Einrichtungen den Namen des jeweiligen Bundeskanzlers oder der Kanzlerin tragen müssten!

Ich begann demzufolge keine Wunschausbildung zum Biologieassistenten, sondern eine Ausbildung zum „Staatlich geprüften Landwirt“ mit Hochschulreife – also der Möglichkeit zum Studium. Das alles war gut und es erwies sich letztlich auch als ein wichtiger Zeitabschnitt für meine Ausbildung und Entwicklung.

Die ersten zwei Wochen an der Fachhochschule in Eisenach hatten wir „Schulunterricht“ und ich dachte noch: „Ok. – das packst du alles leicht“, denn Unterricht und Theorie, das war alles ganz angenehm.

Dann aber änderte sich der Unterricht und es ging doch gleich raus auf ein nahe gelegenes Volksgut zum Arbeiten. Hinzufügen muss ich an dieser Stelle, dass ich bei meinem Vater und in seinem landwirtschaftlichem Betrieb nicht wirklich die schlechten Arbeiten kennen lernen musste und auch nicht lange Zeiten mitzuarbeiten hatte – daher also einige Arbeiten nur vom Sehen kannte.

Am ersten Montag früh um sieben Uhr wurden wir auf dem „Trenkelhof“, einem Volksgut bei Eisenach, zum Arbeiten aufgeteilt und wieder dachte ich „ok. – du kennst dich aus, die schwierigen Situationen wirst du umschiffen.“ Klassenlehrer Schwertz – von dem ich übrigens viel gelernt habe mit meinen damals sechzehn Jahren, sowohl landwirtschaftlich als auch menschlich, fragte in die Runde: „Wer kennt sich mit Kühen aus, wer mit Schweinen, wer kann mit Pferden umgehen ?“

Niemand meldete sich und ich dachte „ Kuhstall und Schweinestall ist wirklich nicht schön: Sehr früh aufstehen, schwere, stinkende Arbeit und so weiter ...“ und so meldete ich mich schließlich freiwillig: „Ich kann mit Pferden umgehen“, sagte ich selbstbewusst (stimmte ja auch!). Herr Schwertz aber reagierte anders als ich dachte. Er entschied: „Luther: Schweinestall“!

Zwei Andere, die inzwischen angaben, gern zu den Kühen zu wollen, bekamen die Pferde, obwohl sie vorher nie mit Pferden in Kontakt waren.

Aber das war wohl auch Teil seiner Erziehung und im Nachhinein, wie erwähnt, war das eine gute Schule und Lehre. Wir alle waren 16 oder 17 Jahre jung und das waren natürlich entscheidende und prägende Erfahrungen, die wir in diesem Alter machten.

Inzwischen, 1960, hatten meine Eltern auf Grund der nach unserer Rückkehr aus dem „Westen" immer schlechter werdenden Situation für uns erneut die Flucht nach dem „Westen" geplant. Diesmal sollte das aber alles besser vorbereitet ablaufen. Wir Kinder waren inzwischen, jeweils in den großen Ferien, immer öfter zu den Verwandten in Bayern gefahren und auch unsere Eltern waren dort zu Besuch beziehungsweise beim Abholen von mir und meiner Schwester. Sicher wurde da einiges abgesprochen. Auf jeden Fall schickte meine Mutter unauffällig aber regelmäßig Pakete an die unterschiedlichsten Adressen – also den Verwandten und deren Freunden im Westen. Geschickt wurde Bettwäsche und Tischtücher, Geschirr und Besteck und so weiter, um dann nicht alles neu kaufen zu müssen.

Aber es kam wieder anders, 1961!

In Berlin und später überall wurde eine Mauer (die „Mauer" eben) gebaut, rundherum um die ganze DDR, mit Schießbefehl und allen anderen heute bekannten Maßnahmen und die Hoffnung in unserer Familie auf eine Zukunft oder Besserung war ganz tief gesunken.

Die gesamte DDR wurde einfach mit einer hohen Mauer, rund um das ganze Land, eingesperrt und streng bewacht und niemand kam unkontrolliert rein oder raus aus dem Gebiet „DDR". Das blieb so, wie alle wissen, von 1961 bis 1989.

Wir mussten also endgültig in der DDR bleiben – in einem Staat, der uns nicht wirklich mochte, immer noch Klassenkampf an uns beziehungsweise unserem Berufsstand und unserer Familie demonstrieren wollte, in dem wir letztlich wehrlos waren.

1960 gab mein Vater nach fast 500 Jahren Familienbesitz den Kampf um die Selbstständigkeit und vor allem auch damit wissend, den Kampf um den eigenen Hof auf. Er musste in die LPG. In den Geschichtsbüchern steht zu diesem Vorgang heute nüchtern: „Zwangskollektivierung."

Zunächst wurden wir LPG - Typ I und danach Typ III. Typ III war die höchste Stufe der Kollektivierung und das hieß: Alles ist kollektiviert – Gebäude, Geräte, alle Tiere, alles Land, alle Früchte und so weiter nur nicht gerade die eigene Wohnung, die eigene Frau und die Kinder!

Unsere Verwandten schickten nun wieder „unauffällig" viele Pakete mit unseren Sachen zurück von West nach Ost und der Kontakt zum „Westen" beschränkte sich auf regelmäßige Briefe in beide Richtungen und eben die Pakete.

An meiner Fachschule musste ich natürlich melden, dass wir nun auch „LPG sind". Ich bekam sogar ein Lob, etwa derart, dass ich über meine Ausbildung meinen Vater überzeugen konnte, freiwillig in die LPG zu gehen! „Freiwillig", dachte ich, so ein Unsinn. (Ob der eine oder andere Dozent wirklich daran glaubten, dass so etwas durch Überzeugung und folglich freiwillig gegangen ist, glaube ich nicht wirklich)

Fakt ist jedenfalls, ich wurde gelobt und war nun gleichgestellt mit allen anderen und nicht mehr der „Großbauernsohn Luther". Bei Angaben zum Lebenslauf und so weiter war ich jetzt „Sohn des Genossenschaftsbauern Otto Luther". (Der aufmerksame Leser erinnert sich sicher, dass dieses jetzt die fünfte Berufsbezeichnung ist, seit ich 1942 als „Sohn des Gutsbesitzers Otto Luther" geboren wurde: Über Gutsbesitzer, Erbhofbauer, Landwirt, Landwirtschafts-Rückkehrer, nun Genossenschaftsbauer.)

Dennoch war die Fachschulzeit für mich eine richtig gute Epoche. Im Nachbardorf von Drohndorf hatte ich eine nette und intelligente erste richtige Freundin, was sich leider auf

Grund der langen Entfernung bis Eisenach nicht gut weiterentwickelte.

Mein wichtigster Praktikumsausbildungsort war Hahnroda, ein sehr kleines Dorf oben im Thüringer Wald, oberhalb der Werra in der Nähe von Creuzburg. Hier war ich in dem weniger als einhundert Einwohner zählenden Dorf fern ab der übrigen Welt gut angesehen – es gab nur kleinere, ehemalige landbesitzende Bauern, insgesamt aber nur vier, die alle gemeinsam eine LPG gebildet hatten beziehungsweise auch bilden mussten. Ich fuhr den Traktor oder hatte, wenn es nötig war, auch ein Pferdegespann zu bedienen und zu betreuen und war auch sonst ein vollwertiges Mitglied der kleinen Gemeinschaft. Der wichtigste Bauer im Dorf war auch LPG-Vorsitzender und hatte eine hübsche Tochter – Renate – sie war meine Freundin und wir machten lange, nächtliche Spaziergänge in völlig einsamen Wäldern. Leider habe ich später nie wieder etwas von ihr gehört.

In dieser Zeit hatte ich mir meinen ersten Fotoapparat von dem Stipendium erspart.

Stipendium, richtig – seit ich „Sohn des Genossenschaftsbau ern ..." war, bekam mein Vater ja nur Arbeitseinheiten („AE") als monatlichen Verdienst ausgezahlt und ich war berechtigt, ein Stipendium zu bekommen – immerhin 70,- DM Ost im Monat.

Wie schwer musste das alles für meinen Vater gewesen sein. Er musste jetzt ganz bewusst „niedrigere Arbeiten" machen. Der Großbauer sollte „arbeiten lernen" sagten die Kommunisten!

Zum Glück änderte sich das wieder, als neue Leute, nicht aus Drohndorf, die Führung der LPG übernahmen.

In Eisenach machte ich meinen ersten Führerschein – noch mit 16 Jahren – für Motorrad und später im Rahmen der Ausbildung für alles andere, inklusive verschiedener Spezialfahrzeuge, sodass ich manchmal, als ich längst in der Medizin gelandet war, zur Verblüffung meiner Freunde zeigen konnte, dass ich einen Führerschein für LKW, Bus, einen kleinen Kran, Mähdrescher und andere spezielle Großgeräte besaß.

In Eisenach mussten wir nach dem Bau der Mauer entlang der DDR-Grenze unsere Fachschule verlassen, da wir in Eisenach etwa zehn Kilometer von der Grenze zur Bundesrepublik entfernt waren und das war nach Meinung der DDR-Regierung noch zu nahe am „Westen“, zu nahe an der Grenze! In unsere Gebäude zog die Volksarmee ein! Aus heutiger Sicht und sicher auch aus militärischer Sicht völliger Unsinn! Aber wir mussten das eben alles mitmachen.

Es hieß, „die BRD könnte uns überfallen...“ und deshalb wurde entlang der Grenze, also auch im zehn Kilometer entfernten Eisenach viel Militär untergebracht. Wir zogen also aus unserer Fachschule aus und die Volksarmee zog ein! Zum vierten und letzten Studienjahr gingen wir nach Weimar – eine ebenso schöne Stadt.

Hier fand ich wieder eine neue Freundin, Roswitha, eine Freundin, die man wohl als „erste große Liebe“ bezeichnet, denn die bisherige Liebe oder Freundschaft über die lange Distanz bis zu unserem Nachbardorf oder zum Praktikumsort war verloren gegangen.

Ich machte im vierten Studienjahr meine Prüfungen – und träumte abermals von einer Arbeit in der biologischen Zentralanstalt in Aschersleben. Aber es kam wieder anders. Ich wurde „vermittelt“ beziehungsweise delegiert – in ein Dorf, Lengefeld bei Mühlhausen, als staatlich geprüfter Landwirt zu der dortigen LPG. Das machten die Ausbildungsstätten damals so und Eigeninitiative gab es nicht im Sozialismus der DDR.

Jetzt galt es wieder zu kämpfen, wenn ich das verhindern wollte. Mit vielen Briefen, Anträgen meiner Eltern und Bitten bei den Behörden bis hin zu Gesprächen beim Rat des Bezirkes und unter Vorlage von Attesten (ich war wirklich Allergiker und war sogar ausgemustert vom aktiven Wehrdienst!) erhielt ich schließlich die Freigabe aus Lengefeld und unser Direktor in Weimar entließ mich mit den Worten „... dann sind sie eben selbst Ihres Glückes Schmied."

Ich war wirklich der glücklichste Mensch der Welt in diesem Moment und dachte „... jetzt kann ich wirklich alles selbst entscheiden, komme vielleicht doch noch nach Aschersleben in die biologische Zentralanstalt zum forschen." Kurz zuvor war ich noch Vize-Bezirksmeister im Tennis der Studenten geworden und war richtig stolz auf mich.

In Aschersleben bekam ich nach eigenen Bemühungen endlich meine Stelle als Biologie-Assistent und eine Mitarbeit an einem Forschungsthema zur Luzerne (einer wichtigen Futterpflanze)! Also wirklich: „Ziel erreicht", sagte ich mir.

Roswitha, meine Freundin, kam mit in die Nachbarstadt Bernburg und damit in meine Nähe. Ich war rund herum zufrieden. Im August feierten wir Verlobung in Drohndorf.

Aber die LPG-Drohndorf lag im Kreis Aschersleben! Die LPG-Spitzen und die Spitzen im Rat des Kreises kannten sich natürlich aus und es wurde bekannt, dass ich als Großbauernsohn und „Studierter" nicht in der Landwirtschaft beschäftigt werden sollte, sondern in einer Biologischen Zentralanstalt arbeiten wollte. Das Ergebnis war klar!

Die bereits schriftlich zugesagte Anstellung musste mir von der Biologischen Zentralanstalt wieder gekündigt werden. Ein letzter Versuch von mir und meinem Vater bei dem Institutsprofessor K. blieb ergebnislos. Es hieß unter vier Augen nur „ ... tut uns wirklich leid, aber gegen LPG und Rat des Kreises können wir nichts machen ..." Jetzt hatte ich wirklich ein Problem und war etwas, was es in der DDR eigentlich nicht gab beziehungsweise nicht geben durfte – ich war ein halbes Jahr arbeitslos.

Das war jetzt wirklich gefährlich, denn hätten sie mich erwischt, wäre ich ohne Widerspruch zu einer Arbeit in eine

LPG geschickt worden, egal an welchem Ort, egal zu welchen Bedingungen, denn ich war für den Staat ausgebildet worden, wie es damals hieß.

Schließlich vermittelte mir die Biologische Zentralanstalt in Aschersleben dann doch als letzten guten Dienst eine Stelle im Nachbar-Landkreis Bernburg, in dem dortigen „Institut für Pflanzenzüchtung Bernburg“. Ich hatte also etwas Glück!

Ein halbes Jahr gute Arbeit in diesem Institut, ein sehr verständiger Direktor und natürlich persönliches Engagement und Fleiß brachten mir Ansehen und die Möglichkeit, mich von diesem Institut aus und vor allem mit dessen Empfehlung zum Studium bewerben zu dürfen. (Der Direktor zu mir: „... was sollen wir hier mit Ihnen als Assistent, Sie gehören an die Universität ...!“)

Wieder war etwas wichtiges erreicht und wir feierten das in Drohndorf. Meine Mutter erwähnte nicht zum ersten Mal mit viel Stolz ihren Satz: „Du bist doch ein Sonntagskind – ich wusste, dass du das schaffst!“

Meine Bewerbung um eine Teilnahme an der Aufnahmeprüfung zum Landwirtschaftsstudium an der Humboldt-Universität wurde positiv bewertet, ich wurde zur Aufnahmeprüfung eingeladen, bestand diese und sollte im September des gleichen Jahres mit dem Studium beginnen. Auch das war nach so langen Mühen wieder ein Grund zu Freude bei der ganzen Familie. So wurde in diesem Sommer 1964, ein Jahr nach der Verlobung, auch geheiratet.

Nachtragen, weil es für spätere Schilderungen wichtig ist, muss ich kurz die Entwicklung bei meinem großen Bruder Martin. (Wie erwähnt, war er unbewusst immer mein Vorbild!)

Der hatte zunächst auch einen Studienplatz zum Medizinstudium in Greifswald bekommen und musste, als dort die Militärakademie einzog, nach Leipzig und später nach Erfurt zum Studium gehen. Alle seine Erlebnisse, die er als Student gehabt und erzählt hatte, fand ich toll und wollte das auch alles unbedingt erleben – wie das eben so oft zwischen großem und kleinem Bruder ist: Alle tollen Schilderungen über das Studenten-Dasein, Freunde, alte Lieder singen und dazu Bier trinken, das war etwas Neues! Trotzdem kannte ich meinen Bruder eigentlich nicht wirklich. Wir trafen uns vielleicht zwei bis drei Mal im Jahr und dann nur zwei, drei Tage und das blieb immer noch so, die ganze Zeit seit den gemeinsamen vier Wochen Flüchtlingslager in Berlin 1953.

Das war vor allem auch deshalb so, weil mein Bruder nach seinem Studium im Dezember 1960 mit seiner Verlobten und heutigen Frau „in den Westen" ging, wie damals so viele. Wir, die Familie wollten dann später nachkommen, doch dann kam die Mauer, aber das habe ich schon berichtet.

Für mich waren die 60er Jahre jedenfalls nicht schlecht – ich hatte alles erreicht, was ich bis dahin erreichen konnte beziehungsweise was ich mir vorgenommen hatte. Immer wieder, den langen Weg von der Dorfschule in Drohndorf bis zum Studiumsbeginn an der Humboldt-Uni in Berlin zurück verfolgend vor Augen, sagte ich mir: „Du hast jetzt wirklich alles selbst in der Hand – hast alle Chancen für dein Leben – niemand wird dir jetzt noch wirklich helfen können, außer du selbst ..."

Dass auch die CDU–Ost damals geholfen hat, dass ich überhaupt an der Universität eine Aufnahmeprüfung machen konnte, wird später in einem extra Kapitel zu berichten sein.

Endlich – Student an der Humboldt-Universität Berlin

Als ich den Brief von der Humboldt-Universität Berlin mit der Mitteilung, an einem bestimmten Tag zur Aufnahme des Studiums zu kommen, in Drohndorf in den Händen hielt, war ich natürlich aufgeregt und glücklich zugleich. Mag sein, dass solche Gefühle nicht alle, die zu einem Studium zugelassen wurden, so euphorisch erlebt haben oder nachempfinden können wie ich, weil sie einen vorgezeichneten Weg dorthin gehen konnten, bessere Zensuren oder Beurteilungen hatten, keine Großbauern als Eltern hatten, Eltern oder Familie in der SED waren oder andere Vorteile hatten, die zu einem Studienplatz führten. Ich nach meinem langen, mühsamen und beschwerlichen Weg bis dorthin war jedenfalls sehr stolz und glücklich.

„Da war es also, das Studentenleben."

So, wie ich es aus Büchern, Erzählungen und vor allem aber von meinem großen Bruder kannte, wollte ich es jetzt endlich erleben. Es lag unmittelbar vor mir! Aber wie fand ich das, was ich mir so vorstellte?

Die feierliche Immatrikulation war das erste Ereignis und das war wirklich feierlich. Sie lief ab nach guter alter studentischer Tradition, es gab gute Reden, es lag etwas erhebendes, feierliches im „Audimax". Die Professoren erschienen in ihren Talaren und „Amtsketten", es gab gute Reden zur Universität, zu Humboldt, dass man stolz sein solle, an dieser Universität studieren zu können und Hinweise und Vorschläge zum Studieren. Wichtiges vermutlich, was man als Jungstudent brauchte. Wie herauszuhören ist, war es eine bleibende Erinnerung. (nicht vergleichbar mit heutigen Imma trikulationsveranstaltungen!)

Um den Kontrast deutlich zu machen, sei nur die Immatrikulation an der FU-Berlin im Jahr 2001 genannt, an der ich als Ehrengast (damals als Vize-Parlamentspräsident) teilnahm. Der eingeladene Politiker (der regierende Bürgermeister Wowereit) hielt eine Wahlkampfrede für seine Partei, die SPD, und es hieß, dass der politische Gegner an allem was schlecht ist Schuld sei. Es war arrogant und nichts erinnerte an den eigentlichen Zweck der Veranstaltung. Der Dekan und der Rektor sprachen ausschließlich von Geldsorgen und was alles nicht geht und wie schlimm alles ist, in der Stadt im Allgemeinen und an der Uni im Besonderen und als Höhepunkt trat ein Student (ASTA) ganz offiziell und angekündigt als Redner an das Pult, beschimpfte vom Podium aus auf das Übelste die eigenen Professoren, die Politiker im Land und im Senat und warnte die zur Immatrikulation eingeladenen Jung-Studenten vor dem Studium, dass sie sich die schlechteste Uni überhaupt zum Studieren ausgesucht hätten und so weiter. Am liebsten wäre ich während der Veranstaltung aufgestanden und gegangen, um mir nicht das Bild einer feierlichen Immatrikulation an einer Universität zu zerstören.

Sicher habe ich nicht jedes Jahr eine Immatrikulation an einer Uni erlebt – die von 1992 an der Humboldt-Universität, mit einer guten Rede von Dekan Professor Harald Mau, war durchaus eine sehr gute.

Meine Immatrikulation im September 1963 an der Humboldt-Universität war jedenfalls eine bleibende, positive Erinnerung wert.

Schwierig war es 1963, ein passendes Zimmer in Berlin zu finden – ich hatte schließlich auch noch eine junge Ehefrau, die mit nach Berlin gekommen war und als chemisch-technische Assistentin an einem Institut der Humboldt-Uni eine Stelle gefunden hatte. Über zwei möblierte Zimmer, wir zogen also in den ersten Monaten drei Mal um, landeten wir schließlich in einer Wohngemeinschaft mit befreundeten Studenten. Das war zwar ein sehr heruntergekommenes Haus in Niederschönhausen und eine ziemlich schlampige Wirtin, aber ich bewohnte mit Roswitha erstmals ein gemeinsames Zimmer. Bald danach fanden wir eine leer stehende Einraumwohnung in der Choriner Straße im Prenzlauer Berg, die uns von der kommunalen Wohnungsverwaltung zum Eigenausbau zugewiesen wurde. (Man konnte sich ja schließlich nicht auf eigene Initiative etwas suchen!) Wir renovierten alles selbst (das war die Voraussetzung bei der Wohnungsverwaltung), zogen ein viertes Mal um und hatten zusammen eine eigene kleine Einraumwohnung. Damit waren wir echt privilegiert gegenüber anderen Studenten, denn wir hatten einen kleinen, eigenen Flur und neben der Küche eine Innentoilette. Letzteres war damals im Prenzlauer Berg – jedenfalls unter uns Studenten – eine Seltenheit, denn die Toilette befand sich in den alten Häusern meist auf halber Treppe außerhalb der Wohnung beziehungsweise des Zimmers, mit einem anderen Mieter zusammen. Mir ging es also besser! Diese kleine Wohnung hatte ich übrigens noch lange nach dem Studium.

Das Studentenleben mit all seinen Praktika, seinen Ernteeinsätzen, Partys und Feten neben dem Studium war eine gewaltige Ablenkung und ich wollte auch unbedingt „Student sein“ und machte alles mit.

So kam nicht nur das Lernen, was eigentlich das Wichtigste zum Studium sein sollte, zu kurz, sondern auch die junge Familie. Meine erst Ehe, eine „Studentenehe“, scheiterte, ehe sie richtig begonnen hatte. Schon zwei Jahre nach der Hochzeit wurden wir wieder geschieden.

Aber die Ehe scheiterte, ohne irgendwelche schwierigen Probleme zu verursachen, ohne bitteren Nachgeschmack und eigentlich auch im gegenseitigem Einvernehmen: Roswitha zog in eine andere Wohnung, alles was wir uns angeschafft hatten, wurde friedlich und einvernehmlich geteilt und nach dem Scheidungstermin haben wir gemeinsam eine Flasche Wein getrunken und auf eine schöne vergangene und zukünftige Zeit angestoßen. Ich glaube, es sind bei keinem von uns beiden unangenehme Erinnerungen an unseren „ersten Versuch" zurückgeblieben. Zwei Jahre später sind wir zwar noch einmal zusammen verreist, aber es ging nicht mehr wirklich gut mit uns. Ganz sicher war ich noch nicht reif, eine gute Ehe zu führen oder es gab zu unterschiedliche Interessen.

Auch das Studium litt unter meinem „Student sein". Ehrgeiz hatte ich jedenfalls noch nicht entdeckt und es reichte mir, mit meinen Leistungen im „Mittelfeld" zu liegen – das Studium war ja so lang und ich hatte sooo viel Zeit, dachte ich.

Bei zwei Prüfungen, die ich wiederholen musste, wäre das ganze „Projekt Universität" auch beinahe schief gegangen! Zwei Prüfungen musste ich wiederholen. Zwei Dinge trafen unglücklich zusammen. (Wenn man selbst Mist baut, nennt man das wohl meistens „unglücklich")

Ich hatte jedenfalls zwischen zwei Hauptfächern zu wählen bezüglich einer mündlichen Prüfung. In einem Hauptfach stand ich „2", in dem anderen „3". Da ich aber gerade in dem Institut, wo ich „2" stand, ein Praktikum absolvierte, wählte ich dieses Fach. Besser hätte ich die „2" stehen lassen sollen um die „3" zu verbessern, aber ich wollte eben ..., ich weiß heute wirklich nicht warum.

Im Praktikum hatte ich mich mit einer MTA (technischen Assistentin) angefreundet – wohl zum Leidwesen eines Oberassistenten, der auch ein Auge auf diese MTA geworfen hatte. Warum auch immer, ich kam zur Prüfung nicht zum Professor, sondern zu dem genannten Oberassistenten, wusste zwei oder drei Fragen nicht und fiel durch die Prüfung! Die Wiederholungsprüfung war dann wohl o.k. – ich kann mich jedenfalls nicht wirklich erinnern.

Zurück zu den schöneren Dingen an der Universität.

Die Vorlesungen von Professor Herbst in Zoologie faszinierten uns alle im ersten Semester. Es war die beste Vorlesung, jedenfalls für mich, und natürlich mein Lieblingsthema. Leider bekam ich dennoch in seiner Abschlussprüfung „nur" eine „2 plus". Eine „2 plus" aber reichte nicht zum Mitfahren auf eine große Exkursion, die nach Ungarn gehen sollte, denn das konnten nur die Besten, also die mit einer „1". (In der Prüfung wusste ich nicht genau über die Vermehrung der Regenwürmer bescheid!) Zu Insekten oder gar Schmetterlingen – meinem Spezialgebiet – hatte Professor Herbst mir keine einzige Frage gestellt. Dennoch wurde ich bald danach „Hilfsassistent" bei ihm (das war nun wieder mehr Anerkennung als eine „1" in der Prüfung) und ich entwickelte mich in seinem Institut schnell zu einem fast vollwertigem Mitarbeiter, auf einem begrenzten Gebiet natürlich. „Hilfsassistent" hieß, freiwillig und nach den Vorlesungen bestimmte fachliche Arbeiten im Institut zu übernehmen. Er vertraute mir verantwortungsvolle Aufgaben an, insbesondere auf meinem Lieblingsgebiet (Insekten) und deren Physiologie. Das war mit meine schönste Zeit an der Universität.

Die hohe Wertschätzung machte mich natürlich stolz und zufrieden – vielleicht zu zufrieden. Schließlich beantragte Professor Herbst an der Uni noch einen „Sonderstatus" für mich und ich konnte mich neben meinem Landwirtschaftsstudium gesondert weiterbilden und qualifizieren, was mir später sehr geholfen hat. Ich habe Professor Herbst sehr geschätzt. Er war vor allem „menschlich" ein sehr angenehmer Professor, schätzte mich außer meinem Spezialwissen in Sachen Insekten wohl auch wegen meiner „Probleme" mit dem Staat DDR und des schwierigen Weges bis an die Universität. Wir hatten oft auch vertrautere Gespräche mit politischem Inhalt, die sicher kein SED-Genosse hätte hören dürfen.

Da für mich „Student sein“ ohne alte Studentenlieder zu singen, in einer Studentenkneipe dazu Bier zu trinken und alte Studenten-Traditionen zu pflegen nicht vorstellbar war, gründete ich mit Gleichgesinnten aus verschiedenen Fakultäten einen Freundeskreis, wo wir genau das taten. Jetzt fühlten wir uns erst richtig als Studenten! Das war jetzt die richtige Zeit – was wollte ich mehr? Aber auch das wäre beinahe wieder schief gegangen.

Ich hatte von meinem Bruder ein altes Kommers-Liederbuch (von 1929!) und daraus sangen wir auch Lieder, die in der DDR verboten waren. Zur Exmatrikulation hätte es jedenfalls gereicht. Es waren wirklich nur alte deutsche Lieder aus der Zeit der „Befreiungskriege 1813“ oder einfach Volks- und Heimatlieder. Aber die DDR verstand da keinen Spaß – jeder Text konnte als gefährlich ausgelegt werden ...

Diese Lieder sangen wir aber auch nicht in öffentlichen Gaststätten, sondern in unserem Tennisklubhaus, wenn alle anderen bereits gegangen waren und wir unter uns waren. Da es im Clubhaus keine Bewirtschaftung gab, jedenfalls nicht so spät, haben wir uns das Bier nicht selten in einem Wassereimer (zehn Liter) aus einer nahen Kneipe geholt. Die Abende waren immer lustig – dennoch muss uns jemand angezeigt haben mit unseren Liedern, denn die Texte waren nicht konform mit einer kommunistischen Jugenderziehung: „Die Gedanken sind frei ...“ (altes deutsches Volkslied) oder „Oh alte Burschenherrlichkeit ...“, „Ein Heller und ein Batzen ...“ (Studentenlieder) oder oft zum Schluss das „Rübezahllied“, ein ganz altes Volkslied mit dem Text: „... höre Rübezahl unser Klagen, Volk und Heimat sind längst nicht mehr frei. Schwing’ die Keule wie in alten Tagen, schlage Hader und Zwietracht entzwei ...“ Das letzte Lied sangen wir wirklich meist zum Schluss und voller Inbrunst. Solche Liedtexte in einem sozialistischem Staat DDR gesungen, das war ja fast Hochverrat. Der Vorwurf lautete also auch „... Singen reaktionärer Lieder, Kommers-Tradition statt FDJ-Lieder ...“ und so weiter. Irgend jemand hatte uns „verpfiffen“ und nur die Führsprache eines hoch angesehenen, Tennis spielenden Partei-Genossen an der Humboldt-Uni hat uns wohl gerettet.

Aber zum Tennissport und seiner Bedeutung für mich komme ich noch.

Meine gute Arbeit als Student in der Fachabteilung Zoologie bei Professor Herbst brachte mir weitere „Aufträge“ an der Uni ein. Im folgendem Studienjahr arbeitete ich außer in der Zoologie bei Professor Herbst noch zusätzlich als Hilfsassistent in der Phytopathologie und half dort bei einer Promotion mit: Installation einer Insekten-Lichtfanganlage und Auswertung aller Insekten-Fänge. Eine interessante und spezifische Aufgabe für mich, die mir viel Freude machte und die ich zur Zufriedenheit des dortigen Institutschefs lösen konnte.

Mit jeder weiteren Aufgabe im Institut, neben dem eigentlichem Studium, entwickelte ich mich jetzt auch immer weiter weg von der Landwirtschaft – meinem begonnenen Studienfach. Ich konnte genau das machen, was immer mein Ziel war: Forschen auf einem naturwissenschaftlichem Gebiet! Doch darin wurde ich nicht mehr geprüft und von den Professoren, die mich zwar jetzt schätzten, bekam ich keine Zensuren oder Beurteilungen mehr für mein Studium. Ich merkte gar nicht, in welche Gefahr ich da langsam rutschte aus der Sicht eines erfolgreichen Diploms im Fach Landwirtschaft.

Und dann gab es da noch eine weitere Gefahr – auch durch etwas, was ich gerne machte, worin ich Erfolg hatte, was aber überhaupt nichts mit dem angestrebten Diplom zu tun hatte: Tennis!

Neben meinem Universitäts-Studium engagierte ich mich vor allem im Tennis-Club „HSG Humboldt-Universität“. Hier hatte ich die meisten Freunde und verbrachte wohl auch die meiste Zeit.

Abb. 38 Im Tennisclub der Humboldt-Universität 1965
bei einer „ordentlichen" Rückhand

Gleich zu Beginn des Studiums trafen sich einige Studenten aus verschiedenen Fachrichtungen mit dem Ziel, Tennis bei der Hochschulsportgemeinschaft Sektion Tennis (HSG) zu spielen und aktiv im Club zu werden. (Aus einigen dieser Studenten – wir kannten uns alle vorher nicht – wurde mehrheitlich der Kern unserer späteren „Studentenliedersingenden Gruppe") Unser Pech war nur, dass sich diese Sektion Tennis, als wir dort ankamen und Mitglied wurden, gerade im Auflösen oder mindestens im Auseinanderfallen befand. Die gesamte erste Damenmannschaft hatte den Verein verlassen beziehungsweise den Verein gewechselt und die Spitzenspieler der

Herrenmannschaft, bis auf einen Spieler, war ebenfalls weg. Es war also ein Tennisclub in der letzten Phase der Auflösung.

Missmanagement der vorherigen Leitung, Abwerbung einiger leistungsstarker Spieler und Spielerinnen in einen benachbarten Club – aber wahrscheinlich beides zusammen hatten zu den Auflösungserscheinungen geführt. Genau in dieser Situation kamen wir in den Club und hatten viele Hoffnungen auf schönen Sport.

Da auch der Vorstand bis auf wenige Ausnahmen zurück- oder ausgetreten war und viele andere Mitglieder gleiches getan hatten, schien der Zustand hoffnungslos. Da auch der von der Uni neu bestimmte Vorsitzende (Sektionsleiter beziehungsweise Präsident) kurz nach seiner Nominierung für längere Zeit dienstlich von der Uni in Berlin zur Uni nach Moskau geschickt werden sollte, war guter Rat teuer.

Unser Tatendrang war jedoch nicht zu bremsen: In einer Vollversammlung der verbliebenen Mitglieder, etwa 100, ergriffen wir neuen und tatenlustigen Studenten so beherzt das Wort, dass einige von uns in den neuen Vorstand gewählt wurden und ich gleich „aus dem Stand" stellvertretender Sektionsleiter (Vizepräsident) wurde. Als der besagte „Präsident" kurz danach nach Moskau an die dortige Universität ging, war ich gleich beides, Präsident und Vizepräsident des Tennisclubs Humboldt-Universität!

Was alles möglich ist, wenn man zur richtigen Zeit, mit einigen richtigen Freunden, beherzten aufmunternden Worten und Tatendrang an die Dinge heran geht!

Alles ging gut durch unseren unerschütterlichen Enthusiasmus. Dank vieler Ratschläge von erfahrenen Mitgliedern konnten wir alle Formalitäten für einen Wettspielbetrieb mit vielen Mannschaften sicherstellen. Das bedeutete zum Beispiel, dass wir Spieler allein alle Plätze vorbereiten mussten. (rote Erde mit Lehm kaufen, mischen, verteilen, walzen, wässern ...)

Allein das Besorgen der Tennisbälle war ein Problem, das heutige Tennisspieler nur erahnen können: Zugelassen war in der DDR nur eine Ball-Marke (es gab nur diese eine, die es international nicht gab), sie hieß „Optimit“, vorher „Kobold“. Wir liebten die Bälle, wenn sie neu waren, denn frei im Handel konnte man keine oder nur zufällig Tennisbälle kaufen. (Es wurde in der DDR eben auch das nur nach Plan produziert: So viele Mannschaften in der DDR entsprach eben so vielen Bälle und mehr wurden nicht produziert.) Zuerst kamen alle gemeldeten Tennisklubs dran, also auch wir. Jedem Club standen im Frühjahr, so um März/April so viele Bälle zu (Kontingent), wie Mannschaften zu den Wettkämpfen gemeldet waren. Das waren somit sechs Einzel-, drei Doppel-, mal vier Herren-, drei Damenmannschaften und drei Nachwuchsmannschaften. (Damals waren es nur so wenige) Die Bälle waren also abgezählt und man musste sich beeilen, dieses Kontingent überhaupt zu bekommen, denn mit guten „Beziehungen“ bekam der eine oder andere Club mehr und für die letzten reichte das dann nicht.

Ich sehe mich noch heute mit meinem „Berlin-Motorroller“ durch Berlin fahren mit einem großen Sack Tennisbüchsen auf dem Gepäckträger.

Die Tennisbälle wurden dann in endsprechender Anzahl den gemeldeten Mannschaften gegen Quittung übergeben und dieser Teil der Wettspielvorbereitung war erledigt. Alles machte unsere kleine Studentengruppe unter meiner Führung gut und es machte sogar Spaß.

Nach Gesprächen mit einigen wichtigen Spitzenspielern, die mein und unser beherztes Auftreten würdigten, konnte ich diese zurückgewinnen, zum Bleiben veranlassen oder wenigstens zu unserer Unterstützung. Brigitte Hoffman war eine von diesen wichtigen Spielerinnen, die blieb und mich unterstützte. Um sie herum konnten wir später eine Spitzenmannschaft formen, die außerhalb der geförderten Sportarten (Tennis gehörte in der DDR nicht dazu) später die erfolgreichste Tennis-Mannschaft des ganzen Landes wurde: 13 Mal der DDR-Mannschaftsmeistertitel!

In der Führung der Sektion Tennis bin ich seit der Zeit des ersten Studienjahres noch viele Jahre geblieben und bin erst in der Mitte der 80er Jahre als Präsident zurückgetreten, da ich inzwischen habilitiert war und beruflich nicht mehr genug Zeit hatte. Brigitte Hoffman ist noch heute im Tennisclub, ist inzwischen promovierte Mitarbeiterin an der Humboldt-Universität und hat danach noch viele Tennistitel errungen.

In der Mitte der 90er Jahre war sie sogar Teilnehmerin der Weltmeisterschaften und in Ihrer Altersklasse noch Dritte beziehungsweise im Doppel Weltmeisterin im Tennis, was sie 2003 noch einmal wiederholen konnte.

Mir selbst haben diese 20 Jahre Tennis im Vorstand und vor allem aber die 20 Jahre in der zweiten Herren-Mannschaft, mit der wir in der dritthöchsten Spielklasse des Landes viele Jahre spielten, viel Spaß und Freude gemacht.

Mein letztes Engagement für den Tennisklub der Humboldt-Universität hatte ich übrigens 1999. Wir hatten unser 50-jähriges Jubiläum. Mein alter Tennisclub bat mich, noch einmal die Leitung zu übernehmen, dieses Mal die Organisation eines Festkomitees. Zusammen mit vielen alten und guten Freunden und durch meine Hilfe auch mit einiger Prominenz, haben wir ein richtig gutes Fest gefeiert. Es wurde unter anderem ein Doppel mit vier Senatoren beziehungsweise Ex-Senatoren gespielt und der Regierende Bürgermeister Eberhard Diepgen war mit dabei.

Abb. 39 Senatorendoppel im Tennis zum „50." Jubiläum 1999, Von links: Senoner, Branoner, Fink, Luther und Sts. Müllenbrock

Zurück zu meiner Studienzeit, die ich nicht weiter in allen Einzelheiten schildern möchte.

Eine lustige Geschichte (eine habe ich noch) will ich aber doch noch erzählen:

Wenn sich in der Mensa nach dem Mittagessen mehr als Zwei oder Drei unserer Tennis- oder „Studentenlieder-Gruppe" zufällig trafen, kam es, je nach den Vorlesungszeiten, schon vor, dass wir länger blieben und ein paar Bier tranken. Wenn Freunde aus der Fachrichtung Gärungstechnologie („Brauer") dabei waren, gingen wir manchmal noch zu denen in das Labor, denn dort im Labor der Bier-Brauer gab es immer etwas zu trinken.

Ein Mal, auf dem Rückweg von dort oben, waren wir wohl etwas zu lustig oder zu laut, wirklich nicht betrunken, aber eben lustig, sodass mich ein älterer Herr (vermeintlich ein Fernstudent) etwas unwirsch ansprach. Fernstudenten hatten wir in unserer Fakultät regelmäßig – sie waren natürlich alle deutlich älter als wir, kamen schon aus der Praxis und waren dort als Betriebsleiter oder Bereichsleiter tätig und machten im Fernstudium ihr Diplom. Wir betrachteten sie unberechtigter Weise damals etwas geringer. Sie waren in unseren Augen jedenfalls keine „richtigen Studenten", so dachten wir.

Also pöbelte ich auf seine Zurechtweisung zurück, er solle sich um seine eigenen Sachen kümmern, als er mich ansprach, mich leiser zu verhalten, nicht zu stören oder so ähnlich. Ich sagte, er solle uns nicht „von der Seite anquatschen" (das war so eine Redewendung damals, wenn man sich richtig wichtig machen wollte). Er jedoch zurück, drehte sich noch einmal um und sagte:

„Ich bin hier Ihr Dekan und ich fordere Sie auf, sich entsprechend ruhig zu verhalten!" So, dachte ich, der Fernstudent setzt also noch eins drauf, aber nicht mit mir!

„Du bist mir aber ein schöner Dekan, treibst dich am Nachmittag in der Uni rum. Wenn du Dekan bist, müsstest du jetzt in Vorlesungen sein", fuhr ich fort. Wahrscheinlich folgten noch einige ähnliche Bemerkungen. Der drehte sich nur empört um und verschwand. Wir waren nun wirklich nicht betrunken oder ähnliches, eben nur lustig oder vielleicht etwas übermütig.

Am nächsten Tag wurde ich in das Dekanat der Uni bestellt – ich ahnte überhaupt nichts – ging unbeschwert dorthin und nach zwei Vorzimmern, an der Tür stand „Der Dekan der Humboldt-Universität, Fakultät ...“ stand ich vor dem Dekan (damals eine große Respektsperson für alle Studenten) – und es war wirklich mein „Fernstudent“ vom Tag zuvor. Tausend Dinge gingen mir durch den Kopf und abwechselnd wurde mir heiß und kalt. Wusste ich doch nur zu gut, dass mein Verhalten auf das aller schlechteste – einem „sozialistischen Studenten“ unwürdig – ausgelegt werden konnte. Meine Situation hatte er mir wohl angesehen und während ich fieberhaft nach einer günstigen „Eröffnung“ der Entschuldigung nachdachte, begann er zu reden.

„Seit einem Jahr bin ich Dekan.“ – Pause – „So etwas wie mit Ihnen habe ich noch nie erlebt.“ Ich lese hier ...(ein spezielles Fach in der Betriebswirtschaft), aber davon haben Sie wohl noch nichts gehört? Statt sich um Ihr Studium zu kümmern, trinken Sie schon am Nachmittag Alkohol und verhalten sich nicht eines Studenten einer Universität würdig ...“

Ich machte eine betroffene Miene und er sah mir wohl an, dass es mir leid tat. Das Gespräch verlief zunehmend entspannender, als er mein erschrockenes Gesicht sah. Ich konnte, nachdem ich den Tonfall seiner Rede als halbwegs moderat einschätzte, bestätigen, dass wir dieses, sein Fach wirklich noch nicht hatten und ich ihn verwechselt habe. Er machte noch einige Bemerkungen über den hohen Wert von Fernstudenten und ich war entlassen.

Die offizielle Anrede für den Dekan war auch damals „Magnifizenz“, mindestens aber „Herr Professor“ und ich hatte ihn mit „du“ und in frechen Sätzen angesprochen.

Wieder draußen, fielen mir verschiedene „Steine von der Seele“. Aber wer von uns interessierte sich damals schon dafür, wer gerade Dekan war, schon gar nicht, wenn wir bei diesen Professoren noch keine Vorlesungen oder Prüfungen hatten.

Meinen Freunden fuhr, als ich die Geschichte erzählte, auch der Schreck in die Glieder. Da aber keinem von uns etwas passierte, war alles bald vergessen. Mein „schöner Dekan“ war in dieser Situation nicht nur zu mir moderat, sondern stellte sich später wirklich als „netter Mensch“ heraus.

Irgendwie gingen die fünf Jahre Studium an der Humboldt-Uni viel zu schnell vorbei. Spätestens nach dem achten Semester wurde es Ernst mit allen Überlegungen. Was kommt jetzt ? Wie komme ich zu meinen eigentlichen, neuen Wünschen und Zielen? Meine Ziele hatten sich inzwischen deutlich präzisiert. Meine Einsätze in der Zoologie, der Physiologie oder Phytopathologie hatten mir richtig Spaß gemacht. Meine früheren Ziele (als wissenschaftlicher Assistent an der Biologischen Zentralanstalt Aschersleben zu arbeiten) hatten sich in der Tat als richtig herausgestellt: Wissenschaftliches Arbeiten an einem Thema, in einem Labor experimentieren, wissenschaftliche Strategien ausarbeiten, zu forschen – das war es, das wollte ich am liebsten weiter machen.

Professor Herbst hätte mich in seinem Institut gern als wissenschaftlichen Mitarbeiter genommen, aber es ging nicht und es führte kein Weg dorthin. Er hatte keine freie Stelle und da er nicht in der SED war, hatte er auch keine Macht, seine Forderung durchzusetzen. Er war kein Freund des Sozialismus und der DDR und das war auch den Entscheidungsträgern damals bekannt.

Ich hätte wohl doch in die Landwirtschaft beziehungsweise die LPG gemusst, also dem offiziellen Weg nach einem Landwirtschaftsstudium folgen, wäre mir nicht erneut die CDU, dieses mal zufällig, zu Hilfe gekommen.

Ich muss dem Leser hier immer noch erklären, dass man sich in der damaligen DDR nicht einfach eine Arbeitsstelle suchen konnte oder sich bewerben konnte, man wurde „vermittelt“. Die Unis entschieden das nach den Bedürfnissen aus der Praxis.

Normal war, dass geplant war, wohin man in welcher Funktion zu gehen hatte. Die entsprechenden Einrichtungen hatten das dann auch zu akzeptieren und sollten dann ihrerseits alles weitere regeln.

Aber jetzt müssen doch erst einmal ein paar Sätze zur CDU-Ost folgen.

Die CDU Ost

In der Zeit 1963, als ich in Drohndorf nach Abschluss der Fachschule arbeitslos war, weil die Biologische Zentralanstalt Aschersleben meine Einstellung rückgängig machen musste, (siehe Kap. 5) entwickelte sich, während ich inzwischen im Institut für Pflanzenzüchtung Bernburg arbeitete, der Wunsch, zu studieren. Aber wie sollte das gehen? Im Institut für Pflanzenzüchtung in Bernburg hatte man mir das zwar sehr empfohlen, da man mich als wiss- und lernbegierigen jungen Mann eingeschätzt hatte und war bereit, mir auch eine entsprechende Empfehlung auszustellen. Aber was machten die „regierenden Genossen“ im Dorf beziehungsweise Landkreis? Schon einmal hatten sie verhindert, dass der Großbauernsohn von Otto Luther aus der LPG beziehungsweise der Landwirtschaft ausscherte. Einen Sohn wollten sie endlich in der LPG arbeiten sehen, nachdem mein großer Bruder schon weg war. Der war ausgerechnet auch noch in den Westen geflüchtet! „Republikflucht“ war damals ein schlimmes Vergehen und wurde bekanntlich mit Gefängnis (manchmal mit dem Tod) bestraft, wenn man diejenigen erwischte. Ich sah also wenig Hoffnung, an einer sozialistischen Universität anzukommen.

Man konnte sich ja auch nicht einfach wie heute bewerben, man musste von einer Institution empfohlen oder delegiert werden (einer Schule, einem Betrieb, einer LPG).

Einer der guten Freunde meines Vaters aus dem Nachbardorf war in der CDU und kannte den CDU-Kreisvorsitzenden in Aschersleben, Alfred Hartsch, gut. „Der kennt sich überall aus, hat keine Angst vor der SED oder dem Rat des Kreises, der hat schon vielen geholfen," hieß es in Kreisen meiner Eltern. „Der weiß, was zu machen ist in solch einem Fall wie dem meinen." Also wurde der Kontakt zu ihm aufgenommen. Besagter Alfred Hartsch half auch, obwohl weder mein Vater noch ich in der damaligen Ost-CDU waren.

Er schrieb also einen Brief an die CDU-Spitze im Bezirk Potsdam (dort hatte er einen guten Freund) mit der Bitte mir zu helfen. Dieser wiederum wendete sich nun an die zentrale Parteispitze der Ost-CDU in Berlin. Alfred Hartsch hatte mich mit hervorragenden Eigenschaften geschildert, unterstrich, dass die Familie schließlich „Rückkehrer in die DDR" war und damit schließlich ihre Verbundenheit zum Staat demonstriert habe, ich ohnehin besonders förderungswürdig sei und so weiter und nun solle man mir auch die Möglichkeit zum Studium geben. So schilderte er jedenfalls **seinen** Einsatz für mich. Da ich später eine Einladung zur Aufnahmeprüfung erhielt, hat sein Einsatz sicher auch dazu beigetragen – erfahren hatte ich es aber nie.

Da Mitgliederwerbung für alle Parteien in allen Zeiten wichtig war und ist, auch in der damaligen CDU-Ost, kam Alfred Hartsch eines Tages auch mit diesem Wunsch – mich betreffend – zu meinem Vater in Drohndorf, während ich in Berlin studierte. Mein Vater stimmte natürlich zu und so wurde ich in Aschersleben als Mitglied der CDU geführt und mein Vater bezahlte den Beitrag. Das ging einige Jahre gut, fast bis zum Ende des Studiums beziehungsweise es war mir nicht wirklich bewusst, das ich CDU-Mitglied geworden war. (Das war damals in der DDR, jedenfalls in der CDU, ohne weiteres so möglich) In Aschersleben, wo ich Mitglied war, konnte ich nicht zu Versammlungen gehen, da ich in Berlin war – alle dort wussten das. In Berlin war ich nicht bekannt und wurde auch nicht eingeladen.

Das änderte sich erst, als Alfred Hartsch als Kreisvorsitzender in Aschersleben einmal einen Jahresbericht zur Jugendarbeit anfertigte und schrieb, dass er ganz tolle junge Leute, intelligent, zukunftsorientiert und so weiter als Mitglieder habe, die sogar in Berlin studieren.

Daraufhin bekam ich also eines Tages einen Brief vom Hauptvorstand der CDU in Berlin mit dem Vorschlag zu einem Gesprächstermin. Das war nun gerade die Zeit zum Ende meines Studiums, als mir so langsam bewusst wurde, dass ich mich um meine weitere Zukunft kümmern musste. Bei Professor Herbst am Institut für Zoologie konnte ich bekanntlich leider nicht bleiben.

So war schließlich doch ein Weg in Richtung LPG vorprogrammiert – wenigstens diesmal jedoch in einer Leitungsebene, etwa als LPG-Vorsitzender, Leiter einer Fachabteilung oder etwas ähnlichem. Solche oder ähnliche Gedanken beschäftigten mich damals. Mein fest gefasstes Ziel war inzwischen aber eindeutig die Forschung und wenn möglich eine wissenschaftliche Arbeit mit Promotion – aber wie?

Da kam mir der Brief aus dem Hauptvorstand der CDU nicht ungelegen. Man bot mir dort eine Stelle an und zeigte mir als „Studiertem" gute Entwicklungsmöglichkeiten auf. Das war zwar nicht mein Berufsziel oder Wunsch aber ich musste jetzt abwägen, über welchen „Umweg" ich eher zu meinem Ziel kam. Wahrscheinlich zu Recht ging ich davon aus, dass ich, wenn ich erst einmal in einer LPG bin, dort nicht wieder weg kommen würde.

So entschied ich mich, das Angebot der CDU näher zu prüfen und wollte eher diesen Weg gehen. Meine Frage an den CDU-Hauptvorstand bei meinem ersten Gespräch war: „Was wird aus der LPG, „wenn die wieder intervenieren ... ?"

Schließlich kannte ich diese Probleme aus vorherigen Situationen – sie spielten bei mir nach jedem Abschluss eine wichtige Rolle. LPG-Bosse und die SED waren schließlich große Machtfaktoren. „Kein Problem", hieß es nur im CDU-Hauptvorstand, „... darum kümmern wir uns." Dieses Selbstbewusstsein gegenüber einem starken „Gegner" (SED und LPG) imponierte mir und ich sagte schließlich zu, die Aufgabe zu übernehmen.

Tatsächlich hatte die CDU auch in der DDR eine ganze Reihe begrenzter Freiheiten bei Entscheidungen in Ihrer Personalpolitik. Auch galt es als „Gesetz", dass jemand, der Mitglied in der CDU war, nicht zur SED abgeworben werden sollte beziehungsweise von der SED, der „führenden Partei der Arbeiterklasse", der „einzig führenden Kraft", der „Partei des dauerhaften Friedens", wie sie sich immer selbst betitelte, kein Druck ausgeübt werden sollte. Mit irgendeinem dieser Untertitel wurde die Partei SED immer genannt, sei es in der Zeitung oder anderswo. Wenn die CDU diesen Spielraum geschickt nutzte, konnte doch einiges unterhalb der großen politischen Entscheidungen erreicht werden und das war durchaus nicht immer im Sinne der SED – wohlgemerkt unterhalb der großen politischen Linie.

Ich wurde also eingestellt und war so wieder einmal aus der „Laufbahn LPG" heraus gekommen – und das allein war mir erst einmal wichtig. Natürlich schwebte mir keine Karriere als hauptamtlicher politischer Mitarbeiter vor, aber vielleicht konnte ich nur über diesen Umweg zu meiner wissenschaftlichen Laufbahn kommen.

Ich wurde eingestellt für 800,- DM Ost im Monat und das war für mich und auch für die damaligen Verhältnisse nicht wenig. Ich war 24 Jahre alt und bekam zum ersten Mal richtig Geld. Da ich zunächst alles in meiner neuen Tätigkeit lernen musste, kam ich in eine „Brigade", die aus zwei mal drei Personen bestand und von Montag bis Freitag in der Republik herumfuhr, um die dortigen Kreisverbände zu besuchen. Aber schon nach wenigen Wochen wurde ich zu dem, mir schon zu Beginn meiner Tätigkeit angekündigten „Weiterbildungslehrgang" in Burgscheidungen geschickt.

Burgscheidungen liegt übrigens im Landkreis Nebra – sie erinnern sich – die kleine Stadt mit der Himmelsscheibe in Kapitel 1.

Es ging also zur Weiterbildung nach Burgscheidungen.

Das war nun gleich wieder eine gute Zeit!

Dorthin wurden alle geschickt, die schon eine Funktion in der CDU hatten und sich da weiter qualifizieren wollten oder sollten. Ich wurde gleich für zwei Lehrgänge hintereinander eingeteilt, da ich nichts von der CDU und der Politik wusste, aber doch alles schnell lernen sollte. Schließlich war ich ja Mitarbeiter, wenn auch kleinster, des Hauptvorstandes. (Allein aus dieser Tatsache heraus hat man übrigens später, in meiner Senatszeit, aus den Reihen der SPD „einen Strick drehen" wollen – aber das kommt noch!)

Auf diese Zeit freute ich mich, denn ich ging davon aus, dass der Unterrichtsstoff mir (so frisch nach dem Uni-Studium) keine Mühe machen würde. Es wurde auch eine schöne Zeit!

In Burgscheidungen wohnten wir tatsächlich in einer schönen mittelalterlichen Burg. Essen, Schlafen, Unterricht und sogar der Abend in einem Bierkeller – alles war in dieser Burg vorhanden. Sie können sich vorstellen, dass dieses genau nach meinem Geschmack war. Da ich den Unterricht und das Selbststudium (vormittags und nachmittags) wirklich leicht bewältigen konnte, fanden sich in der Freizeit oder Studienzeit schnell Gleichgesinnte und wir verbrachten manche Stunde außerhalb der Burg und manchen Abend innerhalb – im Bierkeller: Sie wissen schon..., die meisten Studentenlieder kannte ich inzwischen auswendig und bald kannten sie auch meine neuen Freunde!

Der Unterrichtsstoff bezog sich hauptsächlich auf Geschichte, Statistik, Mathematik, Arbeiterbewegung, Politik, aber auch auf Rhetorik, Umgang mit Menschen und so weiter. Nach kurzer Zeit waren wir eine gute „Truppe". Wenn das, was wir da alles taten und sangen, die SED oder die CDU-Spitze gewusst hätten!

Die Prüfungen hatte ich alle gut bestanden und konnte manch einem „Mitschüler" oder einer „Mitschülerin" noch bei den Prüfungen helfen.
Nach der Zeit in Burgscheidungen war ich dann „richtiges" Mitglied einer Brigade. Unter der Leitung eines „Brigadeleiters" fuhren wir zu dritt kreuz und quer durch die DDR. Ich war meist der Fahrer und habe so alle Kreise und Städte der DDR kennen gelernt.

Mein Ziel, Wissenschaft und Forschung, habe ich aber nie aus den Augen verloren und begann, sowohl in Burgscheidungen als auch während der Brigade-Zeit Fachbücher zu einem theoretisch möglichen Promotionsthema zu lesen, zum Beispiel über Physiologie, Biochemie und Bionik.

Nach etwa einem Jahr begann ich zaghaft dieses Ziel auszuloten. Es dauerte aber noch über ein halbes Jahr, bis ich die Freigabe wirklich bekam.

Von der CDU-Ost fand ich das damals durchaus fair und großzügig, dass man mir die Chance einer Promotion gab – die hatte ich mir inzwischen dadurch „erarbeitet", dass ich einen „gleichwertigen" Ersatz für meine Arbeit in der „Brigade" finden sollte. Diesen Ersatz fand ich, meine Vorschläge wurden auch akzeptiert (die Vorgeschlagenen waren übrigens zum Teil meine Freunde aus dem Burg-Bier-Keller in Burgscheidungen, die mir für meine Fürsprache/Empfehlung dankbar waren) und zwei von Ihnen blieben noch lange nach mir bei der CDU im Hauptvorstand.

Obwohl es weniger als zwei Jahre waren, die ich bei der CDU angestellt war, habe ich dort viel gelernt und habe diese Zeit nicht missen wollen. Von großen politischen Entscheidungen war ich weit weg und es gab für mich keine Arbeiten oder

Aufgaben, die menschlich oder moralisch nicht o.k. waren. Zum Schluss bekam ich natürlich eine Beurteilung und paradoxer Weise war es später gerade diese Beurteilung, die mir in den 90er Jahren, als ich Senator war, bei den Attacken der SPD bezüglich meiner Arbeit bei der CDU-Ost, auf der entsprechenden Pressekonferenz hilfreich war.

Als ich aus dieser Beurteilung, aus Anlass der Pressekonferenz zu meinen politischen Aktivitäten bei der CDU-Ost, vorlas, gerieten die Journalisten eher ins Schmunzeln oder amüsierten sich. Niemand dachte jedenfalls danach noch, dass ich bei der CDU schlimme politische Dinge gemacht hätte. Aber dazu später.

Die CDU-Ost gab mich also nach weniger als zwei Jahren wieder frei und ich durfte zurück an die Humboldt-Universität, wo ich, aus der Sicht eine wissenschaftliche Laufbahn zu beginnen, inzwischen viel „vorgearbeitet“ hatte. Auch hierfür waren wieder Glück, Zufall, Zielstrebigkeit, Wille oder alles zusammen nötig und das begann, wie im folgenden beschrieben.

Eine Wissenschafts-Karriere beginnt

Während der Fahrten für die CDU durch das Land und in viele Städte und Dörfer der DDR war ich, wie erwähnt, meistens selbst der Autofahrer. Ich fuhr, wie auch noch heute, wirklich gern und lange Auto und es machte mir keinerlei Stress. Das Studentenleben hatte ich noch immer nicht ganz aus den Augen verloren und war an den Wochenenden oft mit alten Freunden im Tennisclub oder auch im Studenten-Club in der Linienstrasse. Das war damals jedenfalls ein beliebter Treffpunkt (Disco). Schließlich lernte ich dort am Ende auch meine spätere Frau Ghita kennen, die noch zwei Jahre zu studieren hatte.

Ghitas Bruder Detlef studierte im letzten Studienjahr Medizin und schwärmte – wie damals alle Studenten und vor allem Studentinnen – von dem berühmten Gerichtsmediziner Professor Otto Prokop. Der war in der damaligen Forschungslandschaft der DDR eine große Persönlichkeit und weltweit geachtet und geschätzt. Er hatte große internationale Gerichtsprozesse gewonnen (sein „Fall Hetzel" wurde sogar verfilmt), hatte mehrere große Fachbücher geschrieben, war international hoch geschätzt und das wiederum fand die DDR-Regierung gut.

Mit Ghitas Bruder Detlef verstand ich mich schnell gut, obwohl es hieß, dass er sehr kritisch und zum Teil aggressiv zu allen „Freunden" seiner beiden jüngeren Schwestern sein konnte.

Wir hatten jedenfalls gute gemeinsame Gespräche. „Detlefs" Professor Prokop hatte gerade bei Weinbergschnecken ein neues, stark beachtetes Eiweiß entdeckt, was für die medizinische Forschung und vor allem für die Immunbiologie beziehungsweise Immungenetik große Bedeutung hatte.

Mein späterer Schwager Detlef erzählte als Student „seinem" Professor Prokop von mir: „Herr Professor, ich kenne einen, der ist großer Experte für Raupen von Insekten und Schmetterlingen ...", sagte er zu ihm. Prokop war sofort interessiert.

Die Immunologie als Lehrfach gab es damals, 1970 noch nicht (kann ich mir heute kaum vorstellen!), aber Prokop, als einer der wohl letzten „Universal-Wissenschaftler" war damals dabei, eine Brücke der Immunreaktionen zu finden, die von niederen Tieren bis zum Menschen reichte. Er hatte aus Weinbergschnecken ein Protein isoliert, das selektiv mit menschlichen Blutzellen reagierte und war der Meinung, dass es solche Substanzen auch bei anderen „niederen" Tieren geben musste – am ehesten bei Insekten, so seine Hypothese.

Ich bekam also einen Termin bei dem berühmten Professor Prokop. (Nun war Detlef fast wieder neidisch, aber auch stolz zugleich – er hatte ja den Kontakt vermittelt)

Ich bereitete mich so gut es eben ging vor und versuchte mir vorzustellen, wie das Gespräch verlaufen könnte, welche Fragen ich zu beantworten hätte, ob man selbstbewusst oder besser bescheiden auftreten sollte, ob wissendes oder besser noch nicht vorschnelles Antworten gut wäre oder was ich sonst noch für eine optimale Vorbereitung machen konnte. Vor wichtigen Gesprächen habe ich immer versucht, mich so oder ähnlich vorzubereiten, indem ich den potentiellen Verlauf des Gesprächs durchgegangen bin, was mir oft geholfen hat, auch wenn das Gespräch dann manchmal wirklich anders verlief. „Was könnte Prokop mich fragen?", fragte ich mich, „wie war er überhaupt?" Wie sollte ich antworten, was will er wie genau wissen und so weiter.

Bei Prokop aber verlief alles ganz anders!

Zunächst wartete ich in seinem Vorzimmer, bis seine Sekretärin hineinging und sagte, wer draußen zu einem Termin für ihn sitzt. Dann wurde ich reingeschickt.

Prokop saß hinten in seinem Zimmer an einem Schreibtisch und sah zunächst nicht von diesem auf. So hatte ich etwas Zeit, was gut war. In den ersten Sekunden solcher Situationen nimmt man, weil man hoch konzentriert ist, unheimlich viel auf!

Das Zimmer erschien mir sehr groß, hell, viele Bücher lagen übereinander und scheinbar unordentlich herum, auch auf dem Teppich. Noch mehr unterschiedlichste Utensilien gab es dort, von Knochen bis zu einem Revolver, Pflanzen, Fotoapparate, und so weiter – alles lag auf kleinen Tischen oder in Regalen – aber es schien mir doch insgesamt alles als ein harmonisches Ganzes. Auch der Stapel Papiere mit den Büchern passte dazu.

Ich hatte also einige Sekunden Zeit, alle diese interessanten Details zu erfassen, da er mit einem Buch oder Manuskript beschäftigt war. Dann ging aber alles ganz schnell:

„Ahhhh – sie sind der, der sich mit Insekten und Raupen und Schmetterlingen auskennt ...", sagte er. „Ja!" Das konnte ich natürlich ohne nachzudenken bestätigen. Alle meine vorherigen Überlegungen waren „über den Haufen geworfen", als er sofort dazu überging, Fachfragen zu stellen:

„Haben Raupen Blut oder eine ähnliche Körperflüssigkeit?", fragte er interessiert.

Ich: „Ja, sie haben Hämolyphe, das ist ihr Blut!" und wollte mehr dazu sagen, denn das war ja jetzt mein Spezialgebiet, aber es ging sofort weiter.

Prokop: „Kommt man da heran, kann man diese Flüssigkeit separieren?"

Ich: „Ja, aber ..."

Das Gespräch verlief jetzt nach meinem Geschmack – er hatte mir spontan eventuelle Unsicherheiten sofort genommen.

Prokop weiter: „Kann man Raupen züchten – in größerer Anzahl?"

„Ja, natürlich."

Prokop: „Könnten Sie das für mich machen?"

„Ja, natürlich."

Alles spielte sich in wenigen Minuten ab – endlich fragt mich mal einer in meinem Spezialgebiet, dachte ich.

Prokop weiter: „Was brauchen Sie dazu, um Raupen in großer Anzahl zu züchten? Wann könnten Sie damit anfangen?"

Mir schossen nur noch „Glückshormone" durch das Blut. Das war ja wieder die große Chance, die man nur einmal bekommt, dachte ich!

Ich sagte: „Ich würde das gern für Sie machen; ich brauche fast nichts außer etwas Zeit, denn alle Raupen von Schmetterlingen leben nur eine ganz bestimmte, kurze Zeit im Jahr, jede in einer anderen, festgelegten Zeit, in der sie als Raupe leben und jede jeweils nur an ganz bestimmten Pflanzen."

Prokop, so schien es mir, machte ein unsicheres, fast betrübtes Gesicht. Aber ich konnte das sofort ändern, weil ich ihm versicherte, das alles genau zu kennen, ich sie finden würde und deren „Blut" gewinnen könne. Jetzt merkte ich, dass er in Gedanken schon viel weiter war und zurück zu meinen Realitäten musste.

„Was machen Sie gerade?" fragte er mich nach einer kleinen Pause. „Ich würde gern promovieren, Herr Professor!" sagte ich mutig, aber er war schon wieder irgendwie erleichtert und sagte nur:

„Natürlich ... das machen Sie bei mir! Mit diesem Thema!"

Für seine gegenwärtigen Forschungen wollte er unbedingt wissen, ob Insekten, die ja ebenfalls einen Blutkreislauf wie wir Menschen besitzen, nur eben viel einfacher. (wusste ich genauer – er noch nicht!) „Immunreaktionen bei Insekten", dachte er laut, „waren das nicht doch vergleichbare Reaktionen, so wie wir Menschen sie haben?" Die Unterredung wurde immer spannender. Jetzt ging es Schlag auf Schlag. Er sagte, er wolle mich unbedingt zu diesem Thema haben.

„Gehen Sie zuerst zu ..., danach zu ... und dann zu ... und beantragen Sie eine Aspirantur, ich unterschreibe dann alles! ... Sie werden sehen, das geht!"

Traumhaft, wieder vielleicht ein großes Ziel erreicht, von dem ich bisher nur geträumt hatte. Dieses Gespräch hatte ich im September 1969, aber da war ich noch bei der CDU-Ost angestellt!

Es kann sich sicher jeder vorstellen, wie das meine „Ausscheide-Bemühungen" bei der CDU beflügelte und beschleunigte. Tagsüber arbeitete ich für die CDU, abends und an Wochenenden besorgte ich notwendige Unterlagen an der Uni oder für meine Arbeit. Hier merkte ich auch, was der Name „Prokop" alles bewirken konnte. Wo immer ich hinkam – wenn ich sagte, ich käme von Professor Prokop, spürte man die Hochachtung für diesen Namen, es öffneten sich einfach Türen.

Im Dezember konnte ich bereits wechseln und ich war wirklich dankbar, dass man mir von Seiten der CDU keine Probleme dabei bereitete. Selbst die CDU redete mit Hochachtung von Prokop.

Ich wurde also Aspirant bei Professor Prokop, dem berühmten Professor Prokop am Institut für gerichtliche Medizin der Humboldt -Universität Berlin und startete meine Forschungen, die zu einer Promotion führen sollten.

Ich fand, das war traumhaft für mich – 100 Prozent das, was ich mir immer gewünscht hatte! Eine richtige, eigene Forschungsaufgabe und dann noch mit meinem Spezialthema!

Im Institut arbeitete ich wie besessen – sowohl im Labor als auch in Pankow im Garten, wo ich die versprochene Raupenzucht in einem extra gekauften Folienzelt (Folien-Gewächshaus) aufbaute.

Plötzlich merkte ich, zum ersten mal in meinem beruflichen Leben, dass Arbeit ja Hobby oder so wie Freizeit war beziehungsweise sein konnte, den ganzen Tag Freude machte und ich mich am Abend bereits freute, am nächsten Morgen wieder in das Institut zu fahren. Das war ein großartiges Gefühl. Ich blieb abends lange im Labor, war Samstags oder Sonntags im Labor und Prokop merkte das. Prokop war im Institut fast immer der Letzte, der nach Hause ging.

Eines Abends, es war lange nach 20 Uhr – ich war längst allein im Labor – kam Prokop rein, da er noch Licht sah, setzte sich neben mich und schaute zu und fragte, was ich gerade für einen Versuch machte und so weiter. Ein riesiges Gefühl – der „große Prokop" sitzt neben mir und interessiert sich für meine Arbeit!

Es geschah jetzt immer häufiger, auch wenn es manchmal nur fünf Minuten waren, dass er mir Hinweise gab, Tipps oder eine Strategie zu den einzelnen Forschungsschritten überlegte.

Ich entwickelte zum ersten Mal im beruflichen Leben wirklichen Ehrgeiz, ein bestimmtes Ergebnis zu erzielen. Es war ein Ehrgeiz, ihm zu gefallen – ein Lob von Prokop zu bekommen – das war das entscheidende Stimulans.

Bis heute bin ich meinem Lehrer Otto Prokop sehr dankbar für diese erste Phase am Beginn meiner wissenschaftlichen Laufbahn (Als er das erste Mal bei einem Kongress davon sprach, dass ich sein Schüler sei, war ich richtig stolz!) Er hat durch seine Art, Wissenschaft zu betreiben, durch seinen Umgang mit ganz „jungen", an der Wissenschaft interessierten Mitarbeitern wie ich einer war, bei mir eine Faszination zur Forschungsarbeit, zu Beharrlichkeit, Ehrgeiz und Zielstrebigkeit in der Arbeit ausgelöst, die ich nie vergessen habe.

Noch viele Jahre später habe ich bei meiner beruflichen Weiterentwicklung in schwierigen Situationen oft gedacht: „Wie hätte Prokop dieses Problem gelöst?" Seine Art „Wissenschaft zu machen" oder wissenschaftliche Strategien in der Theorie logisch aufzubauen, war für mich immer Vorbild und das hat mir auch später oft geholfen.

Er hat mir – und sicher nicht nur mir – gezeigt, wie wichtig Fantasie im Herangehen an wissenschaftliche Strategien ist. Auch habe ich Besessenheit und vor allem auch Beharrlichkeit in der Verfolgung eines als richtig erkannten Zieles gelernt und dabei erfahren, dass man bei Erfolg auch jede Menge Glücksgefühle als verdienten Lohn bekommen kann.
Die Zeit verging wie im Flug.

Bei der Suche nach erfolgreichen Strategien durchstreifte ich in Gedanken die gesamte Natur nach Vorkommen von Eiweißen oder Körperflüssigkeiten bei „niederen" Tieren, die mit menschlichen Zellen reagieren könnten. Als Modellzellen dienten mir damals Erythrozyten (rote menschliche Blutzellen), die ich täglich frisch auf Anordnung von Prokop aus dem Blutgruppenlabor bekam, typisiert und sortiert und so weiter nach allen verschiedenen speziellen Merkmalen unserer menschlichen Erythrozyten.

Da ich davon ausging, dass diese Eiweiße, nach denen ich suchte, als „antikörperähnliche Substanzen" bezeichnet (später wurde diese ganze Gruppe von Eiweißen „ Lektine" genannt), Bestandteil eines primitiven Immunsystems bei niederen Tieren oder sogar Pflanzen sein könnten, so meine Arbeitshypothese, suchte ich in Gedanken in dieser Richtung.

„Wer", so fragte ich mich, „musste sich als Raupe oder anderes Tier gegen Bakterien oder andere Infektionen ‚wehren', mit Hilfe möglicher eigener Eiweiße oder Lektine, so wie wir Menschen es mit unseren Antikörpern im Blut machen?"

Meinen ersten Erfolg erzielte ich mit Raupen, die ihre ganze Zeit (etwa sechs Wochen) in der Erde lebten und an den Wurzeln von Futterpflanzen fraßen (umgeben von Erde mit einer Vielzahl feindlicher Bakterien oder Pilzen). Meine Hypothese war richtig, ich fand mein erstes „Lektin"(damals nannten wir das „Antikörper ähnliche Substanz") bei Raupen!

Das Ziel hieß also erstens, eine Raupenart zu finden, die in der Erde lebt, die zweitens in größerer Anzahl zu bekommen war (also irgend ein Acker-Schädling) und drittens, ich musste wissen, wann und wo sie zu finden waren.

So fuhr ich mit meiner damaligen Freundin Ghita an den Stadtrand und wir suchten auf einem Steckrübenfeld unter den Rüben nach Raupen der Saateule (Agrotis segetum L.) und fanden auch etwa vierzig Stück. (Wie gesagt, ich wusste, in welchem Monat im Jahr und an welchem Ort sie zu finden waren und an welchen Pflanzen.)

Ihre Hämolymphe enthielt tatsächlich „antikörperähnliche Substanzen", sogar mit einer Spezifität nur für Erythrozyten des Menschen der Blutgruppe A. Prokop und vor allem ich, wir waren begeistert. Die Arbeitshypothese stimmte also und schien sich zu bestätigen: Es gibt tatsächlich nicht nur bei Weinbergschnecken, sondern auch in Raupen und anderen niederen Tieren Eiweiße, die direkt mit Rezeptoren auf menschlichen Zellen eine Verbindung eingehen konnten oder diese beeinflussen konnten.

Mit Prokops Hilfe wurde daraus eine meiner ersten wissenschaftlichen Publikationen und das auch noch in einer renommierten Fachzeitschrift.

Z. Immun.-Forsch. Bd. 144, S. 88–95 (1972)

Aus dem Institut für Gerichtliche Medizin der Humboldt-Universität zu Berlin (Direktor: Prof. Dr. O. Prokop)
und der Deutschen Akademie der Wissenschaften zu Berlin, Zentralinstitut für Mikrobiologie und Experimentelle Therapie Jena (Direktor: Prof. Dr. H. Knöll), Zentrales Streptokokkenlaboratorium der DDR (Leiter: Prof. Dr. Dr. W. Köhler)

Ein neues heterophiles Agglutinin „Anti-A_{AS}" in Raupen und Puppen von Agrotis segetum (Schiff)

A new heterophil agglutinin "anti-A_{AS}" in caterpillars and pupae of Agrotis segetum (Schiff)

P. Luther, O. Prokop, W. Köhler und O. Kühnemund

Eingegangen am 23. Februar 1972

Abb. 40 Meine erste Publikation in der Zeitschrift für Immunitäts-Forschung

Ich hatte ein Lektin entdeckt und es erstmals in der Literatur beschrieben – von mir benannt!! War das nicht toll?

Prokop war so begeistert über meinen kleinen Erfolg, dass ich sofort einen wissenschaftlichen Kurz-Lehrfilm darüber machen sollte. (Prokop hatte gleich die Hochschulbildstelle dazu informiert) Der produzierte wissenschaftliche Kurz-Film hat mir natürlich Spaß gemacht.

Die Bezeichnung für meine „Entdeckung" kommt wie folgt zustande: Das ist in der Wissenschaft tatsächlich so üblich und wird in anderen Fachzeitungen, wenn sie über mein Ergebnis berichteten, dann wie folgt beschrieben: „... Anti-AAS nach LUTHER ..."

Für Nichtwissenschaftler (man muss ja erklären, warum man dabei so stolz ist): „Anti-A" heißt, das neu gefundene Eiweiß in der Hämolymphe der Raupen geht eine Verbindung ein mit menschlichen Blutzellen der Blutgruppe A, und nur mit diesen (daher der Name Anti-A). Das tief gesetzte AS hinter dem A bezeichnet die Herkunft der Substanz (hier die Raupen des Schmetterlings ***A***grotis ***s***egetum, AS).

Im weiteren Verlauf untersuchte ich noch viele andere Raupen, suchte bei Pflanzen, Pilzen und niederen Tieren und fand weitere Lektine. Damit meine Euphorie von damals nicht wieder durchkommt, muss ich jetzt verkürzt und ohne Emotionen berichten.

Mit den verschiedensten von mir gewonnenen Extrakten fuhr ich später im Auftrag von Prokop zu entsprechenden Spezialisten in der Medizinischen Forschung. Zuerst zu Professor Köhler nach Jena (von manchen liebevoll „Streptokokken-Köhler" genannt), um verschiedene Reaktionsverläufe mit Bakterien zu testen und es war wieder ein voller Erfolg. Professor Prokop sah seine Hypothesen zum Vorkommen solcher Eiweiße in der gesamten belebten Welt als bestätigt.

Als nächstes fuhr ich mit meinen Substanzen in das Krebsforschungszentrum in Berlin-Buch zu Professor Graffi und auch hier machten wir wochenlang Versuche mit einer Vielzahl von Krebszellen. Die erfolgreichen Ergebnisse wurden alle publiziert, so dass ich bis zum Abschluss meiner Promotion zusammen mit Prokop bereits acht wissenschaftliche Arbeiten in Fachzeitschriften schreiben konnte.

Eine meiner wichtigsten Ergebnisse fand ich durch die Entdeckung des Lektins in der Mistel mit der gleichen Arbeitshypothese! Es sollten, so dachte ich, interessante Proteine in einer Pflanze vorhanden sein, die völlig unüblich zu allen anderen Pflanzen in eine fremde Pflanze hinein wächst. Die Mistel wächst auf Bäumen, wie jeder weiß und treibt ihr Wurzelnetz einfach in eine andere Pflanze beziehungsweise den Baum hinein und ernährt sich so durch anzapfen der Leitungsbahnen der „Wirtspflanze“. „In der Tat, eine ungewöhnliche Pflanze“, dachte ich. Die Mistel musste also interessante Substanzen besitzen, wenn sie so einfach das „Abwehrsystem“ eines Baumes durchbrechen konnte.

Ich behielt recht und so wurde diese Pflanze auch in späteren Jahren zu einem meiner Lieblings-Forschungsthemen.

Das Lektin, das ich in der Mistel fand, wird noch heute in verschiedenen Laboren der Welt isoliert und in der medizinischen Forschung und Therapie, überwiegend in der Krebstherapie, eingesetzt.

Abb. 41 Mit Professor Prokop in seinem Zimmer

Nach gut drei Jahren begann ich, alle Ergebnisse zusammen zu stellen, denn Prokop meinte, dass alle meine Arbeiten gut seien für eine Promotion.

Im Sommer 1974 verteidigte ich meine Ergebnisse erfolgreich bei meiner Promotionsveranstaltung, erhielt den Doktortitel und bekam als Fachgebiet „Immunologie" zugeteilt, das es damals eigentlich noch gar nicht als eigenes Fachgebiet gab. So wurde ich einer der ersten „offiziellen" Immunologen, jedenfalls in der DDR.

Die erste Stufe einer wissenschaftlichen Laufbahn hatte ich erfolgreich bestanden. Ich war sogar etwas traurig, dass diese schöne Zeit so schnell vorbeigegangen war. Ich hatte unheimlich viel lernen wollen und auch gelernt im Institut und von dem in der ganzen Welt geschätzten Wissenschaftler **Prof. Dr. Dr. hc. mult. Otto Prokop**, so sein voller Titel!

Die Frage „Wie hoch ist der Preis für Erfolg?" ist in vielen Lebensbereichen und bei fast allen Berufen eine entscheidende Frage. Bei Prokop habe ich gelernt, Preis und Erfolg als eine Einheit zu begreifen und beides in seiner Wechselwirkung zu verstehen. Wenn nur der Erfolg alle Wünsche erfüllt, fragt man nicht nach dem zeitlichen Aufwand oder dem „Preis" für diese Arbeit.

Wie gut dieser Start bei Prokop war, merkte ich dann bei den Bewerbungen für meine weitere Forschungsarbeit: Ich ging zu Professor Steinbrück in das Forschungsinstitut für Lungenkrankheiten in Berlin-Buch, wo gerade eine immunologische Abteilung gegründet worden war, und ich sollte in diese Gruppe hinein kommen.

Professor Steinbrück empfing mich mit den Worten: „Bei Prokop promoviert! Schon acht wissenschaftliche Arbeiten! Das ist großartig und genau richtig für uns!" So kam ich schließlich aus dem Prokopschen Institut nach Berlin-Buch in das Forschungsinstitut für Lungenkrankheiten in die Abteilung Immunologie.

Dennoch will ich noch eine fast lustige Geschichte (auch hier habe ich noch eine) aus dem Institut von Professor Prokop erzählen.

Prokop legte großen Wert auf das korrekte Auftreten und Aussehen seiner wissenschaftlichen Mitarbeiter. Er selbst ging zwischen sechs und sieben Uhr morgens in das Schwimmbad in der nahen Gartenstraße und erschien danach, sieben Uhr, mit weißem Oberhemd und schwarzer Fliege (ich habe ihn nie anders gesehen!) im Institut. Von seinen wissenschaftlichen Mitarbeitern, also auch von mir, wurde erwartet, dass wir mit weißem Oberhemd und Krawatte zum Dienst kamen.

Eines Tages an einem sehr heißen Sommertag kam die Sekretärin von Prokop zu mir: „Der Chef möchte, dass Sie für Ihn zu einer Beerdigung gehen – der Verwaltungsdirektor (oder ein ähnlich wichtiger Mann der Charité war gestorben) wird beigesetzt. Alle Ärzte oder Forscher sind zu einem Großeinsatz (Verkehrsunfälle und so weiter) und der Professor muss auch weg. Sie sollen für ihn gehen, es ist alles vorbereitet – Sie haben doch Anzug und Krawatte an!" Natürlich übernahm ich das für meinen Chef. Prokops Auto (ein weißer Mercedes – er war ein großer Auto-Fan und im Staat so prominent, dass er sich dieses Privileg leisten konnte beziehungsweise es bekam!) mit Fahrer wartete schon im Hof einschließlich eines Kranzes mit Schleife und einem entsprechendem Spruch.

Eine junge MTA (Medizinisch-Technische Assistentin), die in der Nähe wohnte, wurde nach Hause geschickt, um ein entsprechend angemessenes, dunkles Kleid anzuziehen (es war schließlich Sommer und ein sehr warmer Tag) und mitzufahren. Mit dem Auto mussten wir quer durch die Stadt bis nach Berlin-Baumschulenweg zum Krematorium und so kamen wir wegen des starken Verkehrs etwas zu spät zum angezeigten Termin.

Ich ging also mit der jungen MTA und mit unserem Kranz schnell auf den Friedhof, als uns auch schon die Trauergesellschaft entgegen kam. Wir setzten beide eine Trauermine auf und schlossen uns an.

Nach und nach drehten sich immer mehr Trauergäste vor uns unauffällig um, aber die kannten wir nicht – wir kannten eigentlich überhaupt keinen! Aber wir kannten ja den Verwaltungsdirektor auch nicht wirklich. Ehe ich mir aber darüber Gedanken machen konnte, waren wir an einem Grab und es wurde eine Grabrede gehalten – jetzt konnten uns die Trauergäste direkt ansehen und wir sie auch!

So langsam wurde mir das unheimlich, denn die gesprochenen Worte passten nicht zu einem Charité-Direktor. Auch erkannte ich keinen einzigen Professor oder Klinikdirektor – die sollten ja wohl dabei sein?! Offensichtlich war etwas falsch. Wir waren wirklich bei der falschen Beerdigung!

Aber jetzt mussten wir bleiben und unsere Rolle als Trauergäste weiterspielen. Was wohl der eine oder andere über den Kranz ... Direktor des Institutes für Gerichtsmedizin ... gedacht hat? Ich wollte, ich hätte die Schleife des Kranzes umgedreht hingelegt.

Wie lange die Trauergemeinschaft gerätselt hat, weiß ich nicht. Wir gingen jedenfalls beim Weggang vom Grab immer langsamer, bis wir uns endlich bei einer Kurve, nun ohne Kranz, schnell durch die Büsche vom Friedhof zu unserem Fahrer mit Auto schlichen. Erzählt haben wir, die junge MTA und ich natürlich nichts und es kamen auch später keine Klagen – Gott sei Dank.

Meine Vermittlung zu Professor Steinbrück im Forschungsinstitut für Lungenkrankheiten und Tuberkulose Berlin-Buch (FLT) war also erfolgreich und ich begann im September 1974 meine Arbeit in einer neu gegründeten kleinen Abteilung „Immunologie". Im Unterschied zu Prokops Institut, wo ich mehr oder weniger Einzelkämpfer war und die direkte Nähe und den Kontakt zum großen Chef hatte, war ich jetzt Mitglied in einem Team (damals hieß das Kollektiv) – wir waren bei offiziellen Anlässen das „Kollektiv der Immunologie". Jeder hatte seine eigene Aufgabe, eingebettet in eine Gesamtaufgabe. In der Abteilung Immunologie im Forschungsinstitut für Lungenkrankheiten Berlin-Buch (dem FLT) blieb ich bis 1990.

Unser Team Immunologie war vergleichsweise harmonisch und gut zusammengesetzt. Wir unternahmen viele Ausflüge außerhalb der Dienstzeit gemeinsam und schafften innerhalb der Dienstzeit gute, anerkannte wissenschaftliche Ergebnisse. Unsere Abteilung bestand zu Beginn aus drei Wissenschaftlern, alle etwa dreißig Jahre alt, und einer MTA. An der Spitze stand C. B., der später Professor für Immunologie und Allergologie in Bad Lippspringe wurde, und ich war beziehungsweise wurde im Verlauf der Jahre sein Stellvertreter und Oberassistent.

Außer meinen Pflichten in der immunologisch-allergologischen Diagnostik für Klinik und Forschung hatte ich genügend Freiraum, meine Forschungs-Arbeiten mit Prokop fortzusetzen und auszubauen. Der Kontakt zu Prokop blieb eng und einige Jahre nach der Promotion konnte ich meine Habilarbeit schreiben.

Auf meinen Wunsch hin war einer der offizieller Betreuer und Berater meiner Habilarbeit der Zoologe Professor Dr. H. G. Herbst aus der naturwissenschaftlichen Fakultät, den ich bereits als Student im ersten Studienjahr kennen und schätzen gelernt hatte. Der dritte Gutachter neben Prokop und Herbst war mein neuer Direktor in Buch, Professor Steinbrück. (Professor Herbst ist leider viel zu früh 1992 verstorben.)

Im Dezember 1980 war ich habilitiert!

Dieser Status war im Allgemeinen schon das Höchste, was man erreichen konnte, wenn man nicht in der SED war und auch nicht an der Universität angestellt war. Mit „das Höchste" ist gemeint, eine Professur an der Universität war für mich nicht denkbar ohne die genannten Voraussetzungen.

Was passierte also nun mit meinen großen Zielen für Wissenschaft und Forschung? Eigentlich hatte ich sie vollständig erreicht, jedenfalls das bisher mögliche und das was ich mir früher so erträumt hatte. Aber sollte das jetzt schon das Ende sein? Typisch, sagte ich mir – immer noch nicht zufrieden – aber so sind wir Menschen wohl. Kaum hat man ein früheres Ziel erreicht, strebt man schon wieder nach dem Nächsten.

Ich war noch unter 40 Jahre alt, promoviert, habilitiert, verheiratet, hatte zwei Söhne und hatte auch schon verschiedene Bäume gepflanzt, um den berühmten Spruch, was ein Mann in seinem Leben alles schaffen und erreichen muss, zu zitieren. Was gab es nun für erreichbare nächste Ziele?

Als Erstes beschäftigte ich mich neben meiner Arbeit im Institut, mit meinem Tennisclub (ich war in dieser Zeit immer noch „Präsident") und hatte auch dort eine gute Zeit. Dann beschäftigte ich mich mit meinem zweiten Hobby, der Zucht von seltenen Schmetterlingen. Als Drittes begann ich dann, erst einmal unseren Familienstammbaum zu durchforsten, da mein Vater mich auch immer öfter mir dem Thema „Vererben, jüngster Sohn, Familiengeschichte ..." konfrontierte. Aber sitzen und warten auf irgend eine Aufgabe konnte und wollte ich ohnehin nicht und all diese Beschäftigungen waren allesamt für mich interessant.

Mein Vater hatte viele einzelne Belege und Unterlagen zu unserer Familiengeschichte gesammelt und Korrespondenz mit anderen Ahnenforschern betrieben, aber nie sortiert oder zusammengefügt. Wer Ahnenforschung nie gemacht hat, wird das nicht glauben, aber ich habe über ein Jahr viele Abende und Nächte daran gesessen, viele Briefe (auch von und an meinen Vater) zwecks Klärung oder Ergänzung gelesen beziehungsweise geschrieben. Schließlich wurde ein vollständiger Familienstammbaum daraus. Hätte ich damals schon den in der Bundesrepublik bestehenden Verein „Lutheriden-Vereinigung" gekannt, wäre alles viel leichter gewesen.

Im Institut arbeitete ich weiterhin erfolgreich als Wissenschaftler, so dass mich unser Institutsdirektor eines Tages beim Minister für Gesundheitswesen für einen Wissenschaftspreis vorschlug.

Mit einem Eiweißstoff (Lektin), das ich aus Erdnüssen isoliert hatte, konnte ich einen vergleichsweise einfaches und „billiges" Testverfahren zum Nachweis bestimmter Viren entwickeln, das zunächst im Lande und dann sogar bis zur WHO (Weltgesundheitsorganisation) in London registriert und als interessant gewertet wurde. Schließlich wurde ich sogar nach London (als DDR-Wissenschaftler!) eingeladen, den Test dort vorzuführen und prüfen zu lassen. Für diese Leistungen sollte ich also in der DDR den „Rudolf-Virchow-Preis" bekommen.

Das ist nun nicht ein „sozialistischer Orden" wie „Hervorragendes sozialistisches Kollektiv ..." oder andere Verdienstorden, die für die besten des Staates (das waren in aller Regel nur die Genossen) vorbehalten waren, nein, es war einer für reine gute Wissenschaft, unabhängig vom „Genossenstatus". Diesen Preis bekam unter anderem damals auch Jens Reich (heute Professor am MDC, Max-Delbrück-Centrum für Molekulare Medizin in Berlin Buch) und der war ebenfalls weit davon entfernt, ein SED-Genosse zu sein.

Es war der „Rudolf-Virchow-Preis für herausragende Arbeiten in der medizinischen Forschung“. Ich bekam den Preis von Minister Mecklinger im Rahmen einer Feierstunde in der Charité überreicht. Zuvor hatte ich einen Vortrag zu meinem Thema der Preisverleihung gehalten.

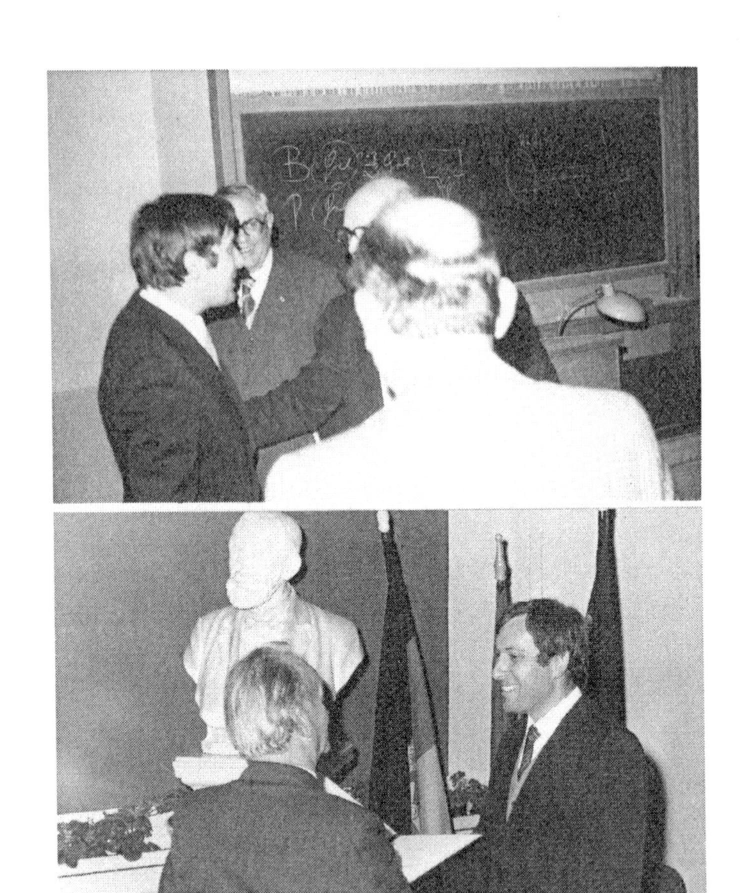

Abb. 42 Habilitation und Virchowpreis für „herausragende Leistungen in der medizinischen Forschung“

Ich war wieder „stolz auf mich und das Erreichte“, dachte an den Spruch meiner Mutter, dass ich ein Sonntagskind war und danach über weitere Aktivitäten nach.

So begann ich mein erstes Fachbuch zu schreiben.

Der Kern bestand aus den Ergebnissen der Habilarbeit, angereichert mit weiteren neuen Erkenntnissen: „Lektin und Toxin der Mistel – Zwischen Aberglauben und moderner Forschung" hieß der Buchtitel. Bei einer kleinen Feier überreichte mir meine Abteilung einen „Lorbeerkranz", der aber aus Misteln geflochten war und mit einem Degen erhielt ich auch noch den „Ritterschlag" – wir waren ein richtig gutes Team.

Ich glaube zwar nicht, dass mein erstes Buch wahnsinnig oft verkauft worden ist – kein Bestseller – aber es war eines von meinen Zielen gewesen, ein Fachbuch zu schreiben.

Einen besonderen Effekt hatte das Buch dann allerdings doch: Ich bekam zu diesem Buch ein weiteres Angebot aus der Bundesrepublik, mit einem Kollegen Professor Dr. Hans Becker aus Heidelberg, gemeinsam ein Buch zu schreiben mit dem Springer-Verlag Heidelberg! Das wiederum war höchste Anerkennung und erfreulich, weil ich mir offensichtlich mit diesem Buch auch über die DDR hinaus Anerkennung und Ansehen verschafft hatte – Anerkennung über fachliche Leistungen.

Dass ein „West-Verlag" zusammen mit einem „West-Professor" aus Heidelberg und mir ein Buch herausgeben wollte, war nun wieder auch für die DDR interessant. (Ohne Zustimmung des Gesundheits-Ministeriums durfte ich nicht einmal auf das Angebot antworten!) Nach „Abstimmung" durfte ich dem Verlag schreiben, dass ich das Angebot annehme. Aber die DDR stimmte nicht zu, um mir einen Gefallen zu tun oder meine Leistungen anzuerkennen, sondern machte natürlich dabei auch ihr Geschäft. Voraussetzung der Zustimmung war, dass der Druck des Buches und die Verlagsarbeit in der DDR erfolgte und diese Arbeit in „West-DM" bezahlt werden musste. Der Springer-Verlag stimmte zum Glück zu und so entstand mein zweites Fachbuch – sogar in zwei Auflagen. Der

Springer-Verlag wollte wohl sicher gehen und schuf neben der DDR-Fassung, die er bezahlte, noch eine eigene. Das war eben manchmal so im deutsch-deutschem Verhältnis, damals 1987.

Abb. 43 Mein zweites Fachbuch

Aber in unserem Institut hatte sich inzwischen auch einiges geändert, vor allem in politischer Hinsicht. Waren wir bisher in Sachen „SED-Mitgliedschaft aller wichtigen Mitarbeiter“

relativ moderat behandelt worden, änderte sich das jetzt. Im Besonderen wurde das deutlich mit dem Eintritt eines neuen, jungen „Kaders“, wir nannten ihn „unser Star aus Moskau“(im folgenden als „der Moskauer“ bezeichnet), in unser Institut. Wir nannten ihn so, weil er nach dem Abitur als besondere Vergünstigung ausgewählt worden war, in Moskau zu studieren – diese Leute waren danach die „personelle Elite der DDR“. Es gab ab dieser Zeit und mit ihm sehr viele Neueinstellungen – fast nur noch SED-Genossen. Alle wichtigen Entscheidungen im Institut gingen nur über seinen Tisch, der Institutsdirektor, (der Nachfolger von Professor Steinbrück) war eigentlich nicht wirklich Direktor.

Nachdem ich nun promoviert und habilitiert war – in der wissenschaftlichen Arbeit ging auch alles gut voran und die Erfolge wurden auch registriert, sowohl im eigenen Land als auch im Ausland – wuchsen nachvollziehbar auch die eigenen Wünsche und Hoffnungen. Das ist schon komisch mit den eigenen Wünschen und Zielen. Ständig korrigiert man sie nach oben, sobald das vorherige Ziel erreicht wurde. Ist das normal? Ist das typisch für Leute in der Wissenschaft? Hatte Prokop diesen Ehrgeiz, diesen eigenen Stachel geweckt? Warum ist der Mensch nicht glücklich und zufrieden, wenn er ein erstrebtes Ziel erreicht hat? Oder ist es wie bei dem Reformator, der auch stets verbessern, reformieren wollte? Andererseits gäbe es keinen (medizinischen) Fortschritt oder keine großen Erfindungen, Entdeckungen oder Weiterentwicklungen ohne genau diese Eigenschaft der Menschen.

Also versuchte ich nach dem bisher erreichten ein nächstes Ziel – eine Professur an der Humboldt-Universität, wohl wissend, dass es in meiner Situation und politischen Ausgangsbasis fast unmöglich war. Dennoch bekam ich durch Prokops Führsprache immerhin die Möglichkeit – unentgeltlich – Vorlesungen an der Charité in meinem Spezialgebiet zu halten, was ich dann auch tat.

Da das alles ohne Probleme etwa zwei Semester gut verlief, bekam ich die „Vorstufe“ für eine Professur, die „Facultas docendi“ verliehen. Und das war nun wirklich die letzte Hürde, die ich selbst, mit eigenen Leistungen, nehmen konnte. Die Ernennung konnte nur erfolgen durch die Universität oder eben auch nicht.

Das alles hatte ich 1987 – immerhin war ich schon 45 Jahre alt – bereits erreicht. Aber für Jemanden außerhalb der Universität und nicht in der SED war das Erreichte schon gut und ok.

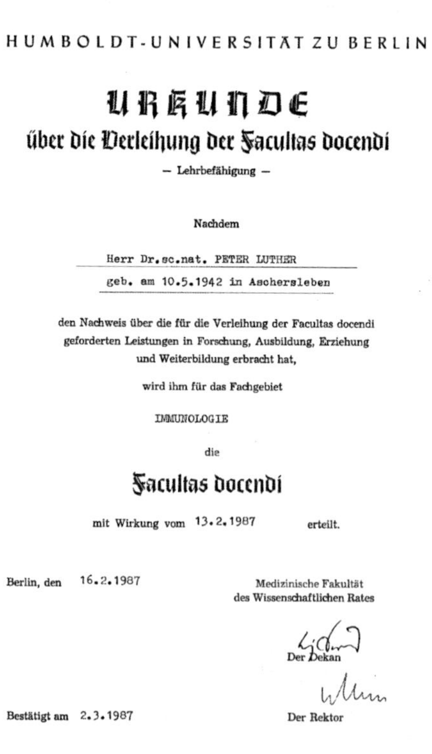

HUMBOLDT-UNIVERSITÄT ZU BERLIN

URKUNDE

über die Verleihung der Facultas docendi

– Lehrbefähigung –

Nachdem

Herr Dr.sc.nat. PETER LUTHER

geb. am 10.5.1942 in Aschersleben

den Nachweis über die für die Verleihung der Facultas docendi geforderten Leistungen in Forschung, Ausbildung, Erziehung und Weiterbildung erbracht hat,

wird ihm für das Fachgebiet

IMMUNOLOGIE

die

Facultas docendi

mit Wirkung vom 13.2.1987 erteilt.

Berlin, den 16.2.1987

Medizinische Fakultät des Wissenschaftlichen Rates

Der Dekan

Bestätigt am 2.3.1987

Der Rektor

Abb. 44 Verleihung der Facultas docendi

Das normale Wissenschafts- und Klinikdasein an unserem Forschungsinstitut für Lungenkrankheiten in Berlin Buch ging Ende 1987 immer weiter in Richtung „Zweiklassengesellschaft“: In Genossen der SED und Nichtgenossen. Natürlich waren wir Nichtgenossen auch angesehene Mitarbeiter, aber unsere Perspektive war doch eine andere. Diese Ungleichbehandlung, Bevorzugung beziehungsweise Einschränkung anderer, gleich guter oder besserer Mitarbeiter hatte schließlich zur Folge, dass drei der besten Wissenschaftler unseres Instituts kurz nacheinander in den „Westen“ gingen beziehungsweise von einer Reise nicht zurück kamen. Das betraf auch mich indirekt, da mein direkter Chef, C. B., einer der drei war.

Nach der „Republikflucht“ der drei prominenten Mitarbeiter gab es zunächst viel Aufruhr im Institut. Viele „Gespräche“ oder „Verhöre“ durch Mitarbeiter des Gesundheitsministeriums über „warum“, „vorherige Anzeichen“ oder „Sie müssen doch etwas gemerkt haben ...“ und so weiter fanden jetzt statt – ich war ja seit meiner Habilitation auch stellvertretender Leiter der Immunologie und damit Stellvertreter von B. geworden.

Inzwischen hatte aber auch unsere Abteilung drei Studierte aus Moskau bekommen. Zwei sogar, die schon in Moskau promoviert hatten, also aus DDR-Staatssicht höchste „Weihen“ hatten und von vornherein für höhere Aufgaben vorgesehen waren – das war einfach so. Sie waren jedenfalls „privilegierte Kader“. Jeder von Ihnen wurde stark gefördert und ihr Weg wäre sicher noch schneller nach oben gegangen, hätten wir nicht einen Moskau-Absolventen gehabt (unseren Moskau-Star), der in Sachen Förderung die klare Nummer Eins im Ministerium und sogar im ZK der SED war. (Das ZK, das war das absolut höchste Gremium des gesamten Staates! Höher als die Regierung.)

Als C. B. im Westen blieb, war er bis dahin Abteilungsleiter und Leiter unseres immunologischen Forschungsprojektes, an dem mehrere Institute und Kliniken der DDR beteiligt waren – und ich war auch hier sein Stellvertreter.

Bald nach dem Weggang von C.B. wurde ich zusammen mit einem meiner Mitarbeiter (einer der auch in Moskau studiert und promoviert hatte und gleichzeitig auch Parteisekretär unseres Institutes war!) zu unserem Direktor bestellt. „Es geht um die Nachfolge an der Spitze der Abteilung und im Forschungsprojekt“ sagte er mir. Im Gegensatz zu mir wusste er als Parteisekretär immer alles vorher – er war ja bei den engsten Gesprächen per Amt immer dabei und konnte ein wichtiges Wort bei allen Entscheidungen mitreden.

Ich wurde also mit meinem eigenem Mitarbeiter und Parteisekretär zum Direktor bestellt. Viel Chancen rechnete ich mir nicht aus, obwohl ich gegenüber meinem Mitarbeiter fachlich im Vorteil war (habilitiert und nationales und internationales Ansehen) und so versuchte ich auf dem Weg zum Direktor, zwischen Haus 207 und Haus 205, einen Vergleich mit ihm: „Mach du doch die Leitung des Forschungsprojektes, das hat überregionale Bedeutung“ sagte ich zu ihm, und bot ihm so die größere und bedeutendere Aufgabe an. „Vielleicht übernehme ich dann die Leitung der Abteilung.“ Aber er ging auf nichts ein und sagte gar nichts.

Das Gespräch beim Direktor verlief dann aber doch ganz anders, als ich dachte. Auf die Frage, wie wir uns die Fortsetzung der bedeutenden Forschungsaufgaben in der Immunologie vorstellten, antwortete zunächst ich – so mutig musste ich schon sein. Ich hatte mir vorgenommen, mindestens zu Beginn zu versuchen, als Erster zu reagieren (Ich weiß auch nicht warum – immer wenn eine Chance sichtbar erscheint, wird man ehrgeizig – warum habe ich es nicht einfach laufen lassen?)

Zwar konnte ich auch alles verspielen, aber schließlich war ich „Vize-Chef“ und nun amtierender Chef der Abteilung und habilitiert und so schlug ich dem Direktor auf seine Frage wiederum die Teilung der Aufgaben vor. Jetzt machte auch der

Parteisekretär seinen Vorschlag: „Du weißt doch, Walter ...“ (Genossen sagten immer „du“, auch wenn Alter oder Rang unterschiedlich waren, und unser Institutsdirektor hieß mit Vornamen Walter) Der junge Mann, in Moskau promoviert, sonst noch nichts, sagte also zum Direktor: „Du weißt doch Walter, dass gestern Abend die Parteiorganisation der SED getagt und beschlossen hat, dass ich beide Funktionen übernehmen soll ...“

Deshalb hatte er also nichts zu mir gesagt. Mir war klar, damit war die Sache wohl entschieden und unter Beachtung meiner Position (Nichtgenosse), seiner Position und dann noch der geschwächten Stellung des Direktors ...? Aber es kam anders.

Warum der Direktor anders entschied, habe ich nie erfahren. Auf jeden Fall folgte er nicht dem, was der Parteisekretär vorschlug und das war sehr mutig von ihm! Nach einer ziemlich langen Pause sagte er: „Dr. Luther, sie übernehmen beide Aufgaben ...“ Zu meinem Mitarbeiter sagte er „... mache erst deine Habilitation, deine Zeit kommt noch.“

So richtig wohl war mir nicht in meiner Haut. Damals dachte ich, dass er sich als Direktor wohl schon zu stark „eingekreist“ sah von den „Moskauern“ im Institut und wollte vielleicht mit mir einen vorsichtigen Gegenzug oder „Befreiungsschlag“ machen. Mich hatte er jedenfalls unter Kontrolle, die „Moskauer“ sicher nicht, wird er sich gedacht haben. Mit meinem Parteisekretär hatte ich dennoch, auch danach, eine relativ faire, gute Zusammenarbeit und Unterstützung, soweit es eben ging. Er war menschlich wirklich in Ordnung.

Unser höchster Genosse, der „Moskauer“, inzwischen habilitiert und „Prof.“ – so schnell konnten wir gar nicht denken, wie er zum Professor wurde – machte das gesamte Institut mehr und mehr zu „seinem Institut“ und die Situation für uns anderen Wissenschaftler wurde immer ungerechter und unerträglicher. Das zeigte sich vor allem bei der Zuteilung oder Versetzung von Mitarbeitern, bei der Zuteilung von teuren Großgeräten oder Forschungsreisen. Alles wurde für diesen einen gerichtet. Im Grunde war deshalb auch dieser junge Mann, aus Moskau kommend, letztlich mit dafür verantwortlich, dass sich 1989, als sich überall zaghafter Widerstand gegen das „System DDR“ entwickelte, unser Institut und die Klinik als erste eine Art „Revolution“ wagte, eine Revolution gegen die gravierende Bevorzugung, Besserstellung und Einflussname derjenigen, die Genossen waren und aus Moskau kamen.

Es begann eine Entwicklung in der DDR, wie sie weder vorher, noch in der Zukunft so je wieder eintreten wird. Es kam, was alle damals und bis heute so bezeichnet haben, es kam „die Wende“ in der DDR! Es begann eine Zeit, die ich trotz vieler Erlebnisse bis dahin als die wohl aufregendste, spannendste und richtungsweisendste in meinem Leben bezeichnen möchte.

Erste politische Aktivitäten

Im Sommer 1989 „gärte“ es bereits kräftig im Volk der DDR-Bürger. Über Unzufriedenheiten oder Missstände wurde ja auch vorher mehr oder weniger vorsichtig gesprochen. Doch jetzt wurde die Kritik immer hörbarer, ohne dass gravierende Maßnahmen von der DDR-Regierung dagegen unternommen wurden.

Der Anfang vom Ende der DDR, so scheint es mir heute, waren die erfolgreichen Fluchten der Menschen (es waren fast ausnahmslos junge Leute, junge Familien) über Ungarn in die Bundesrepublik.

Meine Frau, Sohn Kai und ich waren im August 1989 in Ungarn, wie auch im Jahr zuvor, im Urlaub. Dazu musste man eine persönliche Einladung bei der Beantragung der Reise vorlegen und so eine Adresse hatten wir wieder von einem Tennisfreund erhalten. (Die einladende Gast-Familie hatten wir vorher nie gesehen, aber alle in den sozialistischen Ländern wussten, dass man das mit „seinem“ Staat so machen musste.)

Damals war das im gesamten „Ostblock“ so – alle in Ungarn, der ČSSR oder Bulgarien und so weiter wussten das – wenn wir dort, zum Beispiel in den Urlaub, privat hinfahren wollten oder auch umgekehrt, brauchte man eine Einladung. Die musste persönlich und im „Du“ geschrieben sein und es musste daraus hervorgehen, dass sie für uns sorgen (wir sollten wohl den Ungarn nicht Essen wegkaufen oder was immer der Grund war). Mit diesem Papier ging man dann zu Polizei und beantragte das Visum. Ohne das ganze Prozedere ging das damals mit dem Reisen auch innerhalb des „sozialistischen Lagers“ nicht. Da wir aber im Jahr zuvor schon in Ungarn waren, haben wir auch 1989 die Zustimmung für Ungarn (Einladung war wieder organisiert) erhalten.

In Ungarn gab es damals schon westliche Zeitungen und sie waren für uns sehr begehrt – dennoch sollte man sich nicht von unliebsamen DDR-Bürgern dabei sehen lassen – das konnte ja dann bei der Rückkehr Probleme machen.

Wir wunderten uns nur über die Zeitungen und in welcher Offenheit und Schärfe über die DDR berichtet werden konnte. Da war zum Beispiel von „Betonköpfen in der Regierung der DDR“ die Rede. Solche Überschriften hatte es vorher nie gegeben!

Auf der Rückfahrt aus Ungarn nach Berlin im August dachten wir immer, wir fuhren in eine falsche Richtung. Die Schulferien waren doch im ganzen Land zu Ende (es war immer alles gleich), aber alle Autos fuhren in die „falsche“ Richtung – alles fuhr in das Urlaubsland Ungarn, nur wir fuhren zurück zu unserem großen Sohn, zur Familie und zum Institut.

In Berlin angekommen, erfuhren wir natürlich von Veränderungen in der Politik. In Ungarn waren sie schon am weitesten vorangekommen, am freizügigsten innerhalb der „Ostländer“ und so versuchten viele, über den Umweg Ungarn in den „Westen“ beziehungsweise die Bundesrepublik zu kommen.

Was hatte sich in Buch inzwischen verändert?

Die Arbeit in der Immunologie im FLT Berlin Buch machte mir nach wie vor Freude und füllte mich aus und ich versuchte alle anderen Gedanken zu verdrängen beziehungsweise als unrealistisch einzuordnen.

Dennoch – die Bevorzugung der beziehungsweise des einen „Moskauers“ wurde immer mehr zu einem Problem unter den

Ärzten und Wissenschaftlern. Wir anderen merkten sehr schnell, dass sie nicht mit den gleichen Mitteln um die beste Wissenschaft mit uns rangen. Scherzhaft hieß es damals immer nur: „Wir sind alle gleich, nur einige sind eben gleicher ..." Unser „Star" aus Moskau war sozusagen mit allen Weihen ausgestattet und selbst unser Direktor hatte zu Recht Angst vor ihm.

Bis 1989 hatte sich die Situation in unserem Forschungsinstitut wie erwartet oder befürchtet weiterentwickelt und verschlechtert. Es gab nicht mehr die Forschung in verschiedenen Abteilungen mit dem Ziel „Lungenkrankheiten", sondern nur noch die Aufgabe, die unser „Star" aus Moskau vorgab, inzwischen mehr oder weniger dem ganzen Institut. Alle Forschungsarbeiten und entsprechende Anträge wurden nur darauf hin geprüft, ob sie ihm oder seinen Zielen dienten. Der Frust unter den Wissenschaftlern und anderen Abteilungsleitern war entsprechend groß.

Es ging auch nicht mehr darum, ob in den Fachabteilungen Pathophysiologie, Biochemie, Immunologie, Mikrobiologie und so weiter die Wissenschaftler mit ihren Mitarbeitern gute wissenschaftliche Leistungen zum Spezialgebiet Lungenkrankheiten erbrachten, sondern nur noch darum, ob diese Abteilungen dem einen Mann und seinem Thema mehr oder weniger zuarbeiten konnten. Die Art und Weise, wie uns Macht von der SED demonstriert wurde, war unerträglich geworden und manch einer ballte die Faust in der Tasche.

Dann wurden langsam überall im Land vorsichtige Proteste spürbar und man hörte auch vom „Neuen Forum" und Jens Reich in Buch, der Akademie nebenan von uns. Ich erinnere mich gut an unsere erste offene Kritik an der DDR, einer Diskussion in der Mittagspause, am Kaffeetisch, in unserer beziehungsweise immer noch „meiner" Abteilung.

Es ging um Harry Tisch, Politbüro-Mitglied, mächtiger Gewerkschaftsboss und dessen bekannt gewordenen Verfehlungen mit Gewerkschaftsgeldern. Es ging dabei um Millionen unserer aller Gewerkschaftsgelder. (Jeder musste in der einzigen Gewerkschaft, die es gab, Mitglied sein und Beitrag bezahlen) Diese Gelder hatte Harry Tisch für gewaltige private Feiern von hohen SED-Mitgliedern, Jagd-Partys mit Erich Honecker, Traumschiffsreisen für hohe Staatsfunktionäre und so weiter benutzt und das war jetzt bekannt geworden. Die Menschen waren entsetzt und empört.

Eine MTA oder Krankenschwester der Abteilung kam auf die Idee, einen Protestbrief zu schreiben und gleich an das höchste Organ, an den Staatsrat, sagte sie. An der Kaffeetafel waren sich alle einig – ein Brief sollte geschrieben werden und am nächsten Tag brachte sie tatsächlich den Brief mit. Unser Parteisekretär, ebenfalls Mitglied unserer Abteilung, bot an, er werde den Brief weiterleiten. Das war in Ordnung und dagegen konnte ja niemand etwas sagen. Über die Verfehlungen des Harry Tisch wurde schließlich bereits öffentlich geschrieben.

Wie weit der Brief über unseren Parteisekretär wirklich gegangen ist, weiß ich nicht – sicher wohl nicht weit. Aber das war uns vielleicht auch nicht wirklich so wichtig! Einen solchen Brief und solche Diskussionen hatte es offiziell – also im Beisein eines Parteisekretärs – niemals gegeben. Aber das waren so erste kleine Anzeichen und Versuche, wie weit man Schritt für Schritt überhaupt gehen konnte. Solche Diskussionen gab es jetzt regelmäßig – jeder hatte etwas neues gehört oder gelesen.

Manchmal unterhielten wir uns mit guten Freunden, was aus dieser Entwicklung wohl werden könnte, ob es wirklich „freie, nicht politisch kontrollierte Forschung“ oder freie Reisemöglichkeiten in den Westen (der häufigste Wunsch der DDR-Bürger) geben würde und – zu welchem Preis wir es bekommen könnten.

Bei einem Gespräch im Labor im Spätsommer 1989 nach meinem Ungarn-Urlaub, lange vor der inzwischen berühmten 4. November-Demonstration auf dem Alexanderplatz, meinte eine Mitarbeiterin, die bei mir promoviert hatte „... man müsste aus allen Wissenschaftlern ein Gremium bilden, das über die Forschung entscheidet."

Der Gedanke faszinierte mich und beschäftigte mich immer weiter. Am Abend überlegte ich, ob und wenn ja wie wir das für unser Institut machen müssten. Das wäre doch eine tolle Sache, wenn nur die Ärzte und Wissenschaftler, also die Fachleute, als erste gefragt würden und über die Forschungsrichtung, die Strategie und so weiter mitentscheiden könnten. Aber alle Ärzte und Forscher zusammen? In einem Gremium? Das ging natürlich nicht, das war mir schnell klar! „Zu viele, zu verschiedene Interessen ...!" Es würde nur eine „Quasselbude" werden, dachte ich mir. Welche Auswahl aber erfüllte meine Vorstellungen nach demokratischem Herangehen und wie verhinderte ich den Einfluss der Parteigenossen, die ohnehin ihre „Order" nur von oben bekamen und dann nach unten weiterleiteten?

Bei diesen Überlegungen fiel mir nur ein Weg ein – die Habilitation beziehungsweise die „Promotion B", wie die Habilitation damals hieß, als Auswahlkriterium anzusetzen. Unter den Kollegen, die sich habilitiert hatten, waren noch die Kollegen aus der Zeit vor unserem „Moskau-Star" in der Mehrheit. Aber diesen und seine Genossen auszuschalten oder mindestens seine Macht zu schmälern, war unausgesprochen unser aller Ziel. Die vielen von ihm neu eingestellten Genossen waren noch nicht habilitiert. Aus dieser „Habilitierten-Gruppe" musste ich mit meinen Freunden eine Mehrheit bekommen. Das Ziel erschien mir jetzt wirklich möglich und reifte immer mehr zu einem Plan.

Als erstes sprach ich darüber mit zwei befreundeten Biochemikern aus unserem Institut, Ingrid Sehrt und Hermann Reutgen, die ich ganz sicher in Ihrer politischen Haltung kannte und Ihnen vertraute. Ingrid Sehrt war habilitiert und Hermann Reutgen war kurz davor. Wir hatten auch früher oft unter vier oder sechs Augen sehr vertrauliche politische Gespräche geführt, die keiner hören durfte und unsere Einstellungen stimmten schon überein. Sie fanden meine Idee gut und machten mit.

Jetzt brauchte ich Mitstreiter von Ärzten aus der Klinik, also „prüften" wir zusammen alle Mitarbeiter mit „Habilitation" hinsichtlich deren Zuverlässigkeit, Mut, eventuell entgegenstehender eigener Interessen und so weiter. Würde ich eine falsche Person ansprechen, könnte das Vorhaben scheitern, ungefährlich war das Ganze natürlich damals auch nicht. Es gab schließlich noch sämtliche alten Strukturen der DDR in „Amt und Würden".

Ich entschloss mich, als nächstes mit einem Pathophysiologen zu reden, den ich in seiner Position zu unserem „Moskauer" als absolut zuverlässig in unserem Sinne einschätzte. Er war habilitierter Pathophysiologe, mochte den „Moskauer" auch nicht, hatte aber eine große Nähe zu unserem Direktor. Er machte mit, war begeistert und versprach, nicht den Direktor zu informieren. Den Direktor schätzten wir nicht als echt gefährlich für unser Vorhaben ein – er war wohl auch kein echter Freund des „Moskauers".

Jetzt kam der schwierigste Gang – die Chef-Ärzte der Klinik! Hier, in dem Klinikteil unseres Institutes waren der Direktor und unser „Moskau – Star" schließlich fest verankert. Ohne die Klinik-Ärzte funktionierte mein Vorhaben nicht und es konnte nur über einen gelingen, über den Chef der Chirurgie Klaus Engelmann, darüber war ich mir im Klaren. Chirurgen sind häufig nicht leicht im Umgang, das wusste ich, aber ich musste ihn gewinnen, sonst ging unsere Zielstellung nicht auf. Chirurgen entscheiden oft sehr schnell, spontan und sehr bestimmt (das bringt der Beruf eben mit sich). Das traf auch auf Klaus Engelmann zu. Würde ich mein Thema mit der falschen Frage anfangen, könnte ich alles verderben – ich war mir nicht sicher! Andererseits kannte ich Klaus Engelmann wirklich gut genug, vor allem seine politische Haltung kannte ich und so machte ich einen Termin mit ihm.

Wenn Engelmann ablehnte oder andere Interessen hatte, würde es schwierig.

„Herr Engelmann ...", sagte ich (wir waren damals noch „per Sie"), „... ich habe ein Anliegen, über das Sie sich vielleicht wundern, das aber ohne Sie nicht zu verwirklichen geht ..." Ich schilderte ihm meinen Plan. Er war sofort interessiert, aber zu lange Vorreden durfte ich bei einem Chirurgen nicht machen, ich musste sofort auf den Punkt kommen, sofort übergehen zu unserem Anliegen. Er lehnte aber nicht ab, war sofort dabei mitzumachen, meinte, dass es höchste Zeit sei und hatte gleich weitere Ideen. Später, wir waren längst befreundet, erzählte er mir, dass er sich damals schon mit Gedanken des Weggehens vom FLT beschäftigte, wegen der geschilderten Zustände. Mit diesen neuen Zielen aber würde er bleiben!

Jetzt hatte ich gewonnen – es ging immer noch darum, habilitierte „Nichtgenossen" zum Mitmachen zu gewinnen. Der Nächste war der habilitierte Chef der Radiologie. Es wurde natürlich jetzt immer leichter für mich, wenn ich sagen konnte, wer alles mit machte. Der Letzte, zu dem ich ging, war Vogel. Vogel war am längsten von uns allen habilitiert und ein erbitterter Feind des „Moskauers" und des Direktors. Über seine Haltung war ich mir völlig klar aber nicht über sein Temperament – er hatte oft seinen eigenen Kopf!

Alle von mir Angesprochenen waren längst habilitiert, aber alle auch „Nichtgenossen" und damit alle ohne Chance für eine Professur oder Ähnliches. Unser aller Karriere war sozusagen schon am Ende. Am deutlichsten und schmerzlichsten war das bei Vogel, der lange vor dem Direktor und von unserem „Moskauer" ganz zu schweigen, habilitiert war. Er war wirklich ein fleißiger, kluger Kopf. Vogel war zunächst von meinem Anliegen überrascht und eher skeptisch – zu oft hatte er schon Rückschläge einstecken müssen. Er hatte früher am ehesten von uns allen Widerstand versucht oder auch mal vorsichtig widersprochen.

Das Gespräch war gut. Alle machten mit! Auch Vogel.

Zunächst berieten wir in kleiner Runde das Vorgehen. Wir entschlossen uns dazu, eine Versammlung mit allen Ärzten und Wissenschaftlern („Hochschulkadern") einzuberufen – das war unverfänglich, denn diese Runde gab es oft zu Besprechungen und war somit unverdächtig. Die von mir angesprochenen Chefs sprachen das Thema in ihren Abteilungen an und so wurde unser Anliegen vorsichtig verbreitet.

Jetzt verbreiteten wir das Anliegen, eine Versammlung einzuberufen. Das ganze Institut musste informiert werden und dazu wurde ein Brief an alle Mitarbeiter des FLT geschrieben. Alle wurden in den Hörsaal eingeladen zu einer Besprechung über zukünftige Ziele unserer Einrichtung. Das war immerhin inzwischen, im Spätsommer 1989, in der DDR möglich.

Das Echo auf den Brief war eine tolle Sache. Alle kamen, denn so etwas hatte es noch nie gegeben, auch nicht in anderen Kliniken oder Instituten. Wenn bisher jemand eingeladen hatte, dann war es der Institutsdirektor, die Partei oder die Gewerkschaft, aber dieses Mal hatten Dr. Klaus Engelmann und Dr. Peter Luther eingeladen. Das war etwas Neues, dachten wohl die meisten.

Erst kürzlich hatten uns unser „Moskau-Star" und der Direktor alle in den Hörsaal „eingeladen", da ihm Kritik an seiner zu schnellen Beförderung und der noch schnellen Professur zu „Ohren gekommen" waren. Wir mussten alle im Hörsaal sitzen und uns stundenlang anhören, was für ein toller Wissenschaftler und Arzt er sei, welche super Angebote von überall her er schon bekommen hatte und dass er überhaupt der Beste sei und deshalb völlig zu Recht so schnell eine Professur, ein eigenes „Institut" und so weiter bekommen habe. Das hat die Wut bei den meisten von uns erst recht angefacht.

Dieses Mal also luden Klaus Engelmann und ich ein und alle im Institut wussten, wir waren ja die Anderen. Der Hörsaal war „rappelvoll". Der Direktor und die Genossen waren auch alle gekommen – sie waren skeptisch, aber befürchteten nicht wirklich ein Problem – zu sicher war ihre Position in den vergangenen Jahrzehnten, als das sie sich vorstellen konnten dass es da eine größere Veränderung geben könnte.

Jetzt kam der schwierigste Punkt – wenn alle im Hörsaal sind, musste einer von uns vor zum Pult gehen, eröffnen und reden – also sagen was passieren soll. Die Wahl fiel auf mich! Es hieß, „... du hast das angefangen, also sag es auch. Du kannst gut reden und bist glaubwürdig ...“ und so weiter – wie man eben gelobt wird, wenn alle das Gleiche wollen aber einer es wirklich öffentlich sagen muss.

Es gab aber für mich ohnehin kein Zurück mehr – jetzt musste ich mit allen Risiken meinen, unseren Weg gehen und gemeinsam waren wir auch bei einer Niederlage stark genug, so dachte ich und machte mir Mut.

Ich gebe gern zu, dass ich die Nacht davor nicht gut geschlafen hatte. Dann fiel mir doch wieder der „Reformator“, mein berühmter Vorfahre ein. Der war ein viel größeres Risiko eingegangen. Aber auch er hatte Angst gehabt. Letztlich wollte ich, wollten wir ja nichts wirklich Schlechtes. Aber reformieren, das wollte ich schon, Reformen für unsere Wissenschaft, unser persönliches Leben, den Umgang zueinander, doch, das hatte ich fest vor! Das Risiko, noch entlassen zu werden oder Schlimmeres war schließlich nicht mehr so hoch wie noch vor Monaten!

Ich begrüßte also alle im Hörsaal und sprach davon, dass wir, die habilitierten Ärzte und Wissenschaftler des Institutes, uns stärker in Forschung und Forschungsstrategien einmischen müssten und dass dieses nur mit einem entsprechend legitimiertem Gremium, also einem wissenschaftlichen Rat ginge. Es sollte ein Gremium von zehn der besten Forscher sein und deshalb sollten sich alle habilitierten (wir waren im Institut damals 16 habilitierte Mitarbeiter) zur Wahl stellen. (Ich glaube, in Wirklichkeit habe ich natürlich viel mehr gesagt und vielleicht auch eine schönere Rede gehalten – ich weiß es wirklich nicht mehr, so aufgeregt war ich vorher.) Es ginge nur um das Wohl und die Zukunft des Institutes, sagte ich und die zehn gewählten Mitglieder hätten dann auch das Vertrauen der Mitarbeiter bei ihren Entscheidungen und so weiter und so weiter, sprach ich zu den Mitarbeitern.

Jetzt ahnten einige Genossen, dass es doch gegen sie ging!

Bei dem Stichwort „Wahlen“ sah ich bei einigen die Gesichtszüge etwas entgleiten. (Ich stand ja vorn und konnte gut in alle Gesichter sehen!)

Zugegeben, ich hatte schon etwas weiche Knie bei meiner Rede, aber ich hatte mir vorher genau überlegt, was ich wie sage.

Einer der Genossen stand auf und beantragte Vertagung, da ja keine Wahlzettel vorhanden wären, wo alle Habilitierten mit Namen aufgeschrieben sind und das müsse natürlich sein, man wolle ja schließlich, dass es ordentlich zugeht, wenn man schon „so etwas machen muss“.

Stundenlang hatten wir vorher geheim, spät abends, mit Engelmann, Sehrt, Reutgen und anderen diskutiert, mit welchen Fragen oder Situationen die Genossen dagegen halten konnten. Wir hatten gut vorhergesehen! Wir hatten bei unseren Gesprächen auch über solche Fragen nachgedacht, also sagte ich ganz sicher: „Das wollen wir natürlich auch“ und gab Dr. Reutgen ein verabredetes Zeichen.

Dr. Reutgen stand auf und nahm aus seiner Tasche, die er in den Hörsaal mitgenommen hatte, einen großen Stapel Papierbögen, auf denen jeweils alle wählbaren (habilitierten) Namen der Wissenschaftler mit der Schreibmaschine geschrieben standen und legte diese vorn zu mir auf den Tisch.

Erstaunen bei einigen, Erleichterung bei den meisten Mitarbeitern im Saal. Die Stimmung wurde immer besser für uns und vereinzelt kamen aus hinteren Reihen Rufe wie „richtig so“ oder „jetzt wollen wir auch wählen“. Die Genossen ahnten jetzt wirklich Probleme, aber ich hatte ihnen bisher keinen einzigen Anhaltspunkt zum „Eingreifen“ gegeben. Unser Vorhaben war bis jetzt nicht anfechtbar.

Der nächste Versuch eines anwesenden Genossen zur Verhinderung der Wahl hieß: „Wahlen gehen nur mit einer Wahlurne und geheim“, aber eine Wahlurne gäbe es ja im Institut nicht, es solle also abgebrochen und vertagt werden. Der Genosse hatte Recht, wozu sollte ein Institut eine Wahlurne haben – es wurde ja auch nie etwas wirklich gewählt.

Dr. Reutgen hatte sein Zimmer gegenüber vom Hörsaal und hatte den Auftrag von uns bekommen, eine Wahlurne zu basteln und in seinem Zimmer zu verstecken, die er jetzt holen konnte. Hätte man die Wahlurne vorher gesehen, hätten die Genossen gewusst, was kommt und hätten es wohl noch verhindern können. So aber konnten alle im Saal sitzen bleiben, ohne das eine Pause entstand.

Alle wussten jetzt, worum es ging!

Ich fragte noch einmal, ob es noch weitere Vorschläge zum Prozedere gäbe oder ob ich einen Habilitierten vergessen hätte und ließ dann die Wahlzettel austeilen. Angekreuzt wurde auf dem Flur, in Ecken oder hinter Säulen – denn jeder durfte nur maximal zehn Namen ankreuzen, die dann den wissenschaftlichen Rat bilden sollten. Die wohl erste freie Wahl im Institut begann.

Alle Mitarbeiter beteiligten sich an der Wahl und sie wurde geheim durchgeführt. Die Auszählung des Ergebnisses wurde sofort vor allen Mitarbeitern im Hörsaal, also direkt danach vorgenommen.

Die Wahl wurde ein voller Erfolg für uns.

Die meisten Stimmen bekam der Chirurg Klaus Engelmann, ich hatte das zweitbeste Ergebnis von allen Mitarbeitern bekommen. Unter den zehn Gewählten war nur ein Genosse – unser „Moskauer“ – als einer der letzten der zehn gewählten und das war auch gut so. Klaus Engelmann und ich sollten auch die Leitung des wissenschaftlichen Rates übernehmen, er für die

Belange der Klinik, ich für die Belange der Forschung. Ich wurde schließlich als der „Sprecher" des wissenschaftlichen Rates von unserem Gremium gewählt. Mit diesem Votum wurde uns so nach und nach bewusst, dass wir auch zu einem Machtinstrument in Institut werden konnten. Eine Satzung und Arbeitsweise des wissenschaftlichen Rates wurde ausgearbeitet, Aufgaben und Forderungen an die Instituts- und Klinikleitung formuliert und diese wurden immer mutiger im Laufe der Zeit.

Anfang November, unser wissenschaftlicher Rat war inzwischen richtig aktiv, wurde in der Mittagspause auch über eine geplante große Demonstration auf dem Alexanderplatz Berlins geredet – eine Schwester oder MTA wusste näheres davon. Zur Mittagspause im Institut saßen immer alle Mitarbeiter für kurze Zeit gemeinsam zusammen bei einem Kaffee und es wurde dort über alles mögliche geredet. Privates, Dienstliches, Persönliches, Politisches und so weiter.

Es hieß, am Wochenende sei eine große Demo für mehr Freiheiten, insbesondere Reisen und andere Verbesserungen im Land und selbst unsere „kleineren" Moskau-Absolventen meinten „da müsse man hingehen ..." Im Stillen war ich mir nicht sicher, ob das ehrlich gemeint war. Andererseits waren auch unsere jungen Genossen für Veränderungen – sie meinten aber nur Veränderungen weg von der alten Garde um Honecker, Sindermann und Tisch hin zu den jungen Genossen wie Krenz und vielleicht solchen, wie sie selbst es waren.

Wir berieten abends in der Familie und mit Freunden und so ging ich mit meiner Frau früh zu S- und U-Bahn, um zum Alex zu fahren. Für die Kinder hielten wir das für zu gefährlich – man wusste ja nicht, was so alles passieren konnte, nur Jan, unser großer Sohn kam mit. Vorsichtshalber stiegen wir eine Station vorher aus (am Senefelder Platz) – es hätte ja sein können, so dachte ich, dass am Alex schon Polizei, Stasi oder „Felixe" standen.

„Felixe“ nannten wir all diese, die bei offiziellen Anlässen in der DDR stets etwa alle 100 Meter zu zweit in Zivil standen und heimlich und unauffällig beobachteten sollten, ob sich „feindliche Menschenansammlungen“ bildeten. Das war so bei allen Staatsbesuchen oder Veranstaltungen mit hohen Regierungsmitgliedern. In Bertieben und so auch in unserem Institut wurde dann stets bekannt gegeben, wo zum Beispiel der „Stellplatz“ des FLT war und wo man sich dann zum „Zujubeln und Winken“ einfinden sollte.

Um die Langeweile oder das Warten zu vertreiben, spielten wir (wir, das waren Ärzte, Schwestern, Kollegen ...) gelegentlich das Spiel „Felixe zählen“. „Felixe“, das waren Sicherheitsbeamte oder Stasi-Beamte des Wachregimentes „Felix Dscherschinski“. Sie trugen an solchen Tagen keine Uniform, sondern alle fast den gleichen Anorak, waren alles junge Männer in etwa gleichem Alter und meist hatten sie noch einen Verpflegungsbeutel in der Hand. Oft machten wir uns einen Spaß, die „Geheimen“ lückenlos in der Menschenmasse zu erkennen. „Siehst Du sie schon?“ „Nein, aber warte ..., ach natürlich, dort die zwei!“

Sah man nach etwa 100 Metern wirklich keinen, hieß es nur „gehen wir noch ein Stück, dann finden wir sie sicher zu viert“, also zwei „Zweiergruppen“ hatten sich an Ihren zugewiesenen Streckenabschnitten getroffen. Meistens war das dann auch der Fall. Der Leser mag das heute langweilig oder albern finden, aber auch das gehörte zum DDR-Alltag jener Tage.

Als wir also am 4. November am Senefelder Platz aus der U-Bahn nach oben kamen, waren auch dort bereits Massen von Menschen und ich erinnere mich genau, wie erschrocken ich über einige Plakate war, die ich sah, als wir aus dem U-Bahnschacht herauf kamen. Auf einem oder mehreren stand: „ Die Mauer muss weg!“ Das hätte noch vor wenigen Wochen Gefängnis bedeutet! Konnte man das schon auf einem Plakat öffentlich zeigen? Entweder war das sehr mutig oder die Zeit war jetzt wirklich schon über den Punkt der alten DDR-Zeit hinweg.

Dann kam ein neues Transparent aus der U-Bahn herauf: „Stasi an die Stanze!" stand darauf. Ich dachte nur an die vielen Stasis und Felixe, die alle unter uns gemischt waren – davon musste man erwartungsgemäß ausgehen.

Im Laufe des Tages sahen wir noch viele Transparente mit intelligenten, witzigen, aber stets treffenden Sprüchen. Egon Krenz, er war inzwischen Staatsratsvorsitzender der DDR und Honeckers Nachfolger, war als Wolf verkleidet auf ein Plakat mit großen Zähnen gemalt – eine wirklich schöne Arbeit des Malers und jeder wusste genau, was gemeint war. (Egon Krenz hat auch in Wirklichkeit ein sehr großes, auffälliges Gebiss!)

Der 4. November war die eindrucksvollste Demonstration, die ich je im Leben gesehen hatte und dieses Mal war ich wirklich dabei, leibhaftig mittendrin! Wir liefen den ganzen Tag mit Herzklopfen herum, voller Hoffen und auch Bangen was daraus werden würde. Konnten die DDR-Offiziellen diesen Prozess noch aufhalten? Ab jetzt glaubte ich wirklich an unumkehrbare Veränderungen!

Beruflich galt mein Interesse aber damals noch ausschließlich unserem Institut und der Frage, wie wir hier Veränderungen erreichen konnten. Noch überhaupt nicht galt mein Interesse der großen Politik.

Unser wissenschaftlicher Rat aber entwickelte sich prächtig und war für diese Phase der Entwicklung genau das Richtige. Wir boten keinen Anlass zu irgendeinem Eingreifen durch die noch voll funktionsfähige Institutsleitung, die SED, die Stasi oder das Ministerium. Alle Genannten waren wie in den Jahren zuvor personell vollständig im Amt. Dennoch spürte man, dass bei ihnen eine Art Lähmung oder Verunsicherung da war. Es kamen einfach keine klaren Anweisungen von oben. So bekam unser Wissenschaftlicher Rat (WR) Schritt für Schritt immer mehr Einfluss, bis schließlich nichts mehr ohne uns im FLT ging!

Als Sprecher des WR wurde ich jetzt auch zu den wichtigsten Sitzungen eingeladen, zum Beispiel zu den „Leitungsbesprechungen des Direktors". Es kamen immer zusammen: Direktor, Verwaltungsleiter, Gewerkschafts-Chef, Parteisekretär, Oberin und ich – als einziger Nicht-Genosse.

Im wissenschaftlichen Rat beschlossen wir jetzt mehr und mehr über die Zukunft des Institutes mit und ich wurde folglich ab dem 1. Februar 1990 zum Stellvertretenden Institutsdirektor, zuständig für Forschung, berufen.

Als einer der ersten Beschlüsse unseres Wissenschaftlichen Rates wurde für unsere gesamte Einrichtung (300 Mitarbeiter) festgelegt, die Betriebsparteiorganisation der SED (BPO) aufzulösen!

Ein „Aufschrei" bei den Genossen: „Das hat es noch nie gegeben ...!" „Diese Errungenschaften gibt es schon seit Lenin ...!" Das seien schließlich Grundfesten der leninistischen Lehre für jede Gesellschaft ..., sagten sie.

Lenin galt auch nun wirklich als jemand, der in allen Dingen Recht hatte und unumstößlich sei – jedenfalls bei den Genossen. Zum Glück hatten wir nicht diese Ehrfurcht! So wurde die Betriebsparteiorganisation der SED in unserer Klinik durch unseren Beschluss bereits im November 1989 abgeschafft und viele Genossen gaben jetzt ihr Parteibuch ab (traten aus der Partei aus). Das wiederum wusste ich vom Parteisekretär selbst, er war ja noch immer Mitglied unserer, meiner Abteilung Immunologie.

Es entwickelte sich eine Situation – parallel zu der Situation im Land beziehungsweise schon bevor im Land solche Umstrukturierungen begannen – in der alle wichtigen Entscheidungen von uns, dem wissenschaftlichen Rat kamen, ohne dass man in den noch existierenden Strukturen Verstöße gegen Gesetze der DDR konstruieren konnte.

Die Wahl des wissenschaftlichen Rates war im September 1989, aber bereits im Frühjahr 1990 schließlich wollten und mussten wir nach langen Diskussionen und Verhandlungen die gesamte Institutsleitung neu wählen und in unsere Regie bringen. Wir wollten unsere Zukunft selbst bestimmen und die Zeit war nach unserer Meinung im FLT auch reif – noch lange aber nicht in allen anderen bekannten Instituten, Kliniken oder Akademien. So übernahmen wir wirklich eine Vorreiterrolle, weil wir es geschafft hatten, als erste Institution die gesamte Leitung einer großen Einrichtung, einschließlich der Partei SED, auszutauschen. Der Vorgang ging wie folgt:

Unseren „Moskauer" hatten wir dank unserer Mehrheit im wissenschaftlichen Rat deutlich auf unsere Ebene herunter geholt und durch ständiges Fragen und Vorhaltungen in Sachen „Stasi", insbesondere durch Engelmann und Vogel, wurde er zunehmend verunsichert. Insgeheim versuchte er mit Hilfe der alten Machtstrukturen, die fast überall noch da waren, ein neues eigenes Institut an anderer Stelle zu bekommen.

Der Direktor – obwohl menschlich sicher in Ordnung – konnte sich nicht von seinen Genossen distanzieren, vor allem nicht von unserem „Moskau-Star". Ich konnte das nicht nachvollziehen. Einerseits passte es nicht zu ihm, denn er war ganz sicher nicht sein Freund. Er war wohl einfach zu feige gegenüber dem „Moskauer" oder hatte noch immer Angst vor ihm. Er hat einfach die Zeichen der Zeit nicht erkannt! Das hat schließlich auch seine Ablösung verursacht, zumindest beschleunigt.

Immer öfter kamen jetzt Kollegen aus anderen Kliniken, auch aus der Akademie der Wissenschaften in Berlin-Buch, unserem Nachbar-Institut, wo Jens Reich immer noch arbeitete, zu mir und fragten, „wie habt ihr das gemacht bei euch mit der Umstrukturierung?" Wie ging das mit den Genossen – mit der Stasi? Könnt Ihr uns helfen, wir wollen das auch erreichen!" Aber es gelang zu diesem Zeitpunkt in keiner weiteren Einrichtung in Berlin.

Es war inzwischen Frühjahr und Sommer 1990 geworden und wir wollten einen neuen Mann an der Spitze des Institutes – aber wen? Sinnvoll war es jetzt, einen zu finden, der sofort kommen konnte und Erfahrungen hatte mit dem System, auf das wir zugingen, das wir aber überhaupt nicht kannten, das Wissenschafts- und Forschungssystem der Bundesrepublik!

Im Gespräch waren unter anderem unsere „West-Flüchtlinge" von 1985, also auch mein früherer Abteilungsleiter C. B. oder B. L. Beide waren nach ihrer Flucht in den „Westen" bald Professor geworden – wir im Institut, also Klaus Engelmann, Vogel, oder ich waren zwar auch lange habilitiert, hatten aber keine Professur. Im Bemühen um „Wiedergutmachung" hatte unser Direktor das zwar schnell noch an der Universität beantragt für Engelmann, Vogel und mich. Da aber an der Universität damals noch alle alten Strukturen existierten, wurden wir nicht berücksichtigt für eine außerordentliche Professur (trotz erstklassiger Empfehlungen), wohl wurden aber viele Genossen aus anderen Einrichtungen berücksichtigt, manche hatten gerade erst habilitiert. Aber die Genossen brauchten ja jetzt einen guten Start in die neue Gesellschaft!!

Es war auch nicht leicht, einen guten Mann für unser Anliegen zu finden. Profiliert, Fachgebiet „Lungenkrankheiten", aus der Bundesrepublik. Außerdem musste er schnell zu Verfügung stehen oder zur dortigen Kündigung bereit sein und dazu, in den „Osten" zu kommen. Obwohl wir auch im Westen als ein renommiertes Institut galten, war es schwierig. Es gab aber verschiedene, gute Angebote.

Nach Diskussionen setzte sich für unseren neuen Mann im FLT schließlich der Vorschlag Vogels durch, Prof. Udo Smidt aus Moers zu holen, vor allem deshalb, weil er auch sofort abkömmlich war.

Er kam und brachte uns auch all das, was wir nicht wussten, bei. Wir lernten alle sehr viel, manchmal mit ungläubigen, staunenden Augen, aber wir waren gelehrig und vor allem auch dankbar für sein großes Einsatzvermögen in unserem Institut.

Inzwischen hatte es im März Wahlen gegeben – die ersten freien Wahlen in der DDR – und es gab die sogenannte Übergangsregierung. Meine frühere Kollegin aus der Poliklinik des FLT, Sabine Bergmann-Pohl, war inzwischen in die Politik gegangen und wurde, überraschend für uns im FLT, Präsidentin der Volkskammer und schließlich auch noch Staatsoberhaupt der DDR! „Was für eine Zeit!" dachte ich, „wie konnte so etwas möglich werden?"

Noch nicht lange vorher hatten wir, Sabine Bergmann-Pohl und ich, zusammen in unserem FLT gearbeitet, gemeinsam über ihre Promotion geredet und auch die eine oder andere Feier in der Immunologie hatte sie bei uns mitgemacht. Auch in unserer kleinen CDU-Ortsgruppe in Karow hatten wir uns regelmäßig getroffen.

Wirklich, was für eine verrückte und aufregende Zeit und noch immer war ich mittendrin und dabei.

Die Politik hatte für mich aber immer noch keinen Stellenwert. Immer noch war ich an meiner Wissenschaftskarriere interessiert und an den besten Möglichkeiten für unser Institut. Schließlich hatte ich auch durch die Wahlen im Institut und die Funktion als Sprecher des wissenschaftlichen Rates eine Verantwortung übertragen bekommen.

Am 28. Mai 1990 fuhren wir, die neue Leitung des FLT, also Engelmann, Reutgen und Smidt zu dem neuen Gesundheitsminister Professor Kleditzsch aus der De-Maizière-Regierung, immerhin der erste frei gewählte Gesundheitsminister der DDR.

Das war schon eine schwierige und zugleich komische Situation für mich. Da gab es einen neuen Gesundheitsminister, der für die „neue Zeit" in der DDR frei gewählt war und nichts mehr mit dem alten Regime der SED zu tun hatte, aber viele der Mitarbeiter von früher aus der SED-Zeit waren noch in Amt und Funktion.

Wir, also der wissenschaftlicher Rat, Gewerkschaft, (mein Freund Hermann Reutgen wurde inzwischen bei den Gewerkschaftswahlen zum Vorsitzenden gewählt) und einige andere trugen dem Minister vor, dass wir einen neuen Direktor vom Minister berufen lassen wollten, eben Professor Udo Smidt aus Moers. Der Minister akzeptierte unseren Wunsch nach Veränderung, wollte alles prüfen, so einfach an einem Tag ginge das nicht und nach einiger Zeit sollten wir wiederkommen.

Es dauerte aber etwas länger – am 11. Juli 1990 wurden Engelmann, Smidt und ich zu Minister Kleditzsch bestellt. Hingefahren sind wir natürlich mit allen wichtigen Leuten des Institutes – sie warteten unten vor dem Ministerium auf unser Zurückkommen und wollten uns „Beistand" leisten. Im Vorzimmer des Ministers erfuhren wir, dass nur Engelmann und ich zu ihm hereinkommen durften.

Engelmann und ich trugen unser Anliegen noch einmal kurz vor.

Nach kurzer Diskussion über unsere Vorstellungen zur Zukunft des Institutes und der Klinik entschied der Minister: „Ich habe mich mit Ihrem Anliegen lange beschäftigt, aber Professor Smith kann nicht Direktor des Forschungsinstitutes für Lungenkrankheiten und Tuberkulose werden, er ist Bürger der Bundesrepublik und ist nicht Bürger der DDR. Ich habe mich für Dr. Luther als Direktor entschieden", fuhr der Minister fort. Engelmann und ich, wir waren beide völlig überrascht.

Als erstes sagte ich, dass wir alle gemeinsam im Institut beschlossen hatten, Prof. U. Smidt wegen seiner Erfahrungen mit den neuen Gesetzen, seiner guten Kenntnis der Forschungsstrukturen der Bundesrepublik und der Finanzierungswege für diese Aufgabe vorzuschlagen und ich es deshalb nicht machen könne. Der Minister lehnte ab.

Ich machte einen zweiten Versuch, denn Klaus Engelmann wäre sicher auch besser gewesen. Der sagte gleich „... ich fahre in den Urlaub." Der Minister lehnte jetzt energisch ab.

„Wir sind hier nicht auf dem Basar. Ich habe mich wohl überlegt für Sie entschieden, Sie machen das und fertig!“ Ich fühlte mich wirklich nicht wohl – wie sollte ich das den anderen erklären?

Zum Glück war Klaus Engelmann dabei und konnte bestätigen, dass wir beide alles versucht hatten, Professor Smidt zum Direktor berufen zu lassen.

Später, als ich schon Senator war, hat mich Kleditzsch einmal besucht (er war inzwischen nicht mehr Minister, wieder in Dresden in seiner Klinik und Mitglied des deutschen Bundestages) und ich habe ihn natürlich gefragt, warum er sich damals für mich entschieden hatte, er kannte ja weder Engelmann noch mich.

Kleditzsch sagte nur, dass er ja heute sehe, dass er sich damals richtig entschieden habe, ich mache ja sogar als „Ost-Senator“ einen guten Job in schwieriger Zeit. Damals, fuhr er fort, wäre er nicht sicher gewesen, aber Engelmann sei ihm zu impulsiv und cholerisch erschienen und deshalb habe er sich in der schwierigen Zeit nicht für ihn entscheiden können. „Und“, so schloss er an, „einen West-Import, den wollte ich schon gar nicht, weil schon damals jede Menge seriöse und unseriöse Leute aus dem Westen da waren“ – also das wollte er mit so einem guten Institut nicht machen und die eigenen Leute sollten nur etwas Mut haben und so weiter ... Aber wie sich gezeigt hat, wiederholte er seine Ansicht, hatte er ja nicht falsch entschieden.

Jetzt 1990 war ich also Institutsdirektor des FLT geworden und erhielt wieder aus dem noch alten Ministerium der DDR, aber mit frei gewähltem Minister eine neue Berufung.

MINISTERRAT
DER DEUTSCHEN DEMOKRATISCHEN REPUBLIK
MINISTERIUM FÜR GESUNDHEITSWESEN
DER MINISTER

Rathausstraße 3
Berlin 16 Juli 1990
1020
Telefon 21 41321

Herrn Dozent
Dr. sc. nat. Peter Luther,
Forschungsinstitut für Lungenkrankheiten und Tuberkulose, Berlin

Sehr geehrter Herr Dr. Luther!

Mit Wirkung vom 13. Juli 1990 beauftrage ich Sie vorübergehend mit der Leitung des Forschungsinstituts für Lungenkrankheiten und Tuberkulose.

Sie werden als amtierender Direktor eingesetzt und erhalten dafür einen Arbeitsvertrag.

Ich wünsche Ihnen gute Ergebnisse in der medizinischen Betreuung und beste Gesundheit.

Mit freundlichen Grüßen

Prof. Dr. sc. med. Kleditzsch

Betriebs-Nr. 90 185 030

Abb. 45 Berufung zum Institutsdirektor im Juli 1990

Bald darauf bekam ich einen neuen Arbeitsvertrag – geschrieben wurde er noch von den „alten" Mitarbeiterinnen der DDR Zeit, sowohl im Ministerium als auch in unserem Institut – was die alten DDR-Mitarbeiter und SED-Leute sich wohl gedacht haben, was das für eine verrückte Zeit ist!

Im Institut und auch im wissenschaftlichen Rat fand man das gar nicht so schlecht, zumal wir eine gute Lösung fanden. Ich bot Smidt an, seine Funktion bei uns selbstverständlich zu behalten, zu wählen, welche Funktion er wolle und er sollte auch weiterhin unser Mann auf dem Weg in die neue Zukunft bleiben.

Für eine kurze Zeit aber, das musste sein, saß ich in dem „berühmten" Direktorenzimmer, einfach nur um zu genießen und auch zu begreifen, was wirklich passiert war. Es war das alte „Steinbrücksche" Direktorenzimmer und Vorzimmer. Wie oft hatte ich bei einem Wunsch oder einer Rechtfertigung als Bittsteller oder „Auftragnehmer" in diesem Raum gestanden. Es war menschlich ein gutes Gefühl, jetzt selbst auf diesem Stuhl zu sitzen. Es war wirklich kein Gefühl von Rache oder „endlich", oder „wie erwartet", aber es war einfach gut. Professor Smidt bot ich dieses Zimmer etwas später wieder an, ich hatte ja meinen Bereich und mein Dienstzimmer in der Immunologie. Wir einigten uns, dass er der „Sprecher" des Instituts wurde.

Der Arbeitstag hatte jetzt wirklich zwölf und mehr Stunden täglich und das jeden Tag in der Woche. Ständig waren wir unterwegs, eine Konstruktion für unsere Einrichtung zu finden. Wir waren eine Klinik mit 200 Betten und zusätzlich hatten wir alle notwendigen Forschungsabteilungen, alles zu dem Fachthema „Lungenkrankheiten", alles vereint in einer Einrichtung: Asthmaforschung, Biochemie, klinische und experimentelle Immunologie (meine), Pathologie, Mikrobiologie, Strahlenphysik, Statistik und verschiedene Technik-Bereiche. Klingt auch heute noch gut, stimmt's?

Zusätzlich gab es noch eine Fachambulanz (also ambulante Behandlungen unserer Patienten). Das deutsche Gesundheitswesen kommt ganz sicher wieder auf solche Konstruktionen zurück – allein aus Kostengründen! (Ist jedenfalls meine Meinung noch heute.)

Damals jedenfalls wurden alle Kliniken und Institute, so auch wir, „evaluiert“ und wir bereiteten uns alle jedes Mal gut vor. Es war schon enttäuschend, denn so etwas wie uns gab es nicht in der Bundesrepublik und so fielen wir bei den Evaluierungen überall raus mit dem Bemerken „... nicht zutreffend!“ Unsere Forschung war natürlich „angewandte Forschung“ und nicht vergleichbar mit „Max-Planck-Instituten“, aber ein reines Krankenhaus waren wir auch nicht.

Also hieß es: „Eine reine Forschungseinrichtung könnt Ihr nicht werden, aber vielleicht eine Klinik.“ Und so kamen wir zu der uns damals noch unbekannten Senatsverwaltung für Gesundheit und es kamen die ersten Beamten in unser Haus, um das zu regeln.

O.k., hieß es, „... irgendwo zuschlagen, zum Beispiel zum Klinikum“, aber was ist mit der Hälfte des Forschungsanteils? Alle Mitarbeiter, vom Direktor bis zum Handwerker des Instituts, alle waren sowohl in der Klinik als auch in der Forschung verankert. Natürlich unterschiedlich stark. Es gab aber keinen Arzt oder Handwerker, der nicht auch alle Forschungen zumindest anteilig mimachte und einen wichtigen, manchmal auch kleineren Beitrag lieferte. Es gab auch keinen Biochemiker, Mathematiker oder Physiker, der nicht alle medizinischen und klinischen Fragen mit beraten und bearbeitet hatte.

Die Kommission zur Evaluierung hatte wohl unser System nicht wirklich verstanden oder es ging nicht anders. Aber wie sollten wir das vernünftig trennen? Die Meisten von uns waren natürlich sowohl in Klinik als auch Forschung verwurzelt – das war ja gerade der Vorteil unseres Instituts.

Und dann gab es da im Institut noch diese Fachambulanz, eine Art kleine Poliklinik für alle Patienten – auch das gab es in Krankenhäusern der Bundesrepublik erst recht nicht. Aus heutiger gesundheitspolitischer Sicht eigentlich ebenfalls eine optimale Konstruktion: Klinik, Ambulanz und Forschung – alles zusammen unter einem Dach! Aber das mit der Fachambulanz ging natürlich erst recht nicht auf Dauer, diese Arbeit machten in der Bundesrepublik schließlich niedergelassene Ärzte. Und die dürfen nicht in der Klinik angestellt sein.

Jetzt muss ich mit „meinem Buch" wirklich aufpassen, dass ich nicht im größeren Umfang mit der Gesundheitspolitik anfange, also Schluss mit Gesundheitspolitik. Aber eines sei doch noch gesagt: Mindestens diese Konstruktion der Fachambulanzen an einigen Kliniken waren im Gegensatz zu vielen, heute teureren niedergelassenen Arztpraxen außerhalb der Klinik besser und nichts musste doppelt untersucht werden! Seit dem Jahr 2004 geht man ja bereits wieder in diese Richtung, dieser Konstruktion entgegen. Es werden zunehmend Kooperationen zwischen Arztpraxen und Krankenhäusern aufgebaut und gefördert.

Nun aber wieder zurück zu 1990.

Neben all diesen Aufgaben, die wir mit dem wissenschaftlichen Rat für die Zukunft des FLT zu lösen hatten, hatten wir ja auch noch unsere eigentlichen Arbeiten in der Fachabteilung zu machen, das lohnte sich ja jetzt auch. Ich war schließlich auch noch Chef einer klinisch-experimentellen Immunologie, mein Traumberuf. Ich hatte in meiner Forschungsaufgabe inzwischen Ergebnisse erzielt, die wir auch als Patent anmeldeten, da einige Pharmakonzerne Interesse zeigten.

Ich machte in dieser Zeit einige Reisen nach Köln, Mannheim oder Karlsruhe zu Pharmaunternehmen, die sich für meine Arbeiten interessiert hatten. Wieder dachte ich: „Was für eine Zeit?" Alles was bisher in Deutschland geschah, war wie ein Traum, von dem man eigentlich immer nur dachte, dass es eben nur ein Traum blieb. Manchmal – meistens hatten wir keine Zeit dazu – wurden wir wach und dachten: „Es ist gar kein Traum – wir sind mitten in der Wirklichkeit!"

Wir waren immer noch voller Tatendrang und Enthusiasmus. Aber manchmal war es auch wirklich zu kompliziert. Was sollte man zuerst machen? Was war richtig und was war falsch?

Erschwerend hinzu kam, dass in dieser Zeit bis Ende 1990 bereits viele aus der alten Bundesrepublik bei uns arbeiteten oder abgesandt waren. Es gab sehr viele gute Helfer, aber es gab auch einzelne Scharlatane und „Wendegewinnler". Wie sollte man diese unterscheiden? Meistens wussten wir es nicht oder wir merkten es manchmal zu spät und konnten es auch nicht wissen, woher auch. Ein Satz von einem befreundeten Bürgermeister traf das Problem. (Er war in der ersten Phase für Berlin-Ost Bürgermeister.) Ein Satz, den ich damals überhaupt nicht verstand, wohl aber später im Senat. Er sagte: „Es kommen oft diejenigen zu uns, die drüben abkömmlich sind, das sind nicht die Besten, aber trotzdem notwendig für uns. Sie sind ‚A 13' und haben bei uns ‚A 16'- Stellen beziehungsweise noch höhere Aufgaben. Bald merkt man aber, dass sie eben wirklich nur ‚A 13' sind und nicht ‚A 16'..."

Die Gehaltsgruppen der Bundesrepublik waren mir damals noch fremd und ich wusste nicht, was „A 13" oder „A 16" bedeuten.

Es war eine unheimlich aufregende Zeit, die alle Menschen unterschiedlichster Berufe und Qualitäten erfasste. Alle waren davon betroffen, etwas zu unternehmen – alle Teile der Bevölkerung und der Familien. Bis dahin große Persönlichkeiten erschienen manchmal klein und hilflos, kamen überhaupt nicht zurecht, andere bis dahin unscheinbare Menschen starteten ungewohnte Aktivitäten. Die Umstellung des gesamten Lebens fand statt – für fast alle zum Guten, Gewünschten und Erhofften, für einige zum Nachteil (später verschoben sich diese Anteile wieder). Aber die Politik spielte für mich immer noch überhaupt keine Rolle!

Ende 1990 standen dann wieder Wahlen an.

Die Politik kommt zu mir

Vor der Wiedervereinigung in Deutschland

Im März 1990 sollten die ersten freien Wahlen in der DDR durchgeführt werden, so hatte es jedenfalls die „Übergangsregierung" mit Dr. Sabine Bergmann-Pohl und Lothar de Maizière beschlossen. Sie hießen wirklich „freie Wahlen", obwohl die DDR-Regierung das ebenfalls bis dahin immer von ihren Wahlen behauptete.

Mir fielen wieder meine frühen Schultage in Drohndorf ein. Anfang der 50er Jahre, etwa in der dritten oder vierten Klasse bekamen wir in der Dorfschule an einem bestimmten Tag plötzlich schulfrei und gingen mit dem Lehrer in der Drohndorfer Flur Flugblätter einsammeln – was für ein Unfug aus heutiger Sicht (sicher damals angeordnet von oben). Es hieß, „... die bösen Amerikaner werfen Lügenpapiere aus dem Flugzeug ab gegen die DDR ..." Ich fand auch eines und darauf stand mit roter Schrift: „Für Freie Wahlen!" Gelesen habe ich weiter nichts, es war ja verboten worden die Flugblätter zu lesen oder gar zu behalten. Es sollte also wirkliche freie Wahlen geben, 1990, in der DDR!

Großes Interesse und Aufregung in allen Bereichen, wer kandidierte, welche Parteien, Ost, West, das alles waren Fragen, die diskutiert wurden. Wahlkampf hatten wir nie wirklich erlebt, keiner hatte eigene Erfahrungen. Da wunderten wir uns schon manchmal über die „Westler“, die jetzt immer öfter zu uns kamen, um uns zu helfen. Auch unsere Ost-CDU war jetzt dabei, einen Wahlkampf zu machen.

Selbst unsere kleine CDU-Ortsgruppe in Karow war gefragt. Der Bezirk Schöneberg war unser Partnerbezirk in Weißensee und die halfen uns auch wirklich gut. Es entwickelte sich sogar eine Freundschaft auf einigen Ebenen, die bis heute hält.

Ich hatte für die CDU immer noch nicht genügend Zeit und Politik wollte ich nicht machen. Aber Helfen an allen Stellen und bei allen Fragen, das war selbstverständlich.

Mein Vater, inzwischen 87 Jahre alt, wohnte für einige Zeit bei uns in Berlin, da es ihm gesundheitlich schlecht ging und er in Drohndorf nicht allein zurecht kam. Ich habe viel Mühe aufgewendet, um aus unserem Dorf alle Wahlunterlagen zu bekommen, damit er auch in Berlin wählen konnte. Er wollte unbedingt wählen gehen – wahrscheinlich auch für ihn ein besonderes Ereignis.

Die Wahlumfragen waren für meine Partei, die CDU, nicht so gut, die SPD lag weit vorn. Frust gab es aber damals noch nicht – alle Parteien (vielleicht außer der SED, die jetzt PDS hieß) hatten ja an dem Untergang der alten DDR und dem neuen Ziel, wiedervereinigtes Deutschland, mitgewirkt. Damit waren alle ein „bisschen Freunde“.

Es kam aber anders, als die Wahlprognosen es vorhersagten. Die CDU gewann die Wahlen eindeutig und, wie berichtet, meine ehemalige Kollegin aus dem Forschungsinstitut für Lungenkrankheiten, Dr. Sabine Bergmann-Pohl, war plötzlich Präsidentin der Volkskammer und obendrein noch Staatsoberhaupt!

Nach den Märzwahlen zur Volkskammer kamen bald auch die ersten Gesamtberliner Wahlen zu dem neuen Berliner Abgeordnetenhaus und für eine Gesamtberliner Regierung.

Wieder ging es um Wahlkampf und wieder halfen uns unsere Freunde aus Schöneberg. Diese Freunde aus Schöneberg machten uns immer wieder Mut und meinten, wir sollten nur richtig Wahlkampf machen, das ginge schon alles gut.

Kurz bevor die Wahlkreis-Kandidaten für das Abgeordnetenhaus in unserem Bezirk Weißensee gewählt werden sollten, kamen meine Karower CDU-Freunde zu mir mit dem Anliegen, bei den Wahlen als Kandidat aufzutreten. Ich lehnte zunächst ab mit dem Hinweis, alle verfügbare Zeit und Aktivität für die Zukunft unseres Institutes und der Klinik zu benötigen. Schließlich war ich vor nicht allzu langer Zeit gerade erst Institutsdirektor geworden und damit in eine verantwortungsvolle und hohe Funktion des Forschungsinstituts für Lungenkrankheiten gekommen.

Wenn ich so etwas gelegentlich sagte, verblüffte ich mein Gegenüber meist nicht, mich aber manchmal um so mehr. Mir fielen dann – nur für Sekunden – die verschiedensten Etappen meines langen Weges ein: Vom Großbauern-Kind in meinem kleinen Dorf Drohndorf zum Landwirtschaftsschüler und Studenten, mein ständiger Kampf, nicht in eine LPG zu müssen, Prokop und manch andere Ereignisse kamen mir manchmal in den Sinn. Auch die Flucht in den „Westen" und die Rückkehr nach dem 17. Juni 1953 kamen mir in meinen Gedanken oft wieder in Erinnerung.

Jetzt waren wir selber auf dem Weg „Westen" zu werden – und wieder war ich mitten drin!

Meine Freunde aus der Karower CDU, vor allem auch die neue Volkskammerpräsidentin Sabine, überzeugten mich schließlich mit dem Argument: „Du bist in Weißensee, vor allem in Karow, Buch und so weiter gut bekannt, hast schließlich das gesamte Institut beziehungsweise die Klinik mit über 300 Mitarbeitern mit umgestaltet und erneuert, jetzt musst du dich auch der Politik zur Verfügung stellen. Wir wollen die Wahlen gewinnen und du bist ein guter Kandidat!"

Natürlich fühlt man sich bei so viel Lob geschmeichelt und spannend klang das alles auch. Warum also nicht! Ich stellte mich also zur Verfügung. Auf der Wahlversammlung aller Weißenseer Ortsverbände musste ich mich vorstellen und sagen, was ich alles gemacht hatte, was ich erreicht hatte in meinem Institut und so weiter – und am Ende aller Wahlgänge war ich auf Platz Eins der Liste gewählt und hatte einen Wahlkreis bekommen!

So richtig wusste ich damals nicht, was das bedeutet „Wahlkreis", Listenplatz 1" und so weiter. Ich hatte aber gewonnen, das war o.k. und meinen Teil beitragen, damit die CDU gewinnt, das wollte ich natürlich auch.

Und so ging der kleine Rest Freizeit außerhalb des Forschungsinstitutes auch noch weg und hin zur CDU. Aber ich hatte ja alles gewollt! Ghita und die Familie fanden das auch in Ordnung und unterstützten mich. Keiner klagte über zu viele Stunden Arbeit oder die Wochenenden. Alles verlief wie in einem Rausch, der mit immer wieder neuen Erkenntnissen, Überraschungen oder „Aha-Erlebnissen" zu Ende ging und wieder von neuem begann.

Nach dieser Nominierung war meine politische Aktivität zunächst wieder reduziert, denn das FLT forderte für seine Zukunft viel Kraft.

Am Tag der Abgeordnetenhaus-Wahl – sie ging für die CDU gut aus – war ich gewählt und Mitglied des Berliner Abgeordnetenhauses geworden. Das wiederum konnte ich nun ganz gelassen, entspannt und unvoreingenommen sehen: Ich hatte ja meine Arbeit im FLT, die mir Spaß und Anerkennung brachte, in der Forschung waren gute Kontakte zur Pharmaindustrie über unsere Ergebnisse entstanden und die paar Stunden Abgeordnetenhaus – vielleicht zweimal die Woche zwei Stunden am Abend, so dachte ich jedenfalls, kriege ich schon hin.

Erschrocken war ich erstmals, als mir Sabine Bergmann-Pohl gratulierte und sie andeutete, was da alles an Aufgaben und Arbeit auf mich zukommen sollte. Ich hielt das damals für übertrieben und dachte, dass sie den Bundestag meinte und in Berlin müsste das anders sein. Aber da hatte ich mich wohl geirrt!

Zunächst lief das so ab, wie ich es erwartet hatte. Zur ersten Sitzung des neuen Parlaments wurden alle in das Schöneberger Rathaus eingeladen. Die anderen „Ost-Abgeordneten" kannten sich untereinander schon etwas besser aus als ich. Sie waren schon seit der Wahl vom März 1990 in der Politik (Stadtverordnete) – also im so genanten „Magi-Senat" – einer Mischung aus Mitgliedern Magistrat (Ost) und Senat (West) - und kanten sich daher aus – nur ich eben nicht. Eigentlich kannte ich auch aus der CDU kaum jemanden, auch nicht aus dem Ostteil, denn aus meinem Bezirk war ich der einzige.

Bei der ersten Sitzung des Abgeordnetenhauses waren alle nett und halfen mir bei allen Fragen.

An einem Abend, nicht lange nach der ersten Sitzung des Abgeordnetenhauses, wurden wir „Ossis", so wurden wir Ost-Abgeordneten liebevoll genannt, dann von den führenden Politikern der „West-CDU" eingeladen, um uns näher kennen zu lernen, um genauer zu wissen, wer wie denkt und so weiter. Aber auch wir sollten wohl lernen, wer die „Großen" waren, nach wem wir uns zu richten hatten. So lernte ich jetzt Eberhard Diepgen, Klaus Landowsky, Rupert Scholz und all die anderen kennen. Ich dachte den ganzen Abend nur „Was reden die alle für Quatsch?" Jeder Redebeitrag der „Ossis" klang wie ein Bewerbungsgespräch zur Darstellung der eigenen Leistungen und die anderen klangen wie Lehrer, die etwas abfragten. Ich dachte nur, die „Wahlen" waren doch vorbei – oder?!

Jeder musste etwas sagen oder wurde gefragt, ich natürlich auch. Da ich ohnehin schon längst nach Hause wollte, sagte ich kurz, dass „wir" (ich sagte automatisch „wir", meinte aber natürlich nur meine eigene Meinung) aus dem Osten nicht die Entscheidungen für die Zukunft fällen könnten und keine wichtigen Funktionen übernehmen sollten, das müssten schon sie aus dem Westen machen, da wir von der Politik noch nicht genug verstünden, und fügte hinzu, dass ich aber erwarte, dass sie uns zu allen Dingen über den „Osten" vorher fragten und sie mit uns abstimmen sollten, ehe sie irgendetwas entschieden. Danach musste ich nach Hause, denn ich musste am nächsten Tag früh in der Klinik sein.

Einige Tage später, nach einer Festveranstaltung in der Nikolaikirche wollte Herr Siebener, er gehörte zu Diepgen, meine Adresse und ich hatte auch gerade neue Visitenkarten, die wir uns in der Klinik machen ließen, mit, die ich ihm geben konnte.

Eine Woche danach rief Siebener tatsächlich bei mir in der Klinik an. Es war Montag, der 21. Januar und ich hatte viele Termine. Im Kalender standen ab 7:30 Uhr Stadtrat Dr. Hölzer, dann Projektbesprechung mit Dr. Reutgen, danach im Labor und so weiter. Ein normaler Arbeitstag in unserem Forschungsinstitut eben. Mittag kam der Anruf von Siebener: „Herr Dr. Luther, Herr Diepgen möchte gern mit Ihnen sprechen. Ich: „Moment, ich sehe gleich im Kalender nach ..., am Mittwoch, übermorgen, etwa 14:30 Uhr könnte ich kommen, ist das o.k.?"

Am anderen Ende war es einen Moment still. Heute glaube ich, Herr Siebener konnte nicht wirklich glauben, dass ein Gesprächswunsch Diepgens nicht sofort mit einer Zusage beantwortet wurde – in der Phase der Senatsbildung!

Siebener: „Herr Diepgen möchte heute mit Ihnen sprechen, eigentlich gleich, können Sie in einer Stunde, 13:30 Uhr hier sein?" Seine Stimme hatte einen für mich merkwürdigen Ton. Eine Mischung aus Überheblichkeit und Befehlston, aber auch ein Stück Ungläubigkeit klang in seinen Worten mit durch. Auch ich war etwas verunsichert. War das jetzt wieder die übliche Tonart „West", wie wir sie schon öfter bei Gesprächen oder auch Verhandlungen mit der Pharmaindustrie erlebt hatten, die wir nur noch nicht richtig kannten? Die aber eigentlich ganz normal und vielleicht gar nicht böse gemeint war? Oder war Siebener ein ganz wichtiger Mensch und ich wusste es nur nicht? Vielleicht hatte ich aber selbst bei der letzten (ersten) Zusammenkunft mit den großen „CDU Spitzen" zu überheblich geredet oder zu viel gefordert? Ich dachte eher an Letzteres und sagte, dass ich gleich kommen werde.

Erst viel später erfuhr ich die Bedeutung des Gesprächs und die Wichtigkeit des Anrufs von Siebener. Erfahrene und gestandene Politiker erzählten mir später, dass in den Tagen der Senatsbildung viele wichtige Leute in der Stadt Tag und Nacht nicht von Ihrem Telefonanschluß weggegangen waren, in der Hoffnung, einen solchen Anruf, wie dem oben geschilderten, von dem designierten Regierungschef zu bekommen. (Was für eine schnelllebige Zeit, – Handys gab es damals 1990 wirklich noch nicht – kaum zu glauben!)

Wieder andere wichtige Leute hielten sich in solchen Zeiten immer in der Nähe Diepgens auf – rein zufällig natürlich! Das Verhalten von meinem späteren Staatssekretär Orwat zum Beispiel wurde so beschrieben, doch den kannte ich zu diesem Zeitpunkt noch nicht.

Ich regelte also meine Sachen in der Abteilung, verschob eine Besprechung auf den nächsten Tag, setzte mich in mein Auto und fuhr zum Schöneberger Rathaus, wo mich laut Siebener der Herr Diepgen sprechen wollte. Im Auto dachte ich noch nach, was ich an dem letzten Zusammentreffen (das mit den „CDU-Spitzen") alles gesagt hatte, ob da was falsches dabei gewesen sein konnte. Diese Art Vorbereitung auf wichtige Gespräche habe ich schließlich immer so, meist auch erfolgreich gemacht. Aber wirklich schwierig schien mir das alles nicht zu sein, ich sah kein Problem auf mich zukommen und so war ich in Gedanken bald wieder bei meinem nächsten Arbeitstag.

... und plötzlich bin ich Senator.

Mein Auto hatte ich wohl doch etwas nervös am Schöneberger Rathaus geparkt. Jedenfalls hatte ich am Nachmittag irgendwie Park-Licht angelassen oder aus Versehen beim Ausschalten nicht richtig hingesehen, was sich später mit einer leeren Batterie rächen sollte! Im Schöneberger Rathaus angekommen fragte ich an der Pforte, wo ich Herrn Diepgen finden würde. Natürlich kannte der Pförtner solche Fragen und sagte: „Der regierende Bürgermeister in spe. sitzt in seinem Zimmer, das ist das Fraktionsvorsitzenden-Zimmer ...“

Ich war zu meiner Überraschung dieses Mal wirklich nicht innerlich aufgeregt. Irgendein Problem war mir nicht eingefallen und größere Aufträge mit viel Zeitaufwand konnte ich beruhigt mit dem Hinweis auf meine derzeitig wichtige Funktion und Aufgaben in der Klinik in Buch ablehnen. Oben fragte ich noch einmal nach Diepgens Zimmer und kam dann über sein Vorzimmer bei ihm an. Diepgen stand schon in seinem Büro, als ich oben ankam und er mich fragte, ob ich schon gegessen hätte. Hatte ich natürlich nicht, ich musste ja vor unserer offiziellen Mittagspause in Buch, nach dem Telefonat mit Siebener, gleich weg beziehungsweise wollte die Mittagspause für diesen Termin nutzen. „Wir gehen schnell gegenüber etwas essen, da sind wir ungestört ...“, sagte Diepgen.

Wir gingen in eine kleine Gaststätte gegenüber dem Schöneberger Rathaus. Auf dem Flur kam uns Klaus Landowsky entgegen und fragte, wohin wir gingen, er würde gleich nachkommen. Diepgen danach zu mir: „Der ist nur zu neugierig.“ Ich wusste immer noch nicht, worum es ging und worauf Landowsky eigentlich neugierig sein sollte.

In der Gaststätte hatten wir einen kleinen Ecktisch und Diepgen, wir waren inzwischen zu dritt mit Landowsky, eröffnete: „Wir möchten, dass Sie Gesundheitssenator von Berlin werden! Was halten Sie davon?“

In den vergangenen Jahren war ich inzwischen einige Überraschungen gewöhnt und ich hatte mich bisher vor keiner Herausforderung gedrückt. Aber das war doch eine neue Dimension. Ich hatte mir angewöhnt, bei schwierigen oder überraschenden Situationen nicht sofort zu reagieren oder gar zu antworten, sondern mit harmlosem Nachfragen oder Zwischenbemerkungen Zeit zum Nachdenken zu gewinnen. Das war im „Osten“ damals aus politischer Vorsicht wichtig und somit eine gute Schule für mich. Also fragte ich, ob sie sich das wirklich so überlegt hätten und sicher sind, dass gerade ich richtig bin.

Landowsky: „Klar, Sie machen das schon, wir helfen Ihnen bei allen Dingen.“ Dann fragte ich weiter, um Zeit zu gewinnen und erzählte von meiner „wichtigen“ Tätigkeit als gerade berufener Institutsdirektor und überlegte, während ich das alles erzählte: „... Gesundheitssenator?“ Senator war etwas ganz wichtiges, hohes, einflussreiches und sicher auch hoch bezahltes ...“, dachte ich bei mir. Aber etwas wirklich Genaues wusste ich nicht dazu, hatte mich damit noch nie beschäftigt.

Von meinem Bruder Martin, der Chefarzt und Professor in München war, wusste ich inzwischen etwa, was er verdiente und auch von Professor Hans Becker in Heidelberg, dem Pharmakologen, mit dem ich das Buch geschrieben hatte und befreundet war, wusste ich es. Aber über Senatoren wirklich nichts. Das jedoch durften Diepgen und Landowsky jetzt nicht merken – ich war schließlich inzwischen Abgeordneter und damit Politiker. Mir war inzwischen klar, was das für eine wichtige Entscheidung werden könnte.

Also fragte ich weiter: „Was ist eigentlich mit Christian Zippel? ... ich dachte, er wird Senator?“ Er war bisher immerhin Stadtrat für Gesundheit im Ostteil und, wie ich, im neuen Parlament vertreten. „Nein, er wird es nicht“, sagte Diepgen, „aber wir müssen noch mit ihm reden“, fügte er, nun zu Landowsky gewandt, hinzu.

Jetzt erwähnte ich, dass ich ja schon vor der Wende in der CDU, also der Ost-CDU war und dort für kurze Zeit im Hauptvorstand angestellt war. Schließlich waren die CDU-Ost Leute pauschal alle in ein schlechtes Licht geraten. (Diese pauschalen Verurteilungen jener Zeit waren übrigens meist zu Unrecht erhoben, in ihrer Pauschalität falsch und haben viel zerstört im Zusammenwachsen der Deutschen.) Diepgen winkte nur ab und meinte: „Kein Problem, das wissen wir alles, Sie hatten ja kein hohes Amt.“ Dann sagte ich noch, dass ich zwar von Medizin, medizinischer Forschung oder Krankenhäusern etwas verstünde, aber nie in einer Verwaltung gearbeitet hätte.

Der Verlauf des Gesprächs und meine Fragen schien sie jedoch nicht im Geringsten zu verunsichern. Sie hatten den Gesprächsverlauf offensichtlich gut vorhergesehen und waren sich ihrer Sache mit mir als Senator sicher. Ja, es schien mir sogar, als würden die beiden mit jeder Frage oder Antwort die ich gab, sicherer oder zufriedener.

Erst als wir über die Universitätskliniken sprachen und ich wie selbstverständlich davon ausging, dass diese natürlich dazu gehörten, also zusammen mit allen Krankenhäusern und so weiter dem Gesundheitssenator zugeordnet waren – eben so, wie ich es aus unserer Klinik in Buch kannte und auch für richtig hielt: alles Medizinische, Klinik und Forschung in einer Hand (so dachte ich) – kamen sie ins Grübeln beziehungsweise waren erstmals verunsichert. Ja, jetzt schienen mir beide sogar erschrocken. „Die Universitätskliniken können wir Ihnen nicht geben, die gehören nicht dazu, das ist völlig unmöglich, das ist ein ganz anderes Ressort", sagte Diepgen und machte den Eindruck, als hätte er nun genug gehört oder gefragt.

Am Ende unseres lockeren, eigentlich guten Gespräches sagte ich: „Na gut, ich denke darüber nach, aber bis wann müssen Sie meine Antwort wissen?" und dachte dabei an Gespräche im Institut mit Engelmann, Smidt oder Reutgen und vor allem auch mit meiner Frau und meiner Familie. Denn das war nun wirklich keine Entscheidung, die man aus dem Ärmel schüttelte oder ohne Beratung und völlig unvorbereitet treffen sollte.

Diepgen aber machte ein Gesicht, als ob er lange nachdenken würde und sagte: „Es ist jetzt 14:30 Uhr, ab 17 Uhr ist Fraktionssitzung, davor muss ich es wissen, da müssten wir Sie präsentieren!"

Das waren gerade noch gut zwei Stunden und nun lief alles ab wie in Trance. Ich weiß nicht wie Trance ist oder auch ein „Trip" nach einem Joint, aber so ähnlich fühlte ich mich innerlich. Ein komisches Kribbeln im Bauch ist nur eine schwache Beschreibung, mal war mir heiß und dann wieder war ich innerlich erregt. Eigentlich wünschte ich mir nur, jetzt alles das zu wissen, was alle anderen in der Politik-West ja alles wussten. Eigentlich hätte ich jetzt hundert Fragen an einen Politik-Fachmann gehabt, aber erstens kannte ich einen solchen nicht und zweitens durfte ich ja das alles nicht fragen. Jedermann ging davon aus, dass ein Mann in meiner Situation das eben alles weiß – eine teuflische Situation. Ich wusste jedenfalls wirklich nicht genau, was ein Senator im Einzelnen machen muss/darf, wo er sitzt, wie viele Mitarbeiter es gibt, welches Geld er verdient und so weiter.

Als wir zurückgingen, machte ein Fotograf Bilder von mir (Diepgen zu mir: „Der ahnt wie immer etwas.") Ich dachte, „bist du jetzt schon berühmt, dass ein mir völlig fremder Fotograf Bilder von mir macht?" Alle Menschen sind ja doch irgendwie eitel – ich gebe zu, es war auch kein schlechtes Gefühl bei mir – nur eben mit Unsicherheit, was da noch alles kommt. Dieses erste Bild als „potentieller Senator" habe ich mir später über die Landesbildstelle besorgt und als Erinnerung für Autogrammwünsche und so weiter benutzt.

In Diepgens Zimmer angekommen, bekräftigte er noch einmal: „Machen Sie sich keine Gedanken über die Verwaltung, wir geben Ihnen da einen sehr guten Mann an die Seite."

Dann rief ich meine Frau an und schilderte ihr kurz, was geschehen war beziehungsweise geschehen sollte. Zum Glück hatte sie Zeit und konnte kommen, denn in zwei Stunden wäre ich nicht nach Karow und zurück gefahren. Wir trafen uns auf dem Parkplatz, gingen im Schöneberger Rathaus auf und ab und besprachen, was da insgesamt auf uns zukommen sollte. Aber wir wussten ja beide nicht richtig, was das war. Ich kannte weder die Risiken noch wirklich die Vorteile. Schließlich sagte sie beruhigend: „Wenn du es willst, dann mache es, ich unterstütze dich! Du hast bisher alle neuen Herausforderungen gut gemacht, du schaffst auch das noch!"

Irgendwie kam mir der Satz meiner inzwischen verstorbenen Mutter wieder in den Sinn, wenn sie voller Stolz sagte: „Du bist doch ein Sonntagskind, du schaffst das schon ..." Der Zuspruch meiner Frau in ähnlichem Sinn bestärkte mich letztlich. Das war natürlich eine große Hilfe für mich. Von der Gefährlichkeit oder Unsicherheit dieser Aufgabe, dass sie zum Beispiel „über Nacht" enden konnte, ahnten wir beide nichts. Denn eins war uns klar, meine schöne Funktion und Aufgabe als Institutsdirektor, als Immunologe und Forscher im FLT, das alles musste ich sofort aufgeben.

Meine Frau fuhr zurück zu unseren Kindern und ich ging in Diepgens Zimmer und sagte zu, Senator zu werden! Diepgen nickte nur und war dann auch schon wieder weg und ich musste nun seinem Büro, Frau H., noch allerlei persönliche Daten geben (eine Art Kurzbiographie einschließlich Telefonnummern und so weiter ...).

Dann sagte Frau H.: „Jetzt müssen Sie aber schnell in die Fraktionssitzung, unten im Raum 195“ und sie riet zu großer Eile: „Die warten alle schon ...“ Auf meine Frage, wo sich der Raum 195 im Schöneberger Rathaus befinde (ich war dort vorher wirklich noch nicht!), stutzte sie kurz und meinte, „ich bringe Sie schnell runter.“

Diepgen und alle anderen waren schon da. Diepgen erzählte gerade etwas über mich und sagte zum Schluss, dass auch mit verschiedenen anderen wichtigen Leuten schon gesprochen sei und dass er mich der Fraktion als Gesundheitssenator empfehle. Dann gab er, ohne auf Fragen zu warten, gleich mir das Wort und ich erzählte noch etwas über mich und meine bisherigen Aktivitäten in Beruf und Politik. (Das konnte ich inzwischen gut darstellen) Dann wurde die Fraktion gefragt, ob sie mit mir als Gesundheitssenator einverstanden wären. Alle waren einverstanden und klatschten Beifall, ich kannte inzwischen schon einige Abgeordnete mehr als am ersten Tag – nur einer und noch dazu einer aus dem Osten (Prenzlauer Berg) stimmte dagegen.

Das ärgerte mich jetzt doch. „Warum der?“, dachte ich. „Ich kenne ihn überhaupt nicht und er mich auch nicht, warum ist er dagegen, ich hatte noch nie ein Wort mit ihm gesprochen?“ Diepgen fragte ihn auch, ob er ein ernstes Problem habe, aber der Abgeordnete wusste auch nicht recht, warum er dagegen war.

Danach wurde ich von allen beglückwünscht und es hagelte nur so von Gesprächsangeboten und Terminverabredungen.

Drei Tage später, Donnerstag, den 24. Januar 1991, war die konstituierende Sitzung im Schöneberger Rathaus und wieder wurde gewählt, aber das war eine andere Wahl als jene im FLT!

Hier wählten einen im Wesentlichen nur die Abgeordneten der Koalitionsfraktion, also fraktionsgemäß abgesprochen, obwohl mich mit Sicherheit höchstens zehn Prozent der Koalitionsfraktionen kannte. Die anderen Parteien wählten mich mehrheitlich nicht, obwohl mich mit noch größerer Sicherheit fast niemand kannte.

Das ist schon etwas Merkwürdiges, das mit der Demokratie und den Menschen und den Wahlen! Ich weiß nur noch, dass von den Senatoren Rohloff-Momin als vorgeschlagener Kultursenator wohl das schlechteste Ergebnis mit 148 Stimmen hatte – ich bekam immerhin 161 Stimmen. Dennoch, alle Senatoren wurden schließlich gewählt und vereidigt.

Unterschiedlich beziehungsweise für mich registrierbar interessant war der Eides-Schwur auf das Amt. Jeder musste schwören, mit oder ohne Gottes Hilfe. Alle CDU-Senatoren baten dabei um die Hilfe Gottes. („Ich schwöre, so wahr mir Gott helfe.") Ausgerechnet Herr Krüger für die SPD, er kam auch aus dem Osten wie ich und noch dazu aus dem kirchlichem Raum (ich glaube er war Vikar), verweigerte den Gottesbezug „so wahr mir Gott helfe".

Es war richtig aufregend, was da in den vergangenen Tagen alles so passierte mit meinem Leben. Die Veränderungen allein in diesem letzten Jahr, von Januar 1990 bis jetzt, Januar 1991, also seit wir den wissenschaftlichen Rat im FLT gegen alle Widerstände gegründet hatten bis zu dem Zeitpunkt, als ich zum Senator – also Minister eines Bundeslandes der Bundesrepublik Deutschland – vereidigt wurde, waren gewaltig und hätten als Eindrücke und Veränderungen wohl auch gereicht, ein ganzes normales Leben komplett auszufüllen!

Wie ist also das Gefühl, wenn man gerade zum Senator gewählt wurde? Ich konnte es dieses Mal nicht richtig beschreiben. Aber es war doch schon ein tolles Gefühl: Auf jeden Fall anders als das Gefühl, das ich hatte, als ich zum Beispiel an der Humboldt-Uni zum Studium angenommen war und auch anders als jenes, als ich von dem berühmten Professor Prokop in sein Institut geholt wurde. Damals war die Freude viel tiefer und anhaltender. Auch als ich habilitiert war (die Prüfung sehr gut verlaufen war), hatte ich Glücksgefühle, die lange anhielten – wann immer ich daran dachte. Aber diese Ziele hatte ich auch alle lange angestrebt und mir Schritt für Schritt erarbeitet. Jetzt, mit der „Senatorwerdung“ war das doch anders. Alles war neu und ungewohnt. Alle meine Sensoren im Kopf liefen den ganzen Tag auf Hochtouren, um alles Neue so schnell wie möglich zu lernen und keine Fehler zu machen.

Es wird hiermit beurkundet, daß

Herr Dr. Peter Luther

in der 2. Sitzung des Abgeordnetenhauses von Berlin

am 24. Januar 1991 der Verfassung von Berlin gemäß

zum

Senator für die Senatsverwaltung für Gesundheit

gewählt und am gleichen Tage vor dem Abgeordnetenhaus vereidigt worden ist.

Berlin, den 24. Januar 1991

Die Präsidentin
des Abgeordnetenhauses von Berlin

H.-R. Laurien

Abb. 46 Senatorenurkunde

Nach der Wahl der Senatoren wurden jetzt die Staatssekretäre gesucht. Ich wurde wieder zu Diepgen bestellt, er war jetzt der Regierende Bürgermeister, also Ministerpräsident.

Er erinnerte mich noch einmal an sein Angebot, dass er mir einen erfahrenen „guten Staatssekretär", der Orwat hieße, zur Unterstützung geben wolle oder ob ich selbst bessere kennen würde. Leider wusste ich damals nicht, dass ich das letztlich selber entscheiden konnte. Vielmehr dachte ich, ich kann vorschlagen, aber am Ende entscheidet Diepgen, wer bei mir Staatssekretär wird, wie er ja auch bei den Senatoren sagte, wer es werden sollte.

Also sagte ich Diepgen: Ich kenne Albrecht Hasinger, den würde ich noch fragen wollen. Diepgen war wirklich überrascht, ich kannte ja auch sonst niemanden aus der Politik – aber Hasinger kannte ich aus unseren Gesprächen mit Prof. Udo Smidt, als es um die Zukunft des FLT ging. Und wir hatten wirklich gute Gespräche mit Hasinger gehabt. Hasinger war Gesundheitsstaatssekretär bei Senator Ulf Fink für die CDU in Berlin vor meiner Zeit und damit ein sehr erfahrener Mann für diese Aufgabe. Diepgen schien wirklich überrascht, willigte zwar ein, dass ich mit ihm spreche, machte aber die Bemerkung, nicht zu lange zu warten.

Leider lehnte Hasinger ab.

Ab jetzt konnte ich fast nichts mehr unbemerkt oder allein machen. Zum einen waren ständig Journalisten, ein Fotograf oder auch Kameras in der Nähe. Zum anderen hatten ganz viele Leute gute Ratschläge. Bei dem Thema „Staatssekretär und Orwat" waren sich aber alle einig – alle, die ich fragte, warnten mich mit den verschiedensten Beurteilungen, egal mit wem ich sprach. Franz Braun, erfahrener Gesundheitspolitiker aus Reinickendorf, Marlies Wanjura, die später erfolgreiche Bürgermeisterin in Reinickendorf wurde und viele andere ebenfalls.

Das war also wirklich komisch und kompliziert zugleich. Diepgen und Landowsky hatten ihn mir wärmstens empfohlen, die mussten es schließlich wissen, aber alle anderen warnten mich eindringlich. Selbst Ulf Fink, vor mir Gesundheitssenator, oder Hasinger meinten scherzhaft: „Dem dürfen Sie aber nie den Rücken zeigen, sonst ist da schnell mal ein Messer drin ...“

Also versuchte ich mein Glück noch einmal mit Hasinger. Leider lehnte er auch das zweite Mal ab – er wäre sicher auch ein guter Senator gewesen, aber die CDU Berlin hatte sich wohl mit ihm überworfen. Also ging ich doch wieder zu Diepgen und sagte ihm, dass Hasinger abgelehnt hatte. (Er hatte ein Angebot, als Staatssekretär in die Bundesregierung zu gehen, was er dann auch tat.) Ich sagte Diepgen aber auch freimütig, dass ich nur schlechte Empfehlungen über Orwat gehört hatte. Er fragte nur „Wer sagt das über Orwat?“ und beschwichtigte mich dann: „Machen Sie sich doch am Besten selbst ein Bild von ihm ...“

Er hatte vielleicht Recht, dachte ich. Ich hatte ja Orwat wirklich selbst noch nie gesehen oder gesprochen oder selbst etwas von ihm gehört. Auf meine Frage nach Telefonnummer oder Adresse von ihm stand er nur auf, machte eine Nebentür auf und da saß besagter Herr Orwat bereits. Da war ich nun doch überrascht und dachte mir, das haben die „Obersten“ wohl doch schon so beschlossen und ich kann das nicht wirklich beeinflussen. Vielleicht ist es aber auch gut so, denn die werden mir schon das Richtige empfehlen, schließlich sind wir ja alle Parteifreunde und haben alle ein gemeinsames großes Ziel, so etwa meine Gedanken.

Vom Typ her gesehen war mir Orwat zwar nicht wirklich angenehm, aber er sprach gut, wirkte sehr sicher und unterwürfig. „Wie Sie meinen, Herr Senator“ oder „Sie entscheiden und ich mache alles für Sie, Herr Senator ...“, waren häufige Sätze des ersten Gespräches. Ich dachte jedenfalls, das ginge gut und was die anderen nur gegen Orwat hätten.

Die Anfänge am Senatstisch

Mein Leben hatte sich also komplett verändert!

Waren die vergangenen Monate von den ersten Diskussionen in meiner Abteilung in der Klinik über die Verfehlungen von Harry Tisch, dem mächtigen Gewerkschaftsboss und Politbüromitglied der DDR, bis hin zu den ersten freien Wahlen in der DDR weiß Gott schon aufregend und lebensverändernd genug, so potenzierte sich das jetzt noch einmal, und ich bin sicher, die meisten Menschen der alten Bundesrepublik und auch in Westberlin haben diese gewaltigen Veränderungen in unserem Leben, dem Leben eines normalen DDR-Bürgers, nicht wirklich nachempfinden können.

Für die Bundesbürger und Westberliner blieben ja auch die wichtigsten Dinge **unverändert:**

Die Regierung blieb gleich,
die Parteienstruktur,
das tägliche Einkaufen,
das Geld,
die Berufe,
die Gesetze,
die Umgangsformen untereinander,
die Wege zum Erfolg oder Misserfolg,
das Verdienst,
der Urlaub oder die Urlaubsziele,

die Autokennzeichen,
selbst die Autos, die gefahren wurden und vieles, vieles andere mehr blieb für sie unverändert.

Dagegen war für uns aus dem Osten aber einfach **alles** anders und neu – und mit meinem Eintritt in den Senat kamen noch einmal viele, viele weitere neue Herausforderungen hinzu.

„O.k. ...“, dachte ich, meine körperliche Verfassung ist durch meinen regelmäßigen Sport sehr gut, mein Kopf und die Intelligenz haben immer sehr gut funktioniert und mich bisher nicht im Stich gelassen, Belastungen und Stress halte ich aus, die Familie ist intakt, ich habe gute Freunde und wenn alle Stricke reißen, hast du ja jetzt noch viele neue Freunde in der CDU! „O.k.“, dachte ich also, „das schaffst du ...!“ Übrigens, neue Freunde bekam ich jetzt wirklich fast täglich!

An meinem ersten Arbeitstag als Senator ging ich mit einigen der neuen Freunde, die jetzt immer in meiner Nähe waren, mir halfen und Ratschläge gaben, also mit Detlev Orwat, Franz Braun (wichtiger Abgeordneter), Christian Zippel (er war bis zur Senatsbildung Gesundheitsstadtrat und im Gespräch als Staatssekretär) und einer, der später mein Abteilungsleiter I wurde, zum Essen. Auf dem Weg sprach mich ein mir bis dahin völlig fremder Mann an: „Ich warte hier vor dieser Tür auf Sie, wenn Sie mich brauchen,... und Ihr Auto steht übrigens dort drüben auf dem Parkplatz, falls Sie mich suchen.“

Da stand in der Tat ein schwarzer Mercedes und ein Fahrer dazu. Komische Gedanken gingen mir durch den Kopf! Zu mir gehörten jetzt also ein schwarzer Mercedes als Dienstwagen und ein Fahrer. Irgendwie dachte ich an den Film „Rosemarie Nitribitt“, den wir alle als Jugendliche gesehen hatten: Die „Großen“ und Reichen und Mächtigen fuhren immer einen schwarzen Mercedes.

Im „Osten“ fuhr natürlich niemand einen schwarzen Mercedes und die DDR-Regierung musste meistens sowjetische Großautos fahren.

Ich versuchte das alles einzuordnen und dachte nur: „Verlass dich einfach auf deine Sinne, sei hellwach und entscheide nach allen bisher bewährten Erkenntnissen, wie du es bisher getan hast.“

Die Senatoren für Gesundheit bei der CDU und für Kultur bei der SPD waren bezeichnenderweise die zuletzt berufenen, alle wussten wohl um die Schwierigkeiten bei der Zusammenführung dieser Themen zwischen Ost und West. Alle anderen Vorschläge waren jedenfalls vorher geklärt.

Meine Berufung war so schnell gegangen, dass der Tagesspiegel am 22. Januar 1991 zwar schrieb: „Der Senat ist komplett“ und von allen neuen Senatoren Bilder hatte, aber nicht von mir. Auch die Daten über mich waren höchst unterschiedlich: Mal war ich 48, mal 49 Jahre alt, mal Direktor im Klinikum Buch mal Direktor eines Immunologischen Institutes und so weiter.

Am 25. Januar wurde sogar Ghita, meine Frau, mit Bild gezeigt: „Es gibt nichts, was wir nicht gemeinsam besprechen“, sagte sie den Journalisten und das war gut. Wenige Tage später hatten die Journalisten dann entdeckt, dass ich mit Martin Luther, dem Reformator, einen berühmten Vorfahren hatte und schrieben darüber mehrere Tage.

Jeden Dienstag war Senatssitzung.

Natürlich hatte ich noch keine Senatssitzung vorher erlebt und wusste nicht, wie es da zuging. Eine große Hilfe dabei war mein erster persönlicher Referent, der viel oder fast alles wusste. Jeweils am Montag nach der Staatssekretärsrunde kam mein Staatssekretär Orwat mit allen Unterlagen und Vorlagen für die Senatssitzung und erklärte, was die Staatssekretäre bearbeitet hatten. Orwat war Profi – durch und durch – und er wusste das auch!

In jeder Senatssitzung lernte ich stets etwas neues dazu. Meinen ersten Redebeitrag im Senat hatte ich zu dem Thema AIDS, damals wie heute ein wichtiges Thema in der Stadt. (Wer im Senat etwas längeres reden wollte, musste es vorher möglichst schon zur Staatssekretärsrunde angemeldet haben, dann kam es auf die Tagesordnung.)

Ich trug also in der Senatssitzung vor, wie ich es in der Wissenschaft oder auf internationalen Tagungen praktiziert hatte, reden konnte ich schließlich. Wissenschaftliche Vorträge hatte ich genug und frei vortragend gehalten. Bei medizinischen Kongressen galt immer: „Was du zu sagen hast, musst du in kurzen klaren Sätzen ohne Umschweife in acht bis zehn Minuten gesagt haben." Längere Redezeiten gab es meistens nicht! Das war dort in der Wissenschaft auch richtig und notwendig. Die Fachleute haben in den acht bis zehn Minuten alles begriffen; für diejenigen, die von der Sache oder dem Thema nichts verstanden, hätte auch eine Stunde nicht gereicht, es zu erklären – so die Regeln in meinem bisherigem Beruf.

Ich trug also etwa sechs bis acht Minuten zu AIDS-Selbsthilfegruppen am Senatstisch vor und war fertig, da bemerkte ich, dass es relativ still am Senatstisch war, dass die meisten Senatoren am Tisch wohl noch gar nicht angefangen hatten, richtig zuzuhören oder sie in ihren Akten blätterten. Nachdem ich aufgehört hatte, setzten sich der eine oder andere zurecht in dem Sinne, „... jetzt kommt, was wichtig ist oder was der Senat machen sollte." Dabei hatte ich alles Wichtige inklusive meiner Schlussfolgerungen und Maßnahmen gesagt. Aber es war immer noch relativ ruhig und der regierende Diepgen sagte: „Der Kollege Luther hat uns vorgetragen, was er machen will, abstimmen müssen wir nicht ..., gibt es Fragen? Nein, dann sind wir bei Tagesordnungspunkt ..."

Später lernte ich von den erfahrenen Senatoren, wie man das macht. Zuerst muss man mit vielen wohlformulierten Sätzen über das allgemeine, die ganz besonders wichtige und für die ganze Stadt bedeutsame Angelegenheit vortragen, dann, was alles Fürchterliches passieren würde, wenn man dem Anliegen nicht zustimmen würde und so weiter und so weiter. Ganz zum Schluss kommen dann Sätze wie: „Ich will also damit sagen, dass dieses oder jenes passieren müsse ..." Da hörten dann wohl die meisten Seantoren zu.

Sicher habe ich vielleicht ein bisschen übertrieben mit meiner Schilderung – aber nicht sehr viel – ich konnte mich jedenfalls nicht so schnell mit diesem Stil des Vortragens anfreunden.

Meine ersten Probleme bekam ich mit dem Krankenhausplan und dem Abbau von etwa 7000 Betten beziehungsweise dem Trägerwechsel bei einigen „Ostkliniken". Hier lernte ich zum ersten mal Orwats „Technik" im Umgang mit der Presse kennen. Natürlich ging ich mit allen, auch mit Journalisten, zunächst ohne Argwohn und ehrlich um. Am nächsten Tag las ich aber dann in der Zeitung „Luther will Betten streichen." oder „Luther schließt Kliniken." Über Orwat stand in der Zeitung, er „wolle – zum Glück für die Krankenhäuser – noch einmal mit der Klinikleitung reden ...", obwohl wir vorher gemeinsam die Notwendigkeit des Bettenabbaus besprochen hatten und es seine Vorschläge an mich, den Senator, waren. Wir sollten genau so vorgehen und nur hart bleiben, um das Ziel zu erreichen, sagte Orwat vorher. Diese Spiele gegenüber der Presse wiederholten sich relativ regelmäßig so oder ähnlich, was mich zunehmend verärgerte.

Im Zusammenhang mit Bettenschließungen hatte ich viel Kummer mit Protestveranstaltungen und Demos, zu denen immer ich musste. „Das ist eine politische Entscheidung, das muss der Senator machen ...", so mein Staatssekretär. Oft kamen auch protestierende Abordnungen von Ärzten, Schwestern oder Hebammen in das Parlament zur Plenarsitzung zu uns ich musste und wollte ihnen erklären, warum das eine so oder das andere nicht ging.

Abb. 47 Diskussion mit Hebammen im Parlament

Interessant war auch ein Vier-Augen-Gespräch mit einem mächtigen Chef einer Gewerkschaft. Er kam mit einer gewaltigen Drohung von Streik in allen Krankenhäusern und so weiter zu einem Termin zu mir. Wahrscheinlich bin ich relativ naiv mit ihm umgegangen – im Ostteil der Stadt gab es ja keine Streiks, schon gar nicht in Krankenhäusern, und auch Gewerkschaften waren wirklich ganz anders – sie waren immer auf der Seite der Regierung! Dass die jetzt anders waren, wusste ich natürlich, aber andererseits konnte ich mir das auch nicht wirklich vorstellen – einen Streik in Krankenhäusern – und so überhörte ich die Drohung des Gewerkschaftsbosses: Ich würde nicht der erste Senator oder Minister sein, der durch einen Streik gekippt würde, und so weiter, drohte er. Ich dachte so bei mir: „Was für eine alberne Drohkulisse, aber so sind wohl die Spielregeln." Ich sagte ganz ruhig zu ihm: „O.k., Sie machen also Ihren Streik, an welchem Tag wollen Sie anfangen? Welche Klinik eignet sich zuerst? Wie regeln wir das mit einer Notversorgung? Es werden ja weiterhin Menschen krank ..., im Bedarfsfall müssen wir dann den Streik unterbrechen und einen Tag später fortsetzen", schlug ich ihm vor. Ich weiß nur noch, dass mich der Gewerkschaftsboss völlig entsetzt ansah und nichts sagte. Jedenfalls gab es in der Stadt außer Protestveranstaltungen keinen wirklichen Streik, noch nicht!

Aber es gab auch angenehme Termine, zum Beispiel Entgegennahmen von Spenden oder die Übergabe einer Spende an Krankenhäuser oder Fachabteilungen. Als Senator etwas Gutes tun können, war schon angenehm.

Abb. 48 Schecküberagbe durch den Japanischen Konsul im KH Friedrichshain

In der ersten Zeit fühlte ich mich am Senatstisch wirklich nicht wohl. Die meisten „West-Kollegen" hatten natürlich alle Ihre Erfahrungen mit den zur Diskussion stehenden Abläufen. Wir waren drei „Ost-Senatoren", aber selbst Christine Bergmann und Thomas Krüger von der SPD, ebenfalls „Ost", saßen ja schon im „Magi-Senat", dem Ost-Vorgänger des Senates, an einem Regierungstisch. Außerdem machten die SPD-Senatoren vor jeder Senatssitzung eine eigene Besprechung und waren so untereinander vorbereitet, wer reden sollte und was, welche Themen brisant waren und wer sich bei welchem Thema einmischen sollte, wer denjenigen dann unterstützte und wann wer was sagen sollte. Diese „Regie“ konnte man in den meisten Senatssitzungen bei den SPD-Senatoren am Senatstisch auch immer leicht erkennen.

Diepgen weigerte sich in allen Jahren konsequent, mit uns, also seinen CDU-Senatoren, ebenfalls eine Vorbesprechung zu machen. Das war besonders für mich als Unerfahrenen misslich und schwierig, weil ich nie wusste, ob ich zu dem einen oder anderen Thema etwas sagen sollte oder eine Angelegenheit bereits anders abgesprochen war.

Auf dem Senatstisch sowohl im Schöneberger Rathaus als auch im dann neuen Berliner (Roten) Rathaus stand stets Kaffee auf dem Tisch, der zu bezahlen war. Dazu kam Wasser, Cola und Tomatensaft, letzterer war stets etwa nach einer halben Stunde weg, Cola blieb übrig, was aber nie dazu führte, dass zur nächsten Senatssitzung Cola oder Brause zu Gunsten von Tomatensaft getauscht waren.

Der Kaffee war wohl der teuerste, den ich je getrunken habe. Jeder Senator zahlte dafür im Monat 100,- DM (west!), bei 14 Senatoren und vier Senatssitzungen im Monat sicher viel teurer als in einem „Schlosshotel“ oder „7-Sterne-Haus“.

Nach der Senatssitzung, meist etwa 14 Uhr, ging ich erst einmal auf den Markt gegenüber vom Rathaus (in Schöneberg ebenso wie im Roten Rathaus in Mitte) und aß „im Stehen“ eine Bockwurst oder Kartoffelpuffer als Mittagessen. Ein Gleiches hatte oft auch der Bausenator Wolfgang Nagel von der SPD vor, der ebenfalls meist am Bratwurststand zu sehen war. Andere Senatoren sah ich dort selten oder nie.

In keinem Zeitabschnitt vor meiner Senatorenzeit noch danach habe ich übrigens so viele Bock- oder Bratwürste gegessen wie in diesen fünf Jahren als Senator. An ein geregeltes Mittagessen war für mich jedenfalls nicht zu denken und mein Fahrer wusste im Laufe der Zeit, an welchen Stellen der Stadt es überall Bock- oder Bratwurststände gab, die man zwischen zwei Terminen aufsuchen konnte, ohne viel Zeit zu verlieren. Gleiches galt schließlich auch für gutes Eis, für das ich unterwegs immer zu haben war. Wenn in der Stadt mein Fahrer meinte, „... mit einem kleinem Schlenker kommen wir bei „Häagen Dasz" vorbei, habe ich meistens zugestimmt – diese fünf Minuten hatten wir immer!

Da sich die Abläufe bei den Senatssitzungen mehr oder weniger wiederholten, war es öfter auch entspannend, wenn gerade ein anderer Senator seine wichtigen Anliegen für die Stadt und das Land und so weiter vortrug. Sie wissen schon – richtig vortrug! Da hatte ich manchmal Zeit zurückzublicken und ich konnte mich immer noch freuen, wundern oder auch erschrecken: Ich sitze im Schöneberger Rathaus als Senator, in einem Haus, aus dem schon Ernst Reuter, auch im „Osten" bekannte und berühmte Reden gehalten hatte. Selbst der amerikanische Präsident J. F. Kennedy hat von hier seinen in die Geschichte eingegangenen Satz gerufen. Im Osten kannten wir alle diese Ereignisse und das Schöneberger Rathaus von Bildern.

So ehrfurchtsvoll ich auch anfangs am Senatstisch saß, manchmal dachte ich, „nur gut, dass wir hier unter uns sitzen und die Bevölkerung uns nicht zuhören kann." Da fiel mir dann ein guter Spruch ein, den mir mein Sohn Jan (der Journalist) einmal eingerahmt geschenkt hatte. Der „große Kurfürst" in Berlin hat diesen Satz im Jahre 1657 erlassen, man kann ihn heute auf Krügen gedruckt kaufen:

„Es ist dem Untertanen untersagt, den Maßstab seiner beschränkten Einsicht an die Handlungen der Obrigkeit anzulegen."
Kurfürst Friedrich Wilhelm von Brandenburg.

Es war manchmal wirklich wie im Kindergarten oder Sandkasten am Senatstisch. Häufig „fuhrwerkte" ein SPD-

Senator in dem Ressort eines CDU-Senators herum oder umgekehrt, nur um diesem nicht den möglichen Erfolg zu gönnen. Diepgen versuchte dann meistens den Streit auszugleichen, aber häufig zum Vorteil der SPD, er war ja immer ein bisschen von ihr abhängig. Diese Abhängigkeit ging eigentlich von 1991 bis zum Ende 2001 so, als die SPD Ihre Drohung, mit der PDS gemeinsam zu regieren (diese Drohung war latent immer da) schließlich auch umsetzte.

„Wie du mir, so ich dir ...“, könnte man dieses Geschehen am Senatstisch überschreiben. Die SPD (aber auch die CDU manchmal) konnte einfach nicht zulassen, das die CDU mehr Erfolg hatte, denn sie besäße mit PDS und „Grün“ zusammen immer eine Mehrheit im Parlament und so war oft auch Ihr Verhalten.

Leider sind diese Spielchen oft zu Lasten der Menschen und auch zu Lasten der Steuerzahler gegangen. Ich glaube nur, dass solches Verhalten in jeder Koalition, ob rot-grün oder rot-schwarz, immer gleich sein wird. Andererseits aber ist der Erfolg eines Ressorts immer auch abhängig vom „Mitmachen“ ein oder zwei anderer Senatoren beziehungsweise deren Verwaltungen. (Zum Beispiel kein neues Krankenhaus ohne Bauverwaltung, keine Arbeitsplätze ohne Wirtschaftsverwaltung und so weiter.) Dabei spielt es auch keine Rolle, wie viele Verwaltungen oder Ministerien nach einer neuen Senatsbildung zusammengelegt werden. Zum Erfolg werden immer mehrere, zum großen Erfolg immer der ganze Senat gebraucht!

Es war schon manchmal komisch mit anzusehen, wie mal das eine und dann wieder das andere gute Vorhaben scheiterte, weil eine andere Senatsverwaltung es nicht wollte. Einmal hatte ich gute Ideen zu Drogenkrankheiten und deren Vorbeugung und Behandlung. Drogenkranke werden schließlich in Krankenhäusern und auf deren Kosten behandelt, dachte ich, dafür bin ich als Gesundheitssenator eigentlich verantwortlich. Natürlich beschwerte sich prompt der Jugendsenator Krüger von der SPD: „Die Drogenbeauftragte sitzt in meinem Ressort und nur der „Jugend-Senator“ sage etwas zu Drogen ...“ Es kam am Senatstisch zum Streit – aber nicht etwa, ob meine Vorschläge richtig waren oder man sich dazu mal zusammensetzen könne – nein, gestritten wurde nur, ob ich mich in ein Thema einmischen könne, welches zu Krüger gehört. Diepgen gab Krüger schließlich Recht und das Thema war erledigt.

In meiner Verwaltung entwickelte sich die Arbeit gelegentlich auch problematisch. Es waren zunächst die Krankenhaus-Finanzen! Ich bekam den Finanzplan für die nächsten Jahre zur Unterschrift vorgelegt. (Inzwischen hatte ich sehr wohl registriert, dass ich vielleicht nur kurze Zeit Senator sein könnte – gegebenenfalls auch kurzfristig abgewählt werden konnte – jedenfalls nicht zwangsläufig vier oder fünf Jahre Senator sein musste!) Diese Erkenntnis hat mich doch zu etwas mehr Vorsicht ermahnt, denn in meinen früheren Beruf konnte ich nicht so einfach zurück damals und „mein“ FLT stand vor einem Wechsel zu einem anderen Träger!

Viele Details in dem Finanzplan für die Zukunft der Krankenhäuser konnte ich manchmal nicht ergründen, aber die Zahlen lesen und addieren konnte ich schon. Die Summe ergab etwa vier Fünftel der Summe für Krankenhäuser West und ein Fünftel des zur Verfügung stehenden Geldes für Krankenhäuser Ost. Also schrieb ich mit grüner Tinte darunter: „... Aufteilung: zwei Drittel West-, ein Drittel Ost-Krankenhäuser ...“ und gab den Plan zurück.

Das mit der grünen Tinte fand ich zunächst albern, aber sehr bald erkannte ich den Vorteil und die Notwendigkeit dieser Regel. Mit den nachgeordneten Einrichtungen hatte ich weit über 1000 Mitarbeiter in der Gesundheitsverwaltung, aber nur der Senator schrieb mit „grün“, der Staatssekretär nur mit „rot“, eine praktische Regelung für alle Abläufe in einer großen Verwaltung mit unendlich vielen Papieren, die nach bestimmten Regeln durch das Haus liefen und wieder zurück – immer in einer bestimmten Reihenfolge. Mit einem Blick konnte jeder erkennen, wer alles das Papier gesehen hatte beziehungsweise wer nicht.

Um einen möglichst schnellen Aufbau, Ausbau, oder eine Sanierung der Krankenhäuser Ost wollte ich mich besonders kümmern. Zu groß war der Unterschied zwischen Ost und West im baulichen und gerätetechnischen Bereich. Die rein medizinischen Leistungen der Ärzte und Schwestern waren sicher etwa gleich, dennoch konnte den Patienten aus den genannten Gründen nicht Gleiches geboten werden und das würde über kurz oder lang verheerende Folgen für alle haben, dachte ich.

Also schrieb ich in „grün“ „zwei Drittel und ein Drittel ...“ und gab den Plan als nicht o.k. zurück. Das hat natürlich die Verwaltung, vor allem aber Orwat verärgert. Genau dieses Thema „Krankenhäuser“ wollte Orwat für sich reklamieren beziehungsweise alle damit verbundenen Entscheidungen selbst treffen.

Orwat schlug mir vor, dass ich ihm schriftlich alle Vollmachten dazu abtreten sollte, so dass er ohne mich entscheiden könne und das sei auch mit Diepgen, dem Regierenden Bürgermeister, so abgesprochen.

Das war nun wirklich offener Krieg und es wurde wirklich ernst für mich, denn auch Franz Braun, der inzwischen mächtigste Parlamentarier der CDU-Fraktion für Gesundheitsfragen und Sozialfragen (er war Sprecher des Ausschusses, saß im Hauptausschuss und entschied über die Finanzen im Gesundheitsbereich), hatte sich auf Orwats Seite geschlagen. Gemeinsam wurden wir in Diepgens Dienstzimmer zitiert und ich sollte Orwat die genannte Vollmachten erteilen.

Da saßen wir nun bei Diepgen und ich dachte, „jetzt haben sie dich und du warst die längste Zeit Senator ...“ Auf der Hinfahrt von der Rauchstraße, meinem schönen Amtssitz, zum roten Rathaus zu Diepgen überlegte ich die Situation. Willige ich ein, werde ich zum Spielball von Orwat, der Presse und allen anderen, ich habe aber andererseits vielleicht ein ruhigeres Leben und in den anderen Senatsverwaltungen gibt es vielleicht ähnliche Situationen, die aber nie einer zugeben würde. Ich entschied mich nicht dafür – auch früher hatte ich im Zweifelsfall gekämpft. War das wieder eines der Luther-Gene aus früheren Jahrhunderten? Wieder entschied ich mich für „Kämpfen auf meine Art“ und Risiko.

Schließlich war ich der einzige „Ostsenator“ der CDU und wenn nicht schon alle CDU-Abgeordneten hinter mir stünden – die Menschen im Ostteil der Stadt waren eher auf meiner Seite. Dieses Gefühl hatte ich jedenfalls in meinen ersten Monaten als Senator bemerkt. Vielen Menschen im Ostteil der Stadt ging es ja genau so wie mir – jedem in seinem Beruf. Sie sahen, dass ich genau wie sie zu kämpfen hatte – zu kämpfen mit den neuen Gesetzen, den neuen Spielregeln, den „Besser-Wessis“ (so nannten wir einige von ihnen) und den Neidern aus dem Osten.

Ich widersetzte mich also bei Diepgen, auf meine Art, und Orwat, Braun und Diepgen zogen ihr Anliegen und die Drohung – zu meiner Erleichterung – zurück und Diepgen meinte abschließend nur: „Dann bleibt es so, wie es im Senatorengesetz steht ...“ Dieses Gesetz hatte ich bis dahin noch gar nicht gelesen, ich kannte es nicht! Dafür hatte ich bisher überhaupt keine Zeit! Ich dachte nur, das ist ein gutes Gesetz – das musst du jetzt wirklich lesen!

Ein paar erklärende Sätze zu Eberhard Diepgen, dem Ministerpräsidenten beziehungsweise Regierenden Bürgermeister, müssen jetzt doch erst einmal folgen, obwohl sie vielleicht nicht freundlich, sondern aus meiner Sicht eher ernüchternd und enttäuschend sind. Diese Meinung ändert aber nichts an meiner Hochachtung für seine Leistungen für die Stadt, für die CDU und natürlich auch für mich. Hatte er mich doch zum

Gesundheitssenator gemacht, ohne mich wirklich gut zu kennen.

Im Senat jedenfalls hatte ich gehofft, den einen oder anderen Rat, Hinweis oder auch Hilfe von ihm zu bekommen. Vielleicht mal ein persönliches Gespräch oder irgend etwas Ähnliches. Es hätte mir sehr geholfen – jedenfalls psychologisch. Schließlich war ich in „seiner" CDU der einzige Ostsenator! Aber das, so sagten selbst Diepgens gute Freunde, konnte er nicht.

Nach drei Monaten meiner Amtszeit als Senator kam er während der Sitzung ein Mal zu mir und fragte mich, erstmals persönlich und unter vier Augen: „Fühlen Sie sich denn inzwischen schon sicherer ...?" Aber das war es auch schon mit dem Gespräch. Was sollte ich sagen? Was er wirklich meinte, wusste ich nicht. Ich sagte „Ja ...", aber das Gespräch war schon beendet.

Das nächste Mal, etwa sechs Monate nach meinem Amtsantritt (ein Tagebuch ist etwas schönes, da kann man immer mal wieder nachlesen!), sprach er mich persönlich an, er wolle mich nach der Sitzung sprechen. Jetzt, dachte ich, jetzt kommt bestimmt ein längeres oder persönliches Gespräch zustande. Ich dachte an gemeinsame Vorgehensweisen in der einen oder anderen Angelegenheit, ein paar aufmunternde Sätze oder auch „... alles wird nicht so schwierig, gemeinsam schaffen wir das ..." oder „machen Sie das in der Angelegenheit besser so ..." oder Ähnliches. Nach der Sitzung kam Diepgen zu mir und sagte nur: „Ich höre, Sie machen Besprechungen mit Ihren Abteilungsleitern ohne den Staatssekretär Orwat! Das geht nicht! Sie müssen ihn dazu einladen ...!" Ich dachte zuerst, das war nur die Eröffnung, aber es war alles! Diepgen war schon weitergegangen. Meine Enttäuschung kann sicher nachempfunden werden. Erstens erkannte ich, dass er offensichtlich öfter mit Orwat redete als mit mir, sich dessen Beschwerden auch noch zu Eigen machte und keine weiteren Interessen hatte.

Tatsächlich hatte ich, um wenigstens einige Informationen ungefiltert zu bekommen, mit den Abteilungsleitern direkt gesprochen, eben um aus der „Abhängigkeit bei Informationen" von Orwat herauszukommen – aber der hatte sich offensichtlich gleich bei Diepgen beschwert und wurde „erhört".

Das Verhältnis Luther – Orwat – Diepgen änderte sich bis zum Ende meiner ministerialen Zeit nach fünf Jahren nicht und das machte mir nicht nur das Leben schwer, sondern kostete etwa ein Drittel meiner ganzen Kraft, die ich lieber anders genutzt hätte.

Wenn ich zum Dienstschluss im Senatorenbüro oft so gegen 19 Uhr (wenn es mal keinen Abendtermin gab) nach Hause gefahren wurde, stand immer der rote Aktenkoffer an der Tür. Ich habe diesen roten Koffer voll mit Akten bald gehasst (warum eigentlich rot – aber alle Senatoren hatten diese Taschen). Der Koffer war voll mit Akten, die im Laufe eines Tages in mein Büro kamen und am nächsten Tag unterschrieben zurückkommen müssten. Da war man zwar in seine Familie nach Hause gefahren, aber es war oft noch lange kein Feierabend.

Da habe ich mir manchmal gewünscht, alles was der Staatssekretär abgezeichnet hatte, nicht mehr lesen zu müssen (wäre eigentlich der Normalfall!). Da er mich aber schon ausgetrickst hatte, konnte ich gerade diese Papiere nicht einfach übergehen. Orwat jedenfalls saß voll „im Geschäft" und hatte alle Trümpfe in seiner Hand. Ehe ich mich versah, hatte er Franz Braun, wie erwähnt wichtigster gesundheitspolitischer Parlamentarier der CDU, auf seiner Seite. Orwat, das musste ich anerkennen, war außerordentlich clever und geschickt, hatte große Fähigkeiten, die ich oft bewundert habe – bis heute – mit seiner menschlichen Art jedenfalls bin ich nie zurecht gekommen, konnte sie nie akzeptieren.

Theoretisch, so dachte ich und sagte es auch öfter, wären wir ein ideales „Gespann" im Senat und in der Politik gewesen.

Hätte jeder seine Stärken zu einem gemeinsamen Ziel genutzt, wäre manches besser, leichter und wohl auch erfolgreicher verlaufen. Das hätte aber zur Voraussetzung gehabt, das wir unsere jeweilige Position akzeptiert hätten und jeder nur seine Aufgaben gemacht hätte. Aber das ging nicht, wie ich schnell gemerkt hatte.

Klaus Landowsky, mit dem ich im Gegensatz zu Diepgen viel öfter ein persönliches Wort reden konnte – er kannte Orwat am besten von allen – hat das mal treffend formuliert: „Orwat ist ein Guter, aber er hat leider nie dienen gelernt, er kann nie wirklich mit einem vor sich zusammenarbeiten oder es akzeptieren, das fehlt ihm zu einem Großen."

Landowsky hat unser Problem richtig erkannt, meinte aber nur: „Das ist aber nun wirklich Eberhards Problem, aber das kann der Eberhard wohl nicht ...", so formulierte es jedenfalls Landowsky. Gerhard Lawrentz, später Generalsekretär der CDU und damals Stadtrat in Schöneberg – stets zu einer scharfen, guten Analyse fähig – sagte später einmal zu mir „... noch viel mehr sauer als auf dich muss Orwat auf Diepgen gewesen sein, du kamst zur Senatsbildung 1990/91 noch als promovierter und habilitierter Senator aus der Medizin vor Orwat dran, aber nach dir wurden ihm diese zwei Frauen vorgesetzt – und das dem „Macho" Orwat – das muss ihn zu tiefst getroffen haben ..." soweit Gerhard Lawrentz.

Eine Aktion der ersten Phase meiner Senatorenzeit will ich aber doch noch erzählen, damit nicht der Eindruck entsteht, es gab nur Probleme.

Bei meinen ersten Reisen in das Bundesministerium nach Bonn oder bei den ersten Gesundheitsminister-Konferenzen zeigte sich schnell, dass die Politiker „West" wirklich keine Ahnung von dem Gesundheitswesen der DDR hatten. Die unwahrscheinlichsten Vorstellungen existierten da zum Teil einschließlich der damaligen Gesundheitsministerin Gerda

Hasselfeld. Wir Ost-Minister haben uns da manchmal nur vielsagend angesehen, obwohl das Bemühen um gegenseitiges Verstehen auf beiden Seiten wirklich groß war. Aber woher sollten die Politiker rechts oder links vom Rhein das auch in den frühen 90er Jahren wissen? In einem „Ost-Krankenhaus“ gearbeitet hatte niemand und die wenigen politisch-fachlichen Informationen waren oft ideologisch beeinflusst.

Regine Hildebrand (SPD) für Brandenburg hat das stets mit einer sehr populistischen Variante versucht und in einer für sie typischen Form wie „wir Menschen in Brandenburg ...“, „unsere Menschen in den Polikliniken ...“ oder ähnlich vorgetragen. Das tat sie dann in der entsprechenden Wortwahl und mit der relativ hohen Stimme, sehr schnell und ohne Punkt und Komma. Das hat am Anfang alle beeindruckt, später die Medizin-Fachleute eher belustigt, weil die Brandenburger Ministerin für ihr Anliegen immer ein ähnliches Muster aus einer Mischung Populismus und „volkstümlicher Sprache“ benutzte. Insbesondere die Minister der Westseite haben sich dann nur noch amüsiert, das fachliche Anliegen aber nicht mehr gehört. Die Öffentlichkeit und die Medien dagegen waren von ihrer Art Politik stets beeindruckt und dankbar.

Das Problem, wie machen wir uns im Bundesministerium wichtig beziehungsweise wie werden wir gehört, haben wir auch in meiner Verwaltung lange diskutiert. Mein Abteilungsleiter Krankenhäuser, ein guter Fachmann, hatte die Idee, mit Fotos aus den Krankenhäusern nach Bonn zur Bundesministerin zu fahren. Dieser Einfall gefiel mir sofort – war besser als das qualifizierte Jammern (Hildebrand). Die Bilder sollten zeigen, dass in den Krankenhäusern Ost nicht das Personal schlecht war, sondern dass es „vor allem“ die material-technischen Bedingungen waren.

Also wurden in vielen Berliner Krankenhäusern große Fotos von „Bettensälen“, von Operationssälen, Küchen, Krankenzimmern und so weiter gemacht. Mit diesem Bilderkatalog fuhr ich bald nach meinem Amtsantritt nach Bonn in das Gesundheitsministerium um zu zeigen, worüber wir bei diesem Thema wirklich sprachen. (Die gute Qualität der Ärzte und Schwestern konnte ich aus eigenem Erleben überzeugend darstellen!)

Ob das wirklich geholfen hat, ist nicht immer nachzuvollziehen – auf jeden Fall wurde bald danach von der Bundesregierung, mit mir als Gesundheitssenator für Berlin, ein 1,4 Milliardenprojekt zum Aufbau der Krankenhäuser im Ostteil der Stadt begonnen – natürlich mit Beteiligung des Berliner Senates und Kreditaufnahme von den privaten Krankenhäusern. Übrigens, bei dieser Unterschrift unter 1,4 Milliarden haben mir das einzige Mal die Hände etwas gezittert. Wehe, wenn hier jemand Fehler gemacht hatte. Schließlich war meine Unterschrift darunter.

Aber eine lustige Geschichte aus jener Zeit muss ich auch noch erzählen. Die Verabschiedung der Alliierten aus Berlin, insbesondere die der Briten, war mit hochkarätigen, traditionsbewussten Veranstaltungen verbunden. Zum letzten Tag reisten extra Königin Elisabeth II. und Prinz Philip nach Berlin und in der Deutschlandhalle fanden an zwei Tagen prunkvolle Veranstaltungen und Militärparaden zu Ehren der Königin und zum Dank an Deutschland statt. Am ersten Abend waren Diepgen und die Königin als die jeweiligen Repräsentanten auf einem Podest in der Deutschlandhalle anwesend. Am zweiten Abend hatte ich Diepgen zu vertreten – ich weiß heute auch nicht mehr genau, wie es dazu kam – und fuhr mit meiner Frau in der vorgeschriebenen Festkleidung an der Deutschlandhalle mit allen Ehren vor. Auf dem Podium mussten ich und der Ranghöchste der Britischen Truppen in Deutschland auf zwei Stühlen sitzen, nach strengem Protokoll etwa fünf Meter voneinander entfernt. Etwa drei Meter hinter uns, acht Meter auseinander saßen unsere jeweiligen Frauen.

Zu unseren Ehren wurden dann die jeweiligen Nationalhymnen gespielt. Dazu wurde in der ganzen Deutschlandhalle das Licht ausgeschaltet und nur wir, oben auf der Plattform, saßen im Scheinwerferlicht – es war einfach eine tolle Inszenierung und zugegeben, ein erhebendes Gefühl.

Der „Rückfall“ in das tägliche Dasein war hart: Mein damaliger Fahrer war in Protokollfragen nicht sehr gut und vor allem manchmal nicht zuverlässig. Wenn ein Termin früher zu Ende ging, war er oft nicht pünktlich zurück oder hatte irgendwelche Erledigungen für sich gemacht. So auch dieses Mal! Nach dem erhebenden Gefühl wurden wir formvollendet verabschiedet und gingen an der Spitze nach unten – alle Ehrengäste zu Ihren wartenden Autos – nur meines war nicht da. Nach zehn Minuten – es war kalt – gingen wir wieder zurück in die Halle und suchten an einem anderen Ausgang. Telefonisch war auch kein Kontakt zu bekommen und schließlich kam noch ein Ordner und meinte, was wir hier noch suchten, die Veranstaltung sei zu Ende und er müsse jetzt schließen. Was für ein Abstieg: In wenigen Minuten vom „Repräsentanten“ des Landes zu einem vom Pförtner „vor die Tür Gesetzten“. Wir suchten uns ein Taxi und fuhren zerknirscht nach Hause. Später haben wir uns oft über die Geschichte amüsiert.

„Macht“ und Ohnmacht als Senator aus dem Osten.

Oft hörte ich bei Diskussionen im Parlament, in Krankenhäusern oder vor allem auf „der Straße“ die Sätze: „Sie sind doch Senator, Sie können alles ändern, Sie müssen doch nur einfach entscheiden ... Sie haben doch die Macht!“

Wie viel Macht hat eigentlich ein Senator? Ist es die Macht, die ein Senator angeblich hat, die den Reiz ausübt, dass viele Menschen Tag und Nacht davon träumen, Senator zu werden oder andere, wie mir oft versichert wurde, ein halbes Leben darauf hoffen, als Senator berufen zu werden? Was ist das, Macht?

Tatsächlich verspürt man nach einiger Zeit in so einem Amt, dass man in der Tat eine gewisse Macht hat, auch ein Staatsekretär hat Macht – Macht, die er aber nur durch den Senator bekommen hat! Macht hat in jedem Fall auch fast jeder Beamte einer Verwaltung, denn er bearbeitet und bereitet vor und beeinflusst durch sein Wissen, Können und Geschick letztlich die Entscheidungen des Senators oder Ministers. Für ein Krankenhaus, das an den Senat oder Senator Wünsche oder Forderungen, wie zum Beispiel Bauplanungen oder Personalwünsche hat, ist entscheidend, welcher Beamte das wie gut oder weniger gut bearbeitet und zur Entscheidung vorbereitet. Also haben diese Fachbeamten auch wirklich Macht oder Einfluss. Ein Senator hat also nur in einem guten, vertrauensvollem Zusammenspiel mit den Fachbeamten wirklich Macht.

Bis hierhin war alles ganz einfach für mich – das war logisch. Die Macht eines Senators ist also von einem gut funktionierenden Zusammenspiel aller, einschließlich des obersten Beamten, des Staatssekretärs, abhängig.

Macht ist zweitens auch immer ein Stück politische Macht, das heißt zum Beispiel wie viele Abgeordnete sind im Notfall auf meiner Seite, oder wie viele Delegierte hat mein Kreisverband (wenn er hinter mir steht!) auf dem nächsten Parteitag? Diese „politische Macht" ist besonders wichtig, da sie schon im Vorfeld entscheidet (jedenfalls meistens) wer Senator, wer Staatssekretär wird und so weiter. Das ist übrigens auch in allen anderen Parteien so und auch die Bundesregierung und ihre Bundesminister sind so „zusammengestellt".

Bei vielen Menschen wird Macht und Einfluss auch danach beurteilt, wie viel Büros unterhalten werden. Das ist aber nun wirklich nur oberflächlich beurteilt, obwohl ich danach Macht gehabt hätte: ein, zeitweise zwei Senatorenbüros, ein Büro als Kreisvorsitzender der CDU Weißensee, ein Abgeordnetenbüro und noch einige Zeit mein Büro im FLT Berlin-Buch, meiner früheren Klinik. Sie sehen schon, wie weit die Vorstellungen der Menschen zu „Macht" auseinandergehen. Dienstanschriften oder Dienstgebäude im Zusammenhang mit Macht?

Diepgen als Regierender ist bald nach der Senatsbildung aus dem Schöneberger Rathaus ausgezogen und in das Rote Rathaus im Osten umgezogen – weil es die Macht des „Regierenden" oder besser vielleicht auch den Einfluss desselben für ganz Berlin symbolisieren oder verleihen sollte. Der Dienstsitz ist also auch „Macht".

Abb. 49 Im Parlament mit Diepgen

Als Senator hatte ich in Berlin drei Dienstanschriften. Die erste Anschrift an der Urania war wirklich nicht schön und war auch nur ein vorübergehender Platz, bis nach etwa drei Monaten ein geeignetes Haus gefunden wurde. An der Urania „durfte“ ja die Sozialsenatorin Stahmer bleiben – sie war schließlich vor mir da – und ich musste mir ein neues Dienstgebäude suchen.

Eigentlich hätte ich, so neu wie ich im Senat und in der Verwaltung war, einen Standort gebraucht, wo die Verwaltung zusammen sitzt, man „im Hause“ alle Abteilungen aufsuchen kann oder bei kurzen Fragen und Antworten keine Zeit verliert. So kannte ich jedenfalls meine Arbeit als Institutsdirektor in Buch. Da habe ich die anderen Senatsverwaltungen schon mal beneidet, denen es da viel besser ging.

Aber so etwas, einen Standort für meine gesamte Senatsverwaltung, gab es damals noch nicht für „Sen. Ges.“, die Oranienstraße (heute gemeinsamer Dienstsitz meiner ehemaligen Verwaltung) war damals erst im Plan. Dafür hatte es meine nächsten beiden Dienstadressen wirklich in sich, im wahrsten Sinne des Wortes. Als Erstes fanden wir die Rauchstraße als Dienstsitz für den Senator und die Abt. I (Personal, Finanzen, Recht und so weiter) und die Parochialstraße für die Abt. III (Krankenhäuser). Abt. II blieb an der Urania und Abt. IV in der sächsischen Straße.

Sie sehen schon – schwierig für einen „Neuling“ am Senatstisch, mit so weit verteilten Mitarbeitern. In die Parochialstraße ging auch mein Staatssekretär – ein weiteres Problem. Ich sah es mit einem lachenden und einem weinenden Auge.

Die Rauchstrasse, mein Amtssitz, war ein „historisch bemerkenswerter“ Platz mit einem tollen Anwesen und einem „hoch herrschaftlichen“ Senatorenzimmer – eben alte Pracht. Es war der frühere Dienstsitz des nationalsozialistischen Ministers Rosenberg (schrieb das Buch „Mythos 20. Jahrhundert“), der für Hitler Zukunftsvisionen entwarf.

Mein (früher dessen) Dienstzimmer war sehr groß und hoch, alles holzgetäfelt in Ornamenten, zur Gartenfront riesige Fenster, Schränke in die Wand gearbeitet, hinter der Holzvertäflung versteckt, in einem kleinen Nebenraum Handwaschbecken aus schwarzem Marmor und so weiter. In einem großen Wintergarten, den wir manchmal benutzten, konnte man über eine noch gut funktionierende Technik (30er Jahre) die gesamte Fensterfront über Kette und Zahnräder in den Keller kurbeln. Es gab noch weitere kleine Besonderheiten aus der nationalsozialistischen Zeit, denn es war alles so geblieben wie früher, doch das würde jetzt langweilen.

Abb. 50 Tagesbesprechung mit meinem Sekretariat in der Rauchstraße

Aus der Rauchstraße musste ich aber bald wieder ausziehen, da das Land Berlin damals (1992) glaubte, die Olympiade 2000 nach Berlin zu bekommen. Im Senat haben wir wirklich alles dafür getan und ich bot meinen Dienstsitz für den Olympiabeauftragten an. Es war eine gute Repräsentanz – auch wenn das ganze Projekt „Olympia 2000" für Berlin leider schief ging! Im Tausch sollte ich einen besseren Standort bekommen und bekam ihn auch.

Ich zog also wieder um und dieses Mal wieder an einen „vergangenheitsbelasteten" Standort – denn der ehemaligen Dienstsitz von Harry Tisch, Politbüromitglied bei Erich Honecker und allmächtiger Gewerkschaftsboss der DDR, war inzwischen für meine Verwaltung saniert worden.

Das Gebäude war erst kurz vorher wirklich geräumt worden und wie man mir versicherte, auch „entwanzt", wobei man aber keine hundertprozentige Garantie dafür geben wollte. Die Lage war herrlich! Aus meinem Dienstzimmer im vierten Stock konnte ich über blühende Kastanienbäume (es war gerade Mai), über die Spree bis zum Alex, dem roten Rathaus (in dem inzwischen auch Diepgen saß) und über die halbe Stadt sehen. Es war am Märkischen Ufer 54. Heute sitzt dort die Chinesische Botschaft. Der ganze Komplex war ein Prunkstück der letzten DDR-Baugeschichte (fertiggestellt erst 1988).

Meine Etage war wieder komplett holzgetäfelt, dieses Mal mit hellem Holz. (Es war wohl Esche – bei Rosenberg war es noch Kirschbaum, sagten die Experten) Die ganze Etage war im Vergleich zu Rosenberg natürlich moderner: Das Vorzimmer bestand aus zwei großen Räumen, davor eine große Sitzecke mit breiten Sesseln für etwa acht eventuell wartende Gäste. Hinter meinem Dienstzimmer gab es einen großen Sitzungsraum für etwa 40 Personen – nur mit meinem Dienstzimmerschlüssel zu öffnen! Das haben wir natürlich gleich erweitert, das mit dem Schlüssel. Dahinter – dieses mal aber wirklich privat für den

Amtsinhaber gedacht, da es keine Tür nach außen gab, eine kleine „Ein-Zimmer-Wohnung" mit Dusche und Einbauküche. Da der Zugang nur aus meinem Zimmer möglich war, konnten wir diese Räume leider nicht anderweitig nutzen. Es wurde erzählt, dass Harry Tisch dort seine Geliebten unterbrachte, ohne dass es jemand bemerkte.

Eine andere Besonderheit konnte ich auch nicht beseitigen: In seinem, jetzt meinem Zimmer stand ein riesiger Panzerschrank – fest verwurzelt in Wand und Fußboden. In die Mitte war mit dem Schneidbrenner ein Viereck geschnitten, da man wahrscheinlich nicht schnell genug alle brisanten Akten vor dem Auszug vernichten konnte oder Harry Tisch den Schlüssel behalten hatte. Ich beließ diesen Panzerschrank als Anschauungsunterricht für Besucher in meinem Zimmer und benutzte ihn auch.

Da saß ich also nun wirklich wieder an einem berühmt-berüchtigten Schreibtisch! Was war wohl auf diesem Platz alles unterschrieben worden? Ob wohl unser kleiner Protestbrief an Harry Tisch aus dem FLT, den wir 1989 alle mit klopfenden Herzen unterschrieben hatten (der Leser wird sich sicher erinnern) auf diesem Tisch gelandet war? Seltsame Wege gibt es im Leben.

Der Tisch von Tisch, an dem ich zunächst saß, war wirklich besonders – natürlich Einzelanfertigung. Er war sehr groß und als gleichschenkliges Dreieck gearbeitet. Die Geraden waren aber eingebuchtet – in einer Bucht saß ich, zur Besprechung beziehungsweise zum Mitschreiben saßen in den beiden anderen „Einbuchtungen" ein oder zwei Gesprächspartner.

Von diesem Schreibtisch aus wurde wirklich „Macht" ausgeübt – denn Harry Tisch als Politbüro-Mitglied der SED hatte in der DDR definitiv Macht und das gilt natürlich auch für meinen vorherigen Dienstsitz und dessen Schreibtisch-Vorgänger Rosenberg, der in der Nationalsozialistischen Zeit ebenfalls Macht ausübte.

Diese beiden Zeitabschnitte lagen jeweils in einer Diktatur, der eine in einer nazistischen, der andere in einer kommunistischen (der sogenannten „Diktatur des Proletariats“). Gibt es also in einer Demokratie eine andere Macht? Ganz sicher! Sehr bald wusste ich, dass, sollte ich wirklich Macht haben, sie nur „auf Zeit“ vergeben war und diese Zeit konnte sehr schnell vorbei sein. Dabei war es nicht die Schärfe der Argumente in der Auseinandersetzung mit dem politischen Gegner (auch in den eigenen Reihen), die eine Macht beendeten, sondern oft genug Falschheit oder Intrigen, die zu ihrem Ende führten! Solange Fairness und Respekt auch vor dem politischem Gegner in der Politik bleiben, ist eine scharfe Auseinandersetzung hilfreich – dann aber manchmal nicht erfolgreich!

Eine letzte Bemerkung noch zur „Sicherheit“ an meinen Dienstsitzen, denn diese war bei meinen Vorgänger-Schreibtischinhabern in der Diktatur ein wesentliches Instrument der Macht.

Wie gesagt – 100 Prozent Sicherheit oder wie man in unserer Zeit sagte „wanzensicher“ (abhörsicher), das wurde bei der Übergabe des Dienstgebäudes nicht garantiert. Aber darüber habe ich mir keine Gedanken gemacht. Wer immer „mitgehört“ haben sollte, 1993, konnte damit sicher nichts anfangen. Da aber alle Räume für Mitarbeiter des Senatorenbüros, Presseabteilung und so weiter benutzt wurden, saß auch jemand im Zimmer des ehemaligen „Sicherheitsbeauftragten“ von Harry Tisch. Dort gab es an der Wand eine große Tafel mit vielen kleinen Lämpchen in verschiedenen Farben. Eines Tages kam mein Pressesprecher Dr. Ulf Herrmann zu mir mit der Frage, ob wirklich alle Wanzen entfernt seien und schilderte, dass bei ihm in einem Zimmer gelegentlich verschiedene Lämpchen unterschiedlich lange an- und wieder ausgingen.

Wir gingen der Sache nach.

Ich will die Geschichte kurz machen: Alle Türen aus meinem Zimmer (ehemals Politbürozimmer Harry Tisch) zum Besprechungsraum und zu der kleinen Wohnung dahinter – ich benutzte dort gelegentlich die Toilette, weil es der kürzeste Weg war, waren noch über feine Drähte zu dieser Anzeigentafel im jetzigen Pressezimmer verbunden. Wenn ich als zur Toilette ging, leuchtete eine grüne und wenn ich zurückkam eine rote Lampe und so weiter. Gleiches galt für die Garage im Keller: Harry Tischs Standplatz, jetzt meiner, war komplett mit einem Gitter umgeben, beim Einfahren kam oben ein Signal an, beim Aufmachen des Einzelaufzuges (nur max. zwei bis drei Personen passten rein) ging wieder ein Lämpchen an und der Aufzug ging ohne Halt bis in meine Etage, wo wieder ein Lämpchen an ging und so weiter. Da ich oft unregelmäßig kam und ging, leuchteten eben undefinierbar oft oder lange in diesem Zimmer Lampen. Das haben wir aber dann doch verändert! Als Schreibtisch habe ich dann auch wieder meinen schönen „alten" aus der Rauchstrasse geholt.

Abb. 51 Senatorenzimmer am Märkischen Ufer mit altem Schreibtisch

Zurück zur „Machtfrage“.

Die Herren, die vor mir an meinen beiden Dienstadressen **und** Schreibtischen saßen, hatten wirklich Macht im wahrsten Sinne des Wortes – Macht, jeweils verliehen durch eine Diktatur, der sie dienten! Aber halt – Vorsicht mit dem Begriff „Diktatur“ – doch dazu komme ich später.

Macht per Gesetz gibt es natürlich auch heute. Im Gesetz steht geschrieben, was ein Senator alles darf oder muss, das ist schon eine ganze Menge und interessant. Der Leser wird registriert haben, dass ich inzwischen das Senatorengesetz gelesen hatte, weil es ja Gutes, also Rechte und Pflichten für einen Senator enthält. Daran kann man ablesen, dass ein Senator doch auch Macht hat, wenn er das richtig nutzt. Andererseits hilft das Gesetz selbst einem Senator wieder wenig oder nichts – kann man doch auch als Senator sehr schnell entlassen sein, wenn es nur eine Mehrheit im Parlament oder vielleicht auch nur die Spitzen der wichtigen Parteien wollen. Das geht an einem Tag oder in einer Stunde, wenn es sein soll. Bei gewichtigen Verfehlungen oder wenn man zum Beispiel gravierende Fehler macht, kann das wirklich schnell gehen. Aber was sind „gravierende“ Fehler?

In meiner Amtszeit wurde mir auch ein oder richtigerweise zwei Mal mit solch einem Szenario vom politischen Gegner gedroht, ohne dass ich es vorher geahnt oder vorhergesehen hatte. Sie sehen, dass es ist nicht leicht zu erklären ist mit der Macht eines Senators. In den folgenden Kapiteln können Sie es aber selbst beurteilen, wie es in der Politik dazu kommen kann – die Situationen sind beschrieben!

Gelungenes und nicht Gelungenes im Senat

Wie die Senatsgesundheitspolitik sich mir darstellte und wie sie „hinter den Kulissen“ praktiziert wurde, ist sicher nicht ungewöhnlich. Viele Handlungsweisen und Verwaltungsabläufe, die sich dem Außenstehenden als zum Teil unmöglich oder falsch darstellen, haben letztlich einen tieferen Sinn und sind oft letztlich überhaupt nicht anders zu machen. Das musste ich ebenso schnell lernen wie vieles andere auch.

Dennoch hätten mehr größere Projekte gelingen können oder müssen, als es der Fall war. Es gab unterschiedlichste Ursachen. Ein schlechtes Beispiel dafür war die Gründung eines „MIC-Zentrums“, also einem Zentrum für „Minimal-Invasive Chirurgie“. Eigentlich eine gute Idee, nur eben schlecht gemacht beziehungsweise zur falschen Zeit am falschen Ort und falsch geplant.

Orwat hatte davon gehört und sich zum Ziel gesetzt, sich an die Spitze dieses Vorhabens zu setzen. Gelang es, konnten die Betreiber jedenfalls richtig viel Geld damit verdienen. (Vielleicht war er auch insgeheim daran beteiligt, ich weiß es nicht) Ich erfuhr davon nichts, auch nicht von den Vorbereitungen, denn Orwat hatte die Verwaltung angewiesen, mir nichts zu sagen. Erst als sich ein Krankenhaus bei mir beschwerte, dass Orwat ihnen bereits schriftlich zugesagte 30 Millionen für eine Krankenhaussanierung wieder wegnehmen wollte, forschte ich nach, wofür er das Geld haben wollte.

Jetzt kam raus, dass es von Orwat schon viele verbindliche Zusagen gegeben hatte und er das Geld in dieses Zentrum geben wollte. Ich hielt sein Vorhaben für dieses neue Zentrum für die damalige Zeit vor allem fachlich für falsch und habe den Vorgang angehalten. Über die Vorgänge in der Medizin und in Krankenhäusern kannte ich mich nun doch gut aus und wusste, das diese Methoden (Minimal-Invasive Chirugie) bereits in den meisten großen Krankenhäusern praktiziert wurden, insbesondere in den Universitätskliniken. Orwat wollte diese Technik aber dort in den Kliniken einschränken oder streichen und in ein neues Zentrum mit viel „Staatsgeld" einbauen. Die auserwählten Chirurgen hätten das „Sahnehäubchen" der Chirurgie für sich gehabt (natürlich auch finanziell). Das machte in meinen Augen so jedenfalls keinen Sinn.

Wie sich leicht ablesen lässt, bekam ich am Senatstisch prompt Ärger mit Diepgen, der meine fachliche Argumentation nicht verstehen wollte, da er bereits vorher schon mit Orwat geredet hatte. Dabei habe ich es mir wirklich nicht leicht gemacht, alles gut zu beurteilen. Mit vier namhaften Chirurgen habe ich unabhängig voneinander über das Thema gesprochen. In einer anderen Klinik habe ich schließlich in „Operationssaalverkleidung" von den meisten unerkannt an einen minimal-invasiven Eingriff im Operationssaal mitgemacht, um mir selbst ein Urteil über diese Technik zu bilden.

Mein Urteil stand schließlich fest: Die MIC wird und sollte auch in fast allen größeren chirurgischen Abteilungen in Berlins Krankenhäusern praktiziert werden, sie gehört eingebunden in eine „klassische Chirurgie" und nicht in ein isoliertes Zentrum. Wenn Zentrum, dann zusammen mit eine großen Chirurgie eines Universitätsklinikums, so mein Urteil damals.

Diepgen war sauer, Orwat und die potentiellen Betreiber des Zentrums ebenso. Die Krankenhäuser und Ärzte gaben mir Recht, aber in der Presse hieß es mal wieder: „Luther und Orwat streiten nur!“

Aber in Sachen Operationssäle gab es auch gute Ergebnisse. In vielen Krankenhäusern, besonders im Ostteil, wurden neue Einheiten mit unserer finanziellen Unterstützung aufgebaut oder installiert. Das waren oft schöne Momente im „Senatorendasein“.

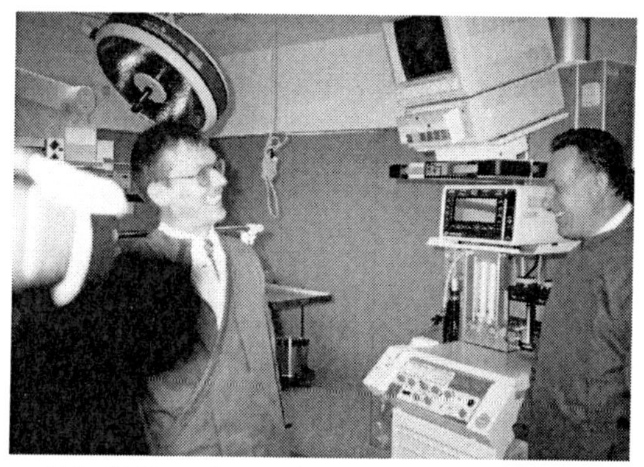

Abb. 52 Einweihung eines OP im Klinikum Buch

Schließlich versuchte ich einige meiner Ideen oder Vorhaben für eine moderne Medizin, Fortschritte in der besseren Bekämpfung von Krankheiten oder einer besseren Volksgesundheit – dafür ist ein Senator schließlich gewählt – **ohne** Unterstützung von Diepgen oder Orwat zu schaffen, was letztlich nicht gelang, da ich keine zweite Amtsperiode mehr bekam.

Zum Beispiel **eine Impfpflicht für Kinder gegen die wichtigsten Infektionskrankheiten!**

Fachlich und gesundheitspolitisch gab es viele gute Gründe dafür zu sein. (In den USA ist eine solche Impfpflicht für Kinder seit langen normal!) Der passive Widerstand gegen mein Vorhaben ließ sich leicht organisieren: Ein ähnliches Gesetz hatte es auch in der früheren DDR gegeben – das allein war für manche Politiker und westliche Professoren Grund, es abzulehnen mit dem Argument „Freiheit für die Bürger in ihrer Entscheidung“ und so weiter. Die Freiheit der Menschen, so hieß es, werde eingeschränkt, wenn ich eine Impfpflicht für Kinder einführe. Dabei sollte bedacht werden, dass auch Menschen mit Freiheit einen Anspruch auf den Schutz ihrer Kinder vor Infektionskrankheiten haben, so argumentierte ich. Oft sind es gerade die vernünftigen Eltern und Mütter, die sich ohnehin um einen Impfschutz ihrer Kinder bemühen, die keine Probleme mit einer Impfpflicht gegen die wichtigsten Infektionskrankheiten vor einer Einschulung hätten. Für die unvernünftigen, nachlässigen, unwissenden Eltern jedoch wäre eine Impfpflicht für Kinder eine Hilfe.

Noch heute ist dieses Problem nicht gelöst, warnen Infektologen in Deutschland und beklagen den schlechten Schutz vieler Kinder, insbesondere aus sozial schwachen oder Ausländer-Familien, die aus Regionen mit einer hohen Rate von Infektionskrankheiten zu uns gekommen sind, vor dem Ausbruch neuer, alter Infektionskrankheiten wie zum Beispiel Tuberkulose.

Ich hatte vorgeschlagen und ausarbeiten lassen, dass Kinder, die nicht gegen die wichtigsten Infektionskrankheiten geimpft waren, nicht eingeschult werden können – vor allem zum eigenen Schutz und dem Schutz der anderen Kinder. Infektionskrankheiten, wenn sie ausbrechen, betreffen alle oder viele Kinder. Die Gesundheitsminister „Ost“ hätten bei der Gesetzesinitiative mitgemacht, mich unterstützt – aber das reichte nicht gegen den Widerstand der anderen.

Die Situation hat sich heute, viele Jahre danach, nicht verbessert und die Forderung besteht noch immer: Nach einem Bericht der Morgenpost vom November 2005 fordert der Vize-Präsident des deutschen Kinderhilfswerkes eine gesetzliche Pflicht zur Vorsorgeuntersuchung beim Kinderarzt! Auch im Mai 2006, als Fachleute nach der Vogelgrippe-Diskussion in der Presse an meine damaligen, erfolglosen Aktivitäten erinnerten, hieß es aus dem Gesundheitsministerium nur: „Nein, wir wollen dass die Eltern freiwillig zu der Einsicht kommen und sie nicht zwingen.“ Was für eine falsche Fach-Politik, dachte ich nur.

Jetzt wieder eine schöne Geschichte, denn es gab natürlich auch viele positive Entscheidungen und Neu-Gründungen in meiner Senatorenzeit. Dazu gehört zweifellos auch die Gründung des MDC, eines der berühmtesten Deutschen Forschungszentren, das uns zusammen mit dem Wissenschafts-Senator Erhard in Buch, meiner früheren Wirkungsstätte, gelungen ist.

Abb. 53 Gründungsveranstaltung im MDC Berlin-Buch

Mit einer anderen Idee wollte ich schließlich die zu hohen Kosten durch Doppeluntersuchungen bei Patienten senken. Erst geht der Patient zum Allgemeinarzt, dann zum Facharzt und schließlich noch in ein Krankenhaus – oft muss er die gleichen Untersuchungen über sich ergehen lassen (und natürlich dreifach bezahlen!).

Ich schlug vor, eine Chipkarte, den **„Gesundheitspass“** für alle einzuführen, der verschlüsselt alle Krankheitsdaten auf einer Chipkarte enthält. Die meisten Fachleute hatte ich bereits auf meiner Seite, sogar der Datenschutzbeauftragte saß mit am Verhandlungstisch und war einverstanden. Meine Nachfolgerin im Senat hat das Vorhaben aber leider nicht weiter verfolgt.

Bis heute hat es das Bundesgesundheitsministerium nicht geschafft, aber alle kämpfen und streiten noch immer um den Gesundheitspass, wie ich ihn 1995 nannte oder die Gesundheitschipkarte, wie sie Gesundheitsministerin Ulla Schmidt 2005 als „ihr neustes Projekt“ vorgeschlagen hatte. Ob es noch gelingt? Ich habe dieses Projekt jedenfalls nicht geschafft, die Bundesgesundheitsministerin bis heute nicht.

Ein weiteres Beispiel: **ein Zentrum für Infektionskrankheiten** in Berlin. Ich erfuhr einmal von einer ähnlichen Idee des inzwischen verstorbenen Staatssekretärs Albrecht Hasinger (der wäre wirklich auch ein guter Staatssekretär für mich gewesen!), noch im alten West-Berlin ein „Infektionszentrum“ zu gründen. Die Bedingungen waren 1994 optimal.

In keiner Stadt in Deutschland waren so viele Einrichtungen zu Infektionskrankheiten konzentriert vorhanden wie in Berlin: Leistungsfähige Institute an den Universitäten und leistungsfähige Kliniken beziehungsweise Spezialabteilungen an Berliner Krankenhäusern – eine ideale Basis, um daraus, allein durch kluge Koordinationen und Zusammenfassen von Leistungsschwerpunkten, ein über Deutschland hinaus agierendes Zentrum zu schaffen. Kein Neubau oder große Personalverschiebungen waren geplant, sondern lediglich ein Kompetenzzentrum zur Koordination und Vernetzung aller klinischen und Forschungsaktivitäten Berlins, ein Netzwerk eben zu einem Thema!

Diepgen ließ mich zwar gewähren, unterstützte das Vorhaben aber in keiner Weise. Da er von medizinisch-fachlichen Dingen nicht so viel wusste, war er immer angewiesen auf das Urteil seiner Ratgeber, die das wohl nicht wollten. Etwas kurios verlief in diesem Zusammenhang übrigens eine Festveranstaltung zur Verleihung des Friedrich-Sasse-Preises, einer Auszeichnung für jeweils zwei bis drei namhafte Wissenschaftler, weltweit auf dem Gebiet der Infektionskrankheiten.

Die Auszeichnung wurde von der FU verliehen und ich hatte jeweils mit einer kleinen Festrede die Auszeichnung zu übernehmen. (Damals hieß es, ich sei der einzige habilitierte Immunologe beziehungsweise Infektions-Immunologe in Deutschland, der gleichzeitig Minister beziehungsweise Senator geworden ist – soviel ich weiß, hatten sie damit auch Recht!)

Ich hatte also als Senator die gesundheitspolitische Rede zu halten und der Präsident der FU, Professor P. Gaethgens sollte die „fachliche" Rede halten. Aber es kam genau umgekehrt! Ich dachte bei der Erarbeitung meiner Rede an das zu etablierende Infektionszentrum, an meine wissenschaftlichen Arbeiten und Bücher zur Immunologie und hielt eine fachliche Rede mit den Vorteilen der Konzentration aller infektologischen Aktivitäten in Berlin als Begegnung an die Herausforderung der immer mehr zunehmenden alten und neueren Infektionskrankheiten (TBC, Ebola, SARS und andere) und redete über die Chancen der Gentechnologie.

Die freie Universität aber hatte schon damals mit der Politik des Senates zu kämpfen und so setzte sich Professor Gaethgens als FU-Präsident eben mit der Politik auseinander, so dass nach dem Festakt der eine oder andere Professor zu mir bemerkte: „Wer von den beiden Festrednern war eigentlich heute der Politiker und wer der Wissenschaftler ...?" Gaethgens und ich, wir haben uns jedenfalls beide danach köstlich amüsiert, da wir uns über die jeweilige Rede nicht abgestimmt hatten.

Bei dem Stichwort „FU" aber auch bei „Charité" fällt mir ein, dass viele Entscheidungen nicht im Parlament oder der Verwaltung vorbesprochen oder diskutiert wurden oder auch nicht besprochen werden konnten, ohne dass andere sofort darauf Einfluss genommen hätten.

Also traf ich mich oft zum Tennisspielen in meinem Club „Blau-Weiß" mit dem einen oder anderen Professor oder Klinik-Chef, um in Ruhe und unbemerkt über bestimmte Entwicklungen zu sprechen – und es waren meist gute Gespräche. Auf Grund solcher Gespräche ist zum Beispiel damals das US-Hospital, nachdem die Amerikaner es in Berlin aufgaben, zur FU gekommen!

Irgendwann wurde mein Tennis Spielen aber doch beobachtet und der gesundheitspolitische Sprecher der Grünen, Köppel, hat daraus einen bösen Artikel gemacht und mich im Parlament angegriffen. Solche Presse hat mich aber nicht wirklich geärgert – erstens stimmte der Tatbestand und zweitens hatte ich das Risiko selbst gekannt und so war es o.k. – aber die Geschichten mit der Presse und mir, die kommen gleich!

Tennis wurde in der Senatszeit übrigens auch gespielt. Eines Tages erhielt ich einen Brief von Lutz Bormann, „TC Blau-Weiß 1890", mit der Frage, ob ich Tennis spielen könne und wenn ja, solle ich eine der drei Rubriken ankreuzen, um in seiner „VIP"-Tennisrunde mitzuspielen: „gut/ mittelmäßig/ nicht so gut" waren die Rubriken. Das Thema fand ich interessant – der Leser kennt ja meine Vorgeschichte zum Tennis (siehe Kapitel 6). Aber was war mit „gut" gemeint? Da ich nicht sicher war, kreuzte ich „mittel" an und fuhr zu einem der angegebenen Termine in den Club.

Es wurde ein schöner, sommerlicher Tennistag und ich dachte nach meiner ersten Teilnahme, da hättest du auch „gut" ankreuzen können. Aber es war der Beginn einer langen Freundschaft mit neuen Tennisfreunden, die noch anhält.

Dennoch hat mich eine – wenn auch spaßig gemeinte – Anmerkung eines Mitspielers an diesem Tag wieder zurück in die Realität in Deutschland und Berlin geholt: „Mensch, Herr Senator, Sie können ja richtig Tennis spielen! War das im Osten nicht verboten ...?" Das Wissen über den „Osten" war wirklich sehr mangelhaft bei den meisten Menschen „West" ausgeprägt. Was sollten da erst die Politiker rechts und links vom Rhein sagen, die ich ja jetzt verstärkt in den frühen 90er Jahren traf und die oft genug mit ihren Meinungen über den „Osten“ entschieden beziehungsweise entscheidenden Einfluss ausübten? Im Tennis hatten wir jedenfalls viele lustige Diskussionen über den Osten. Da ich sie mit meinen Freunden aber auf gleicher Augenhöhe führen konnte, haben sie so auf spaßige Art mehr über den Osten gelernt als mancher Politiker.

Abb. 54 Siegerehrung zum VIP Tennisturnier bei „Blau-Weiß“ mit dem Turnierdirektor Lutz Bormann

Wenn ich heute auf Erreichtes und nicht Erreichtes zurückblicke, auch über unnötigen Streit, Intrigen oder anderes, tue ich das wirklich entspannt und auch ein bisschen zufrieden. Ich habe oft nach meiner Senatszeit gesagt, „ich möchte diese Zeit im Senat überhaupt nicht missen.“

Unter die Rubrik angenehme Erinnerungen fällt zweifellos auch die Grundsteinlegung für einen großen, neuen Stadtteil in meiner direkten Wohngegend, der am Senatstisch vorgestellt und über den dort entschieden wurde: „Neu-Karow". Gleiches gilt für das Richtfest einer völlig neuen Klinik in Marzahn, des Unfallkrankenhauses Berlin, UKB.

Abb. 55 Grundsteinlegung Neu-Karow

Abb. 56 Richtfest UKB in Berlin Marzahn

Im Gedächtnis hängen geblieben sind nicht wirklich der Streit oder die menschlichen Unzulänglichkeiten bei mir oder bei anderen. Hängen geblieben ist, wenn ich heute durch die Stadt fahre oder in das eine oder andere Krankenhaus oder die Einrichtungen gehe, dass ich an vielen Dingen meinen Anteil habe, dass es sie gibt, auch wenn das nicht immer alle wissen.

In Weißensee allerdings, meinem Heimatbezirk, wissen wohl alle, dass ich gegen viele anfängliche Widerstände der anderen Parteien das erste private Krankenhaus im Ostteil etablieren konnte. Vor allem durch meine Entscheidung, dieses Anliegen Prof. Baumgarten zu übertragen, was damals, 1992, keine leichte Entscheidung war.

Baumgarten war mir zu Beginn meiner Amtszeit als Geschäftsführer der privaten Krankenhausbetreiber als sehr gewandter und geschickter Verhandlungsführer aufgefallen. Als die Entscheidung anstand, wer denn nun das erste private Krankenhaus im Ostteil der Stadt bauen sollte (in meinem Bezirk durfte das nicht schief gehen!) und wer am ehesten die zu erwartenden Querelen und politischen Störfeuer überstehen und trotzdem bauen würde, dachte ich an Baumgarten. Wenn der es nicht schafft, dann die anderen auch nicht, war mein Gedanke. Vor Beginn habe ich mit ihm noch eine persönliche Wette abgeschlossen. (Ob er das neue Krankenhaus in zwei Jahren fertig stellen würde.) Wenn der Senat beziehungsweise Staat baute, dauerte das in der Regel vier Jahre. Die Wette und den Champagner habe ich später gern verloren.

Im Ostteil der Stadt gab es damals eine große Angst vor privaten Krankenhäusern und ich hatte viele Protestveranstaltungen zu überstehen. Andererseits nutzten natürlich andere Parteien diese Proteste für sich aus und schürten bei der Bevölkerung diese Angst. (... da können dann nur Privatpatienten hingehen, aber im Osten gibt es ja keine Privatpatienten ..., war eine verkürzte Argumentation.)

Als das Haus schließlich glücklich fertig gestellt war und sich alles wunderbar darstellte, waren natürlich alle „... schon immer dafür gewesen“! Auf den Hinweis zu den vielen Verhinderungsversuchen hieß es nur: „Wir wollten mit unserem Widerstand ja nur Verbesserungen erreichen ...“ Das ist aber normal und wenn man das nicht durchsteht, ist man ohnehin in der Politik fehl am Platz!

Abb. 57 Grundsteinlegung Parkklinik Weißensee

Ich habe bewusst einige Vorhaben, die ich nicht geschafft habe, genannt, ohne Anspruch auf Rang oder Bedeutung. Es ist aber ganz sicher langweilig alles aufzuzählen, was man als Senator erreicht hat, darüber kann man sich nur selbst freuen oder eben auch nicht!

Natürlich war ich trotz der stressigen Tages-Politik im „Hinterkopf“ meiner alten Liebe, der Medizinischen Wissenschaft, treu geblieben, für diese Tätigkeit hatte ich schließlich in den zurückliegenden Jahren viel kämpfen müssen. So habe ich stets zu meinem wissenschaftlichen Lehrer, Prof. Otto Prokop „Kontakt“ gehalten. Wir sind oft zusammen essen gegangen und haben über alte Zeiten und junge Probleme diskutiert.

Aber auch viele Begegnungen haben mir Freude gemacht, wie zum Beispiel das Zusammentreffen mit Nobelpreis-Träger Prof. Eigen oder mit prominenten Wissenschaftlern, die wirklich etwas erreicht und bewegt hatten, wie zum Beispiel Prof. Trautner, Prof. Melchers, um nur wenige zu nennen, und viele andere, deren Namen ich schon als junger Wissenschaftler kannte und schätzte, denen ich jetzt persönlich begegnet war.

Sogenannte Höhepunkte waren natürlich auch die Begegnungen mit den „Großen dieser Welt“, denen man persönlich die Hand geben konnte. Da waren zum Beispiel Königin Elisabeth II. und Prinz Philip, die in Berlin einen Empfang gaben, Kaiser Hirohito und Gemahlin aus Japan im Roten Rathaus (die mussten aber Seidenhandschuhc tragen, da sie nach deren Tradition keinen Normal-Sterblichen direkt berühren durften) oder das damalige Präsidenten-Paar Bill und Hillary Clinton.

Mit Hillary tauschte ich ein paar Gedanken über Gesundheitsreformen aus, um die sie sich damals in Amerika kümmerte. Sie war jedenfalls sehr interessiert, wie die Gesundheitsvorsorge in Deutschland funktioniert und wie das in „Ost“ war. Ob sie die Anregungen benutzte, weiß ich natürlich nicht.

Abb. 58 Zusammentreffen mit Königin Elizabeth II. und Prinz Philip

Auch eine Reise nach China im Zusammenhang mit einer regelmäßigen Ausbildung junger chinesischer Ärzte in Berlin über die „Kaiserin-Friedrich-Stiftung" war eindrucksvoll, insbesondere die Kontraste zwischen traditioneller chinesischer und westlicher Medizin (wie unsere Medizin dort genannt wurde). Wir haben dort einen Partnerschaftsvertrag unterzeichnet und deshalb musste (zum Glück) der Senator mit hin.

Abb. 59 Empfang in China

Abb. 60 Vertragsunterzeichnung in China

Journalisten

Von all den vielen neuen Dingen, die ich bisher seit meinem Senatsantritt lernen und verstehen musste, hatte ich einen Aspekt zunächst nicht wirklich gekannt: den Einfluss und die Macht der Medien!

Natürlich war uns aus dem Osten allen klar, dass die Medien jetzt (Gott sei Dank!) völlig anders waren als noch vor einem halben Jahr die Presse der DDR, die ausschließlich das schrieb, was sie sollte oder durfte, mit der Führung der Politik der DDR zusammenarbeitete und alles, was sie schrieb, mit dieser abgestimmt hatte. Es herrschte in der DDR eine noch höhere Form der Zensur, denn jeder Journalist, mindestens die entscheidenden, hatten von vorn herein die Position der DDR-Regierungspolitik zu ihrer eigenen gemacht oder zu machen.

Jetzt lernte ich, dieses Mal selbst in der Regierung, dass die Medien unsere schärfsten „Kontrolleure" und manchmal auch Gegner sein konnten. Zum ersten Mal richtigen Ärger mit allen, also mit der Presse, sogar mit der eigenen Partei und vor allem den anderen Parteien, bekam ich wegen eines angeblich „frisierten" Lebenslaufes. Jetzt lernte ich aber auch erstmals kennen, dass Politik wirklich verlogen und ungerecht sein kann – vor allem im Zusammenspiel mit Presse. Der „Vorgang", nach dem ich als Senator angeblich untragbar geworden war und abgelöst werden sollte, ist schnell erzählt.

Wie erwähnt, mussten alle Abgeordneten und Senatoren ihre Biographien abgeben. Ich als Senator natürlich einen umfassenden Lebenslauf für die Akten und eine Kurzbiographie für das Handbuch der Abgeordneten. Lebensläufe hatte ich nun in meinem bisherigen Leben reichlich und oft geschrieben – also kein Problem. Der sogenannte umfassende Lebenslauf war klar, der war ausführlich. Für die Kurzbiographie im Handbuch der Abgeordneten nahm ich mir selbiges Handbuch vor und las, was beziehungsweise wie meine früheren Kollegen Abgeordneten da geschrieben hatten. Meist waren es vier bis sechs wichtige Punkte im Leben des Abgeordneten, die da zu lesen waren – maximal eine viertel Seite. So schrieb ich also auch die sechs, nach meiner Meinung wichtigsten Etappen als Stichpunkte auf. Dabei habe ich meine 18 Jahre ehrenamtliche Arbeit als Präsident eines Tennisclubs, nicht aber meine anderthalb Jahre Arbeit bei der CDU-Ost (als „HiWi", wie es Diepgen bezeichnete) aufgeführt. Genau das wurde mir nun vorgehalten.

Ich war jedenfalls nach Meinung der Zeitungen ein schlimmer Mensch und sollte am besten nach wenigen Monaten Amtszeit im Senat abgewählt werden. Die Schlagzeilen an nur einem Tag (10. September 1991) lauteten:

TAZ:

„Täuschte Diepgen das Parlament über Luther?"

„Luther wird ein Fall fürs Parlament"

Tagesspiegel:

„CDU-Vergangenheit Luthers muss lückenlos aufgeklärt werden"

MorgenPost:

„Zwist um Luthers Vergangenheit in der Ost-CDU"

Berl.Z.:

„Weißer Fleck in Luthers Lebenslauf"

TAZ:

„Luther frisierte seine Vergangenheit"

„Luther gerät ins Schleudern"

Die Folge war, dass ich im Parlament eine zweiseitige Erklärung verlesen musste und mich zu entschuldigen hatte.

War das also die neue, ersehnte Gesellschaft? War das die Freiheit der Medien? War das der Stil, den ich lernen musste um erfolgreich zu sein?

Selbst in meiner eigenen Partei wollten einige meinen Rücktritt.

Gefragt nach meinen „fürchterlichen Verfehlungen" bei der CDU haben mich die Journalisten und Politiker erst **nach** den veröffentlichten Schlagzeilen. Die Wahrheit beziehungsweise der Bericht über meine anderthalb Jahre bei der CDU-Ost, der auf einer Pressekonferenz verkündet wurde, war dann relativ uninteressant und unspektakulär, jedenfalls keine Schlagzeilen mehr wert.

Ein anderes Beispiel:

Im September 1991 – ich war immerhin schon ein dreiviertel Jahr als Senator im Amt – stand ich erneut im Focus von Presseveröffentlichungen. Dieses Mal waren es angebliche „Menschenversuche", die ich unberechtigt in der Zeit vor 1989 an meiner Klinik beziehungsweise am Institut in Berlin-Buch gemacht haben sollte.

In meiner Zeit als Leiter des Forschungsprojektes „Immunstimulation durch orale Immunisierung" hatten wir verschiedene Präparate, die Bestandteile von Nahrungsmitteln waren, getestet. Ziel war es, über die Nahrungskette, also auf natürlichem Wege und nicht über die Blutbahn (Spritze), eine Stärkung des Immunsystems zu erreichen. Neueste Forschungsergebnisse hatten mich damals dazu ermuntert, dass wir so Erfolg haben könnten. Wir isolierten ein Lektin, also bestimmte Eiweiße aus Weizenkeimen (Nahrungsmittel), ließen sie pharmazeutisch korrekt in Kapseln verpacken (Charité), schluckten das Weizenkeimprotein nach einem festgelegten Zeitplan – ich selbst als Erster in guter alter Forschertradition und einige meiner Mitarbeiter, die freiwillig wollten, ebenfalls. Viele berühmte Forscher an der Charité hatten in früheren Jahrzehnten auch zunächst an sich selbst erprobt, was sie für medizinischen Fortschritt hielten. Danach untersuchten wir mit modernen immunologische Methoden die Immunantwort in unserem Blut, also auch meinem eigenem. Mit solchen Proteinen aus Weizenkeimlingen hatte ich vorher in vielen eigenen Versuchen erstaunlich gute Ergebnisse bei „immunkompetenten Zellen", wie zum Beispiel Lymphozyten oder Granulozyten, im Laborversuch gefunden. Das Thema war auch offiziell als Forschungsthema angemeldet.

Wer auch immer daraus eine Anzeige bei der TAZ machte, wusste ich damals noch nicht, sondern konnte es nur vermuten (später wusste ich es). Nachdem die Presse darüber berichtete, rief ich den Journalisten von der TAZ einfach an und wir verabredeten ein Gespräch. Er meinte, er komme gern, er müsse ja nur die Wahrheit wissen, das sei seine journalistische Pflicht und wenn er die Wahrheit wüsste, würde er das gerne schreiben. Das fand ich gut und glaubte ihm das (damals!) sogar. Also vertraute ich seinem Anliegen und erzählte ihm wahrheitsgemäß, was wir wirklich wie gemacht hatten, dass alles freiwillig war und es sich um Nahrungsmittel handelte und gesetzeskonform war und übergeordnete Gremien informiert waren.

Der Artikel danach war jedoch von einer völlig anderen Tendenz und von anderem Inhalt – ich wurde noch verdächtiger und schlimmer dargestellt, eben negativ – und wieder wurde davon gesprochen, was ich in der DDR für widerrechtliche Menschenversuche gemacht hätte.

Prompt forderte die SPD einen Untersuchungsausschuss (27. September 1991) zu meinen „Verfehlungen". Es kam jedoch nicht dazu, sondern es wurde das Bundesgesundheitsamt mit der Untersuchung beauftragt. Der Bericht dazu kam viel später und der Landespressedienst schrieb:

„Senator Luther durch Bundesgesundheitsamt-Prüfung eindeutig entlastet – Lektinversuche korrekt durchgeführt."

Die Bildzeitung titelte: *„Alles in Butter, Herr Luther."*

Das waren zwei heilsame Erfahrungen kurz hintereinander. Manchmal ging es aber auch umgekehrt, da konnte ich sie überlisten beziehungsweise mit ihren eigenen Waffen schlagen.

Auf der „Grünen Woche" waren praktisch alle Politiker aus Bund und Land immer an irgendeinem Tag präsent. Einen CDU-Politiker „vorzuführen", war dabei natürlich immer etwas Besonderes – schließlich war die CDU damals in Bonn und in Berlin an der Macht und ihre Leute somit die beliebtesten „Opfer". Ich wurde also an einen Stand mit vielen Zuschauern gerufen und der Journalist als Moderator stellte vor: „Es stehen im Wettstreit: ein Senator von der CDU und ein „grüner" Politiker aus dem deutschen Bundestag. Sie müssen eine Kuh melken!"

Der Moderator wusste natürlich nichts über meine Kindheit auf dem Bauernhof (ist für einen Gesundheitssenator in einer Großstadt sicher auch nicht die Regel) und ging davon aus, dass ein „Grünen-Politiker" von Natur, Tieren, alternativer Landwirtschaft und so weiter eher etwas verstehen und gewinnen würde. Ich gebe zu, dass ich mich bei den erklärenden Hinweisen und den Spielregeln „unwissend" gestellt habe und machte auch ein ungläubiges Gesicht dazu. Die Freude auf „danach", wie ich hoffte, konnte ich geschickt verbergen.

Also bekam jeder einen Eimer und wir mussten unter eine künstliche Kuh mit einem künstlichen Euter (war übrigens gut und naturnah gemacht), die Kuh melken! Der Moderator feuerte uns zum Melken der Kuh an. Schon zur Hälfte der vorgegebenen Zeit sah ich, dass ich ihm die geplante Schau versaut hatte. Da ich wusste, wie man eine Kuh melkt und der „Grüne" eben nicht, so hatte ich bald doppelt so viel Milch (Wasser) aus der Kuh in den Eimer gemolken und der Wettkampf ging mit einer „Überraschung", so der Moderator, zu Ende.

Im September 1995 habe ich mich dann aber wirklich mit einer missverständlichen Aussage fast um Kopf und Kragen gebracht – dabei hatte ich eigentlich nichts wirklich Falsches oder gar Böses oder Faschistisches gesagt, aber auf die Art, „wie" ich es gesagt hatte, konnte es eben missbraucht werden und das geschah kräftig.

Ein Journalist einer großen Tageszeitung bat mich um einen Termin zu einem Hintergrundgespräch über Ziele und Vorhaben in der Gesundheitspolitik. Ich sagte gern zu – konnte ich doch dadurch für die wichtigen Vorhaben im Gesundheitswesen und für meine Gesundheitspolitik werben. Ich kam dem Gesprächswunsch nach und erläuterte ihm meine Vorhaben und Ideen. Daraufhin sagte er, dass meine Vorschläge und Ziele alle vernünftig seien und fragte mich, warum ich aber diese oder andere nicht längst durchgesetzt hätte. Ich sei doch schließlich der Senator, hätte die Macht dazu und da könne ich doch gute Ideen umsetzen. Ich antwortete sinngemäß, dass auch ein Senator dazu Mehrheiten im Parlament bräuchte, anders ginge es nur in einer Diktatur, am besten in einer „guten Diktatur mit einem guten Diktator", nur da könne einer sagen, wie es geht und dann würde das alles sofort umgesetzt. Weiter sagte ich, dass es aber so etwas nicht gäbe und deshalb können eben manche gute Vorhaben auch mal nicht einfach umgesetzt oder bestimmt werden können.

Am nächsten Tag standen alle – in der Verwaltung, im Senat, im Parlament – „Kopf" über die Schlagzeilen in der Zeitung. Als ich sie las, war ich natürlich heftig erschrocken:

BZ (4.9.1995)

„Doktor Luther und sein Politik-Frust"

„Die Sorgen des Dr. Luther"

Kurier (5.9.1995)
„Skandal um Senator Luther"
„Er fordert gute Diktatur"
„Luthers Rausschmiss gefordert"
TAZ (6.9.1995)
„Luther leidet an der Demokratie – Rücktritt gefordert"
MoPo (7.9.1995)
„Ärger um Senator Luther und das Literaturzitat"
Kurier (8.9.1995)
„... SPD erwartet Luthers Rücktritt"

Der SPD-Landesgeschäftsführer R. Hartung wird in der Presseerklärung wie folgt zitiert: „Das Zitat Luthers habe bundesweit die Berechenbarkeit des Berliner Senates und der CDU in Frage gestellt." Was war alles aus diesem Gespräch entstanden!

Die Situation beruhigte sich erst, als sich Diepgen am 8. September, sechs Tage danach !! und einer „Höllenzeit" für mich, dankenswerter Weise hinter mich stellte und davon sprach, dass da was aus dem Zusammenhang gerissen sei. Er hatte sicher auch im Kopf, dass sechs Wochen nach dieser Geschichte Parlamentswahlen in Berlin waren und er einen vorzeitigen Rücktritt nicht gebrauchen konnte. Zum Glück brachte dann die FDP einen Vorstoß zur Kampfhunde-Situation ein und die Schlagzeilen gingen dorthin. Ich jedenfalls konnte mich von diesem Schlag politisch nicht wieder erholen.

Als ich viele Jahre danach (2000) mit Wolfgang Wieland – er war im Jahr 2000 Justizsenator und ich Parlamentsvizepräsident – über die merkwürdigen Wege, die in der Politik manchmal vorkommen, plauderte, meinte er nur: „Politik ist schon etwas Besonderes, auch wenn Sie noch so viele gute Dinge als Senator gemacht haben sollten, weiß ich es nicht genau, aber das Diktaturzitat, das weiß man eben, so etwas bleibt hängen." Wieland hatte damit sicher Recht.

Ein letztes, aber auch ein besonderes Erlebnis mit Journalisten hatte ich nach meiner Senatorenzeit im Oktober 2003, als zum Reformationstag der Film „Luther" in Berlin Premiere hatte. Bis zu dieser Zeit hatte ich naturgemäß keinen regelmäßigen Kontakt mit den Medien. Lediglich einmal war es mein Vorpreschen für ein „schwarz-grünes" Bündnis 1998:

MoPo (10.5.1998)
„Ex Senator Luther liebäugelt inzwischen mit Schwarz-Grün"

Oder später, im Jahr 2000, als ich schon Vizepräsident des Abgeordnetenhauses war und gleichzeitig der neue Kreisvorsitzende des Groß-Kreisverbandes aus Pankow, Prenzlauer Berg und Weißensee (ich hatte im Bezirk einen richtigen Koalitionsvertrag mit den Grünen unterzeichnet):

MoPo (11.10.2000)
„Schwarz-grünes Pflänzchen"

Kurier (11.10.2000) über mich:
„CDU und Grüne: Die Allianz"

Inzwischen war der „Umgang" mit den Medien aber entspannt. Wie erwähnt, die Premiere des Films „Luther": Der Tagesspiegel hatte am Vorabend der Premiere ein Portrait über mich und meine Beziehungen zum Reformator gebracht und eine nette Geschichte geschrieben. Am nächsten Tag war ich in Drohndorf – oft war ich am Reformationstag in meinem Dorf in die alte Kirche gegangen – und so hatte ich es auch dieses Mal geplant, als mich der Fernsehsender RTL aus Berlin anrief. Sie wollten unbedingt einen Filmbericht darüber machen, wie ich in den Film „Luther" gehe und wie beeindruckt oder auch nicht ich danach war. Das „Lockangebot" extra von Drohndorf nach Berlin zurück zu kommen, würden sie mir mit einer Karte zur Premiere versüßen.

Ich setzte mich also in mein Auto, verzichtete auf meinen Kirchenbesuch am nächsten Morgen und fuhr direkt zum Premierenkino, wo wir uns verabredet hatten. (Gut, dass der Reformator nicht mitkriegen konnte, dass ich an dem Tag, ihm zu Ehren, den Kirchgang mit dem Film über ihn tauschte!)

Ich muss dazu sagen, dass ich zwar oft zu einer Premiere im Theater war oder auch sonst verschiedene andere Premieren miterlebt hatte – aber eben noch nie live bei einer Film Premiere dabei war. Das kannte ich nur aus dem Fernsehen und hatte für das „Gebaren" der Fotografen und Schauspieler meist nur eine Bezeichnung: „Verrückt!" Das RTL-Interview lief in Frage und Antwort etwa der Art ab:

„Was empfinden Sie vor dem Film, Herr Luther?" oder „Herr Dr. Luther, kommen Sie nachher zum Gespräch.", „Vielen Dank, Herr Dr. Luther" und so weiter. Als die am Anfang der Absperrung stehenden Fotografen den Namen „Luther" hörten, fingen die an, laut zu rufen: „Herr Luther, kommen Sie zu mir!", der nächste „zu mir!", „... jetzt hier!" und so weiter, bis alle rechts und links der Absperrungen wussten, dort steht ein Luther und geht in den Lutherfilm.

Das RTL-Interview konnte ich nur mit Mühe beenden, um dann von einer Kamera zur nächsten, von einem Fotografen zum nächsten Radiosender und so weiter zu gelangen. „Was für eine Welt!", dachte ich. Jeder wollte irgendeinen Satz, irgendeine Geschichte hören oder ein Foto machen.

Als Senator hatte ich wirklich Hochs und Tiefs mit den Medien erlebt, aber so etwas noch nie. Die Prominenten der „bunten" Zeitungen waren dabei besonders aufdringlich, eben etwas Besonderes! Kaum war ich am Ende des roten Teppichs angelangt, um in das Kino zu gehen, wurde ich noch einmal zurück gerufen: „... ich habe noch kein Foto!" „Hierhin auch noch einmal ...!" Dabei hatte das alles nichts mit mir zu tun, sondern einzig und allein mit dem Reformator und natürlich dem Namen „Luther“.

Der Film jedenfalls war richtig gut, obwohl ich einigermaßen skeptisch hineingegangen bin. „Wenn Amerikaner und Kanadier einen Film über eine große deutsche Persönlichkeit machen, wie wird das wohl ausgehen?“, fragte ich mich. Doch ich war wirklich angenehm überrascht, zumal historisch alles richtig dargestellt wurde. Natürlich habe ich in unserer Familie alle möglichen Abhandlungen über das Leben und Wirken des Reformators gelesen, Abhandlungen von 1890 ebenso wie Bücher, die nach 1900 oder in der nationalsozialistischen Zeit, in der DDR und danach geschrieben wurden. Alles zusammen ergibt wohl ein realistisches Geschichts-Bild. So gesehen, war der Film wahrheitsgerecht und richtig gut gemacht.

Ein Interview mit der englischen Zeitschrift „The Guardian“ (der Luther-Darsteller Joseph Fiennes ist Engländer) will ich noch kurz kommentieren. Die Zeitung meinte, Luther sei doch ein eher dickerer, untersetzter Mann gewesen und nicht so schlank wie Fiennes im Film und fragte, ob ich das nicht als falsch empfände. Das musste ich aber zu seiner Überraschung korrigieren. „Der Reformator war“, so sagte ich dem Guardian, „als er seine Thesen veröffentlichte, mindestens so schlank wie Fiennes, denn er war erst 34 Jahre alt und Mönch und damit dünn und schlank. Gemalt oder portraitiert wurde der Reformator erst später, als er berühmt war, es ihm gut ging, er älter war und folglich dicker und untersetzt (eben wie im wirklichen Leben). Aber nur diese Bilder vom Reformator sind bekannt, andere gibt es nicht.“

Bei der zweiten Frage des „Guardian“ kam ich doch etwas ins Grübeln, ob ich wahrheitsgemäß antworten sollte oder nicht und dachte wieder an die missbrauchten Worte zum „Diktaturzitat“. Er fragte nämlich: „... warum haben die Deutschen nicht selbst einen Film über ihren Helden gemacht, was glauben Sie?“

Meine Antwort war meine Meinung: „Weil wir in Deutschland,

wenn wir unsere Geschichte positiv beschreiben, sofort als nationalistisch (meist von anders denkenden Deutschen) oder gar rassistisch betitelt werden oder es so ausgelegt werden könnte ..."

Natürlich kann auch so eine Meinung falsch aufgefasst oder missbraucht werden, wenn es jemand nur will. Aber ich hatte ja kein hohes Amt in Politik oder Staat, und so würde es wohl gut gehen, dachte ich. Der Reformator jedenfalls hat seine Meinung ja auch direkt gesagt und konnte missbraucht werden. Was haben sie alles – bis heute – aus seinen vielen überlieferten Sätzen und Sprüchen gemacht!

Da bin ich jetzt doch bei einem unzulässigem Vergleich mit dem Reformator gelandet, was ich eigentlich vermeiden wollte – es bleibt jetzt auch dabei.

Stasi

Im Leben der Menschen in der DDR war die „Stasi“ (Staatssicherheit) so geheimnisumwittert wie allgegenwärtig. Der Einzelne spürte das freilich in unterschiedlichster Weise. Das Ausmaß der Bespitzelung ist zutreffend in dem Film „Das Leben der Anderen“ dargestellt, der im Frühjahr 2006 in die Kinos kam.

Grundsätzlich aber galt, dass dieses Thema so brisant war, dass es in Gesprächen stets ausgeklammert wurde. Man hielt sich da raus oder sagte „darüber kann ich überhaupt nichts sagen ...“ oder so ähnlich. Das waren übliche, offizielle Antworten. Nur im vertrauten Kreis, wie in der Familie oder unter engen Freunden, wurde offen darüber geredet.

Auch wenn in unserem täglichen Leben die Stasi immer präsent war, war unser tägliches Leben nicht permanent sichtbar davon beeinträchtigt, denn die Methoden und Erscheinungsformen von Bespitzelung durch den Stasi-Apparat waren äußerst subtil und keineswegs immer offensichtlich. Für Menschen, die in der Bundesrepublik in Freiheit gelebt haben, ist das zum Teil bis heute nicht nachvollziehbar. Wie oft habe ich nach der Wende – auch von vielen politisch aktiven und informierten Menschen aus den alten Bundesländern – die Sätze gehört: „Das hätten die mit mir nicht machen können, denen hätte ich aber...!“, „Ihr habt euch nur angepasst und euch alles gefallen lassen, das hätte ich nie gemacht ...“ oder „Warum seid ihr nicht in den Westen gegangen, andere haben das doch auch gemacht ...“

Heute stellt sich das alles freilich anders und einfacher dar. Viele ehemalige DDR-Bürger dagegen, auch ehemaligen SED-Genossen, bis hin zu Mitgliedern des SED-Politbüros behaupten heute, sie seien „... schon immer gegen dieses oder jenes gewesen ...“ oder hätten „viel Schlimmeres dadurch verhindert, dass sie in der SED waren oder bei der Stasi mitgearbeitet haben ...“

Überhaupt konnte man nach einigen Jahren nach der Wende den Eindruck gewinnen, dass fast alle Menschen im Osten Widerstandskämpfer waren und der einzige Schuldige Erich Honecker war. Selbst Erich Mielke hatte ja schließlich schon 1990 überzeugt in der Volkskammer gerufen: „Ich liebe euch doch alle ...“

Selbst die Stasi stellte sich als „normal“ notwendig oder nicht unmenschlich dar. Diese Situation so kurz nach der Wende muss bedrückend für die wenigen gewesen sein, die wirklich Widerstand geleistet haben und im wahrsten Sinne des Wortes ihr Leben riskierten (zum Beispiel Bärbel Bohley, stellvertretend für andere). Ich zählte jedenfalls nicht dazu und war auch kein Held. Ich glaube auch nicht, dass der Anteil der „wirklichen“ Widerstandskämpfer größer als 0,1 Prozent der Bevölkerung war. Die übergroße Mehrheit hatte ganz einfach Angst, nachhaltigen Repressalien oder Verfolgung ausgesetzt zu sein, eingesperrt zu werden oder im Zuchthaus zu landen. Daher die Vorsicht beim Umgang mit dem Thema „Stasi“.

Die Stasi war also allgegenwärtig – einige behaupten, es gäbe sogar heute noch entsprechende Seilschaften mit neuem Einfluss. Die Vorgänge in der Gedenkstätte Hohenschönhausen mit dem SED-PDS-Linke-Senator Flierl im März 2006 lassen das vermuten. Dass besonders clevere und hohe Funktionäre von SED und Stasi heute bei westdeutschen Großunternehmen Einfluss und Einkommen haben, ist ja ohnehin bekannt.

Allgegenwärtig präsent hieß damals also wirklich in allen Bereichen des persönlichen, beruflichen und gesellschaftlichen Lebens. Treffend hat es Sabine Bergmann-Pohl in ihrem Buch bereits 1992 beschrieben – sie war die letzte, aber frei gewählte Volkskammerpräsidentin der DDR – und sie sagt:

„Das System setzte sich kegelförmig nach unten fort, er (Mielke) stand nur an der Spitze. Nicht weniger Schuldige saßen in der folgenden Ebene, zum Beispiel die ersten Sekretäre der SED-Bezirksleitungen. Sie sicherten sich selbst ab, indem sie die Spitze sicherten. Sie reichten mit ihren Helfershelfern in alle Kreise, Städte und Gemeinden, in die Betriebe und Arbeitskollektive. Sie bedienten sich der unteren, breiten Fläche des Kegels: der vielen kleinen Zuträger, die für ein paar Mark oder einige Privilegien Informationen lieferten, die dann – gezielt gefiltert – ganz nach oben gegeben wurden ..." Soweit Sabine Bergmann-Pohl 1992.

Wenn wir heute über die „Stasi" in Deutschland reden, reden wir fast ausnahmslos über die letzte Gruppe, die unterste Schicht im „Kegel". Die darüber, die eigentlichen Säulen des Systems, sind mehrheitlich unbehelligt geblieben oder inzwischen fest in unserem neuen demokratischen System in Deutschland verwurzelt.

Auch mir war bekannt, dass die Stasi natürlich präsent war in den Ministerien, also auch im Gesundheitsministerium. Obwohl dort ohnehin fast ausschließlich SED-Genossen saßen, traute man sich untereinander nicht, so dass es auch unerkannte „IM's" (informelle Mitarbeiter der Stasi) in den Ministerien gab.

Auch in meiner Klinik, dem FLT, gab es sie. Vier wurden relativ schnell ermittelt, schon 1990, aber es hat sicher bei 300 Mitarbeitern beziehungsweise neun Abteilungen im FLT wohl auch mindestens neun IM's im Institut gegeben.

Es hat natürlich in unserem Tennisclub welche gegeben, die der Stasi berichtet haben, in der Schule meiner Frau und so weiter. Wie gesagt, sie war überall – selbst in unserem kleinen Mehrfamilienhaus in der Mühlenstrasse 61 in Pankow. Dort wohnten zwar nur sechs Miet-Parteien, aber eine ältere Dame, der man es nie zugetraut hätte und die eigentlich mit dem Staat DDR keine Verbindungen und wohl auch keine Vorteile hatte, landete mit vielen Zitaten über mich und meine Frau bei der Stasi. Ich bin ziemlich sicher, dass sie nicht wusste, dass sie der großen Staatssicherheit berichtete und die Folgen nicht wirklich kannte (sie war damals etwa 60 Jahre alt). Sie berichtete sicher auf ihre Art gegenüber der „Polizei" (?!) im Sinne von Ordnung und Sicherheit und so weiter. Weil man sich das heute kaum noch vorstellen kann, will ich nach der Beschreibung meiner für die Stasi interessanten Tätigkeiten ein Stück Original-Text aus meiner so genannten „Opferakte" der Stasi wörtlich zitieren, um zu zeigen, was sie aus den Gesprächen mit der alten Dame gemacht hat. Allein der Wortlaut und die Sprachwahl sind dabei charakteristisch. Zunächst aber zur Frage, warum die Stasi sich für mich interessiert haben mochte.

Wie berichtet, war ich in den 70er und 80er Jahren Präsident des Tennisclubs der Humboldt-Universität. In diese Zeit fiel auch die „Anerkennungswelle der DDR" durch viele westliche Länder – auch durch die Bundesrepublik. Die DDR war eigentlich nicht darauf vorbereitet, dass plötzlich viele Botschaften und damit „Westler" – also potentielle Feinde der DDR – ins Land kamen. Jedenfalls war die DDR bei der hundertprozentigen Überwachung und Kontrolle zunächst völlig überfordert.

Plötzlich tauchten in unserem Tennisklub der australische Botschafter, Mr. Peters, in Tenniskleidung und Racket auf und wollte mit uns spielen. Gleiches taten auch Vertreter anderer Botschaften einschließlich der bundesdeutschen Diplomaten. Natürlich wurden sie von gerade anwesenden Mitgliedern zu dem Präsidenten (Sektionsleiter damals), also zu mir geschickt. Vielleicht war es fahrlässig, vielleicht mutig, vielleicht naiv – ich behandelte alle wie normale Menschen, spielte mit Ihnen Tennis und nahm schließlich auch die eine oder andere Einladung zu einem persönlichem Abendessen an. Was ich nicht wusste war, dass die Stasi längst über alles im Bilde und dabei war.

Aber noch bekam ich bei diesen Aktivitäten kein ungutes Gefühl – schließlich waren die Botschaften, so dachte ich damals als Student, ja sehr willkommene Gäste beim Staat DDR und hatten viele Privilegien. Zu denen musste man ja freundlich und zuvorkommend sein!

Der Staat DDR reagierte aber schnell – in kurzer Zeit wurden in Pankow neue Tennisplätze, ausschließlich für die Botschaftsleute gebaut, so dass diese Mitglieder schnell wieder aus unserem Tennisclub verschwanden.

Einige Jahre danach – ich war inzwischen promovierter Wissenschaftler in Berlin Buch – tauchte ein Mann in unserer Wohnung auf, sagte, er betreue die Botschaften und hätte eine Bitte, da ich ja früher Kontakt zu Angehörigen der bundesdeutschen Botschaft gehabt hätte. Natürlich war mir bei diesem Gedanken nicht wohl, dass jemand das alles wusste, aber schließlich war mein damaliges Agieren öffentlich und nicht geheim geschehen, der ganze Tennisclub wusste das. Sein Anliegen war, dass angeblich eines der Kinder des bei uns damals tennisspielenden Diplomaten seit einiger Zeit Drogen schmuggele, aus West-Berlin in die DDR. Da man aber die Kinder von Botschaftern nicht kontrollieren dürfe, sei das ein Problem. Da ich in der Medizin arbeite, wisse ich ja um die Gefährlichkeit von Drogen und ob ich nicht mit den Eltern reden könnte. Das schien mir jetzt erst recht nicht geheuer, denn, so dachte ich, das könnte ja die Stasi beobachten und dann hätte ich richtig Ärger. Man hatte uns nach dem Bau der extra Tennisanlage strikt angewiesen, keinen weiteren Kontakt mehr mit den westlichen Botschaften zu pflegen und jeden, der zur Tennisanlage kommt, dorthin zu schicken. Das war deutlich.

Also machte ich Ausflüchte, dass ich diese Familie seit der Zeit nicht mehr gesehen hatte, nicht mehr weiß, wo sie wohne beziehungsweise wie die Kinder jetzt aussehen und so weiter. Er meinte nur, dass es ja nichts Schlimmes sei, vor Drogen zu warnen, und vielleicht treffe ich sie ja in der Nähe der Vertretung in der Hannoverschen Strasse zufällig (dort war ich in der Tat öfter auf dem Weg in die Gerichtsmedizin zu „meinem" Professor Otto Prokop vorbeigekommen).

Ich sagte ihm zu, mich zu bemühen um ihn erst einmal los zu werden, beschloss aber, für mich erst einmal nichts zu machen und abzuwarten, was weiter passierte. Ganz sicher war ich damals nicht, was das war, obwohl es heute ganz einfach klingt. („Das hätte doch jeder gemerkt, dass das Stasi war ...") Ich ging davon aus, dass das Anliegen vom Gesundheitsministerium ausging, machte aber erst einmal nichts und wartete ab, ob irgendetwas passierte.

Etwa zwei Wochen danach kam er wieder und dieses Mal in mein Arbeitszimmer in die Klinik in Buch und fragte, ob ich etwas erreicht hätte. Ich verneinte und sagte, ich hätte leider keinen der Familie dort in der Nähe der Vertretung getroffen. Er wollte später wiederkommen, aber – zum Glück für mich – kam er nie wieder und die Sache wurde offensichtlich als „vorerst nicht weiter interessant" ad acta gelegt. Aus heutiger Sicht hatte ich wirklich Glück, denn wer weiß, wie die Sache ausgegangen wäre, hätte er Druck ausgeübt oder mich erpresst. Das hat es alles nicht nur einmal gegeben: „Sie wollen doch habilitieren, dann ..." oder „in dieser oder jener Kleinstadt fehlt uns noch ein Mitarbeiter, da werden wir Sie hindelegieren ...", „Ihr Kind will doch zur Oberschule, aber das geht nur wenn ..." Aber das waren noch die harmlosesten Erpressungen.

In Vergessenheit geriet diese Geschichte aber nur bei mir, nicht bei der Stasi, und als ich Senator war, wurde ich damit wieder konfrontiert. Der damalige „Stasi-Beamte" hatte pflichtgemäß über die zwei Gespräche mit mir einen kurzen Bericht geschrieben, dieser Bericht tauchte in der „Gauck-Behörde" auf und schon war ich als Senator in der Schusslinie. Das Problem für mich war sicher kein Einzelfall. Der für mich ungebetene Besuch wurde von der Stasi als „Kontakt" beschrieben und schon übernahm die „Gauck-Behörde" den Begriff der Stasi und es hieß „hatte Kontakt..."

Hätte ich nicht den gesamten Bericht der Stasi bekommen, aus dem hervorging, dass der Kontakt „nicht fortgeführt wurde ...", so der Originaltext der Stasi, wer weiß, wie es ausgegangen wäre. Es ist schon bedrückend zu erfahren, dass man schon wieder oder immer noch darauf angewiesen ist, was die Stasi über einen geschrieben hat. Auch wenn man den Stasi-Protokollen nur halb glaubt, werden und wurden Existenzen zerstört, da der Begriff „hatte Kontakt zur Stasi" schwarz oder weiß beurteilt wird und oft zur Entlassung führte. Ein später Triumph der Stasi !

Jetzt musste ich mich zu meinem konkreten Fall auch am Senatstisch und in der Fraktion erklären. Alle hatten ja davon gehört. Mit Hilfe meiner Unterlagen von der Stasi, über die Gauck-Behörde erhalten, konnte das Problem dann leicht geklärt werden, alle in der Fraktion oder dem Senat hatten damit kein Problem und es ging gut aus für mich. Die Zeitungen berichteten nur kurz:

MoPo:
„Zum Widerstandskämpfer ungeeignet"

Taz:
„Stasi suchte Kontakt zu Senator Luther"
„... nach zwei Gesprächen gab die Stasi auf."

Dennoch will ich dem Leser, wie angekündigt, eine „Leseprobe“ des Stasi-Berichtes nicht vorenthalten. Die Kopie der Akte, die ich von der „Gauck-Behörde“ bekam, beginnt mit zwei „Suchaufträgen“ des Ministeriums für Staatssicherheit an die Verwaltung der Staatssicherheit. Es folgte der sogenannte Ermittlungsbericht. Zunächst alle persönlichen Daten einschließlich sämtlicher früherer Wohnanschriften, von wann bis wann, alle Arbeitsstellen und so weiter. Dann folgte der Ermittlungsbericht des Stasimitarbeiters:

„Die Ermittlung wurde im Wohnhaus des L. geführt. Laut Auskunft der Befragten ist der L. Doktor in einem biologischen Fachbereich. Das Türschild des L. weist auch den Doktortitel aus. Die Arbeitszeit des L. ist unregelmäßig. Ab und zu fährt der L. einen Dienst – PKW. Obwohl die Befragte der unmittelbare Nachbar der Familie L. ist, hat sie bisher nicht feststellen können, ob der L. Mitglied einer politischen Partei ist. Der L. trägt kein Abzeichen. An Staats-Feiertagen oder anlässlich anderer gesellschaftlicher Höhepunkte flaggt die Familie L. nicht ...“

Weiter heißt es im Bericht der Stasi:

„Die Eltern des L. kamen auch in größeren Zeitabständen zu Besuch. Seit über einem Jahr kamen sie jedoch nicht mehr. Nach Darstellung der Familie L. sollten die Eltern in der DDR wohnhaft sein. Vermutlich hat die Familie L. den Befragten die Unwahrheit gesagt, da laut polizeilichen Angaben die Eltern des L. ebenfalls am 2.4. 1953 die DDR illegal verlassen haben ...“

Die große Stasi hatte also nicht einmal mitbekommen, dass meine Eltern und wir Kinder im August 1953 als „Rückkehrer“ (siehe Kapitel 4) wieder in der DDR lebten – was für ein Hohn – beziehungsweise soviel zur Glaubwürdigkeit von Stasi-

Berichten! Aber auch meine Frau wurde aus gleicher Quelle beobachtet:

„Nach Auskunft der Befragten war die L. in früheren Jahren in einem Baubetrieb beschäftigt gewesen, denn die L. kam des öfteren mit einem LKW nach hause ... Gekleidet geht die L. immer modern. Die Befragte ist der Auffassung, dass ein Teil der Bekleidung aus der BRD beziehungsweise Berlin-West stammt."

Danach finden sich in der Stasi-Akte Postkarten von mir an meinen Bruder Martin in München und umgekehrt. Die Postkarten waren jeweils von beiden Seiten kopiert abgebildet in meiner Akte, so dass ich heute weiß, dass mein Bruder mir vor ...zig Jahren eine Weihnachtskarte mit einem Schneemann geschickt hatte, es sind meine Briefe an meinen Bruder kopiert dabei, ein Telegramm von meinen Eltern zur Geburt unseres Sohnes Kai 1976, meine wissenschaftliche Post, wie ein Brief aus einer Krebsklinik in der Schweiz. Es wurde also das gesamte Leben überwacht!

In all dieser Zeit lebten wir, meine Frau und ich, „glücklich und zufrieden" in unserer kleinen Familie und arbeiteten jeder in seinem Beruf ohne zu ahnen, wie sich „andere" mit uns beschäftigten, eben mit dem „Leben der Anderen"!

All die aufgeschriebenen Aktivitäten der Stasi über mich, einschließlich des geschilderten Versuches zur „positiven Beeinflussung von Eltern, deren Kinder angeblich Drogen schmuggelten", tauchte dann kurz vor der Senatsbildung nach den Wahlen 1995 auf. Ob es Zufall war, das sie gerade jetzt, kurz vor der Senatsbildung, auftauchten, darf bezweifelt werden. Ich hatte zwar meinen Wahlkreis bei den Abgeordnetenhaus-Wahlen 1995 als Einziger im Osten für die CDU direkt gewonnen, aber das half mir jetzt auch nichts. Ich wurde bekanntlich nicht wieder Senator und das Thema war für die Öffentlichkeit erst einmal erledigt.

Heute, viele Jahre nach den schwierigen 90er Jahren im Zusammenhang mit den Stasiüberprüfungen mag das alles weniger dramatisch klingen. Das war es damals und auch heute nicht. Selbst die schon viele Jahre zurückliegenden Vorgänge in der DDR verursachen noch heute eine „Gänsehaut", wenn man jetzt weiß, wie direkt die Stasi an allen Dingen dabei war. Viele wissen das schon nicht mehr, viele haben es vergessen und jüngere Menschen können es oft gar nicht mehr glauben.

Geschichten aus dem Parlament und das Ende der Ära Diepgen – Landowsky

Das eigentliche Leben eines Parlamentariers beziehungsweise eines aktiven Mitglieds im Parlament wurde ich erst mit meiner zweiten Wahlperiode, als ich mehr in alle Aktivitäten der Fraktion beziehungsweise der Ausschüsse einbezogen war.

In der Zeit als Senator hatte ich viele zusätzliche andere Aufgaben. Die meisten Senatorinnen und Senatoren waren zwar auch gleichzeitig Abgeordnete, aber die kamen mehrheitlich aus dem Westteil und kannten sich bereits mit den Dingen, die ein Parlamentarier zu machen hatte, aus. Ich war also in keinem Ausschuss Mitglied und logischer Weise auch sonst weniger in die eigentliche Parlamentsarbeit einbezogen. Zeitlich wäre das auch nicht gut gegangen.

Die Wahlen zu dieser Parlamentswahl in Jahr 1995 verliefen wirklich gut für mich. Als einziger der gesamten CDU gewann ich meinen Wahlkreis im ehemaligen Ostteil der Stadt direkt! Der Tagesspiegel veröffentlichte das Ergebnis mit einer ganzseitigen farbigen Struktur der Stadt und im gesamten Ostteil gab es nur einen einzigen „schwarzen" Wahlkreis – meinen. Das hat mich wieder richtig stolz gemacht und vergessen waren all die Anfeindungen, Verdächtigungen, Verdrehungen und sonstigen Vorwürfe. Die Menschen im Ostteil der Stadt, mindestens aber in meinem Wahlkreis, hatten mich akzeptiert, meine Arbeit honoriert und mich mit Mehrheit gewählt! Das war wichtiger als andere Anerkennungen von den Großen aus der Politik. Das Gefühl, das ich hatte, dieses mal war es nach langer Zeit wieder so gut, wie damals nach der Habilitation. Es war im Ostteil der Stadt für die CDU schon etwas Besonderes, einen Wahlkreis direkt zu gewinnen! Das gute Gefühl war deshalb so oder ähnlich gut wie damals: Ich hatte mir den Erfolg mit meinen Freunden wieder selbst erarbeitet. Selbst die Presse schrieb:

Welt:
„30,5 % brachten Luther wieder Auftrieb"

MoPo:
„Luthers Sieg in Weißensee bringt den Senat ins Grübeln"
„... Diepgen bringt Luthers Erfolg in eine Zwickmühle ... auf Druck der SPD sollte er einem neuen CDU/SPD-Kabinett nicht mehr angehören."

Auf meinen Erfolg war ich jedenfalls stolz, obwohl auch ich wusste, dass Diepgen nicht mehr mit mir plante, sondern als Gesundheitssenator eine sogenannte „Doppelquote" anstrebte (Frau und Ost). Aber so weit waren wir noch nicht. Aus einigen Gründen heraus hatte ich zwar vor mir selbst gesagt, „es ist genug!" Auch Ghita, meine Frau, hat einen Satz gesagt, über den ich später öfter nachdenken musste: „Hör auf, ehe die Politik dich und deinen Charakter ganz versaut ..." Das war zwar spaßig gemeint, aber es steckte doch auch menschliche Erkenntnis und Beobachtung dahinter. Sie wusste sehr wohl, wie sehr man seinen Charakter, seine menschliche, vertrauliche Art ändern musste und sich eben ein „dickes Fell" zuzulegen hatte, wenn man in der Politik erfolgreich sein wollte.

Den Stress des Senatorenamtes hatte ich zwar gut vertragen, aber es gab natürlich auch viel unangenehme, auch ungerechte Situationen mit denen man fertig werden musste. Das hatte ich zwar mit einigen „Blessuren“ und manchmal auch schweren Herzens lernen müssen, aber ich kannte das jetzt.

Also dachte ich, die nächste Periode wird ganz sicher besser beziehungsweise leichter. Allein aus drei Gründen hätte ich damals noch eine Periode Senator werden wollen:

Erstens müsste es eigentlich gut sein, sich einen vertrauten, loyalen Staatssekretär und andere Mitarbeiter selbst suchen zu können, zweitens um einige Projekte (Gesundheitspass, Kinder-Impfung und so weiter) fortzuführen, drittens könnte es leichter für einen Senator sein, wenn man Macht und Ohnmacht eines Senators inzwischen gut einordnen konnte.

Ich wurde also nicht wieder Senator, übergab mein Amt ohne Wehmut an Beate Hübner (Frau und Ost!) und wurde ein angesehener Parlamentarier.

Parlament ist Opposition zum Senat! Das erste Mal richtig quer, im besten Sinne eines unabhängigen Parlamentariers, lag ich mit der Regierung und meiner eigenen Fraktion und damit auch mit Diepgen 1997. Es ging um die Bezirksfusion in Berlin. Ich war strikt dagegen, es zu diesem Zeitpunkt (1998) zu machen. Ich riet, wenn schon, den Beschluss ’98 zu machen und die Umsetzung nach der nächsten Wahl, also vier Jahre später, durchzuführen. (So hatte es auch die Bundesregierung mit der Hauptstadt-Frage gemacht: 1994 beschlossen, ab 1998 Umsetzung begonnen)

Da eine Zweidrittel-Mehrheit im Parlament notwendig war, hatten die „Abweichler“, wie wir genannt wurden, gute Chancen: Mit vier „Koalitionsstimmen“ dagegen hätte es gereicht, die Fusion zu verhindern. Das war schon eine schwierige Entscheidung für mich. „Nach persönlichem Empfinden dagegen oder aus Solidarität mit der eigenen

Fraktion und dem eigenen Regierungschef dafür ...“, waren meine Gedanken.

Kohl und Schöttler von der SPD und Luther und Bleiler von der CDU waren als letzte, standhafte noch dagegen. Letztlich war dann aber bei allen die Einsicht in das Notwendige stärker und der Koalitionsfriede wurde gerettet, wie die Zeitungen schrieben.

Zu diesem Thema bekam ich übrigens ganz plötzlich verschiedene, persönliche Gespräche mit dem Regierenden Bürgermeister Diepgen. Plötzlich hatte er Zeit für mich – viel Zeit – und ob ich sonst einen Wunsch hätte oder er etwas für mich machen könnte. Ich dankte! Soviel Stolz hatte ich allemal. Ich sagte nur, er könne mir einen Brief zur Notwendigkeit der Fusion schreiben und verließ das Büro des Regierenden wieder.

In der Wahlperiode 1995 bis 1999 war ich sicher ein angesehenes Mitglied der Fraktion und wir hatten gute und manchmal auch schwierige Zeiten. Klaus Landowsky war ein guter und auch souveräner Führer der Fraktion, Eberhard Diepgen war ein beliebter Regierender Bürgermeister, Klaus Böger ein guter Koalitions-Fraktionsvorsitzender der SPD und Klaus Wowereit hatte noch nichts Wesentliches zu sagen. Nur einmal geriet die Koalition heftig aneinander: nach der sogenannten „Rattenrede“ von Landowsky.

In einer langen Rede gegen den Schmutz in der Stadt, den Missbrauch im Sozialwesen, Drogenszenen überall in der Stadt und so weiter hatte er sich in der Wortwahl zu Rattenvergleichen gegenüber der Drogenszene und anderem hinreißen lassen. Das hatte die linken Parteien und die Sozialdemokraten tief in ihrer Seele verletzt und es stand wirklich ein Koalitionsbruch an. Diese Drohungen – wie wir heute wissen, wurden sie ja wenig später auch umgesetzt – gab es von der SPD natürlich öfter. Die SPD war zwar als kleiner Koalitionspartner immer in der

Regierung, konnte aber auch immer drohen: „Wenn du, CDU, nicht willst, gehen wir mit der PDS zusammen und dann haben wir die Macht in der Stadt ohne euch ...“

Die Wahlen 1999 verliefen aber nicht gut für die SPD, obwohl beziehungsweise gerade weil die SPD ein Jahr zuvor die Bundestagswahl hoch gewonnen hatte.

Auch ich gewann wieder meinen Wahlkreis in Weißensee mit noch größerem Vorsprung als vor vier Jahren. „An solche Erfolge für die CDU im Osten der Stadt könnte ich mich gewöhnen“, dachte ich. Das war dort wirklich etwas ganz anderes als im Norden (Reinickendorf), im Süden (Tempelhof) oder Westen (Spandau), wo schon seit Jahrzehnten Wahlkreise für die CDU gewonnen wurden. Es war ein ganz anderes, tolles Gefühl.

Im Parlament wurden wir eine starke Fraktion – für die SPD zu stark – wir waren in der CDU 76 Abgeordnete, die SPD nur wenig mehr als die Hälfte. Das konnte die SPD schlecht ertragen, obwohl sie von uns als gleichberechtigter Partner behandelt wurde (zum Beispiel bei der Zahl der Senatoren und so weiter).

Ein zweiter Höhepunkt meiner politischen Arbeit wurde die Wahl zum Parlaments-Vizepräsidenten für die Wahlperiode 1999 bis 2004. Die Fraktion war mehrheitlich der Meinung, dass mein Ansehen, auch bei anderen Parteien, meine Erfahrung, Souveränität und so weiter für mich sprächen. Es gab dann zwar doch – wie in Parteien üblich – einen Gegenkandidaten, aber ich gewann sicher und wurde von der CDU-Fraktion für den Vizepräsidenten vorgeschlagen.

Vor der Wahl im Parlament muss man üblicherweise, obwohl die einen ja kennen, in die anderen Fraktionen gehen, zum „Vorstellen und Befragen“. Das war vor allem für die SPD-Fraktion wichtig, denn die sollten mich als Koalitionspartner ja mitwählen. Wer nicht genügend Stimmen bekommt – die

Oppositionsfraktionen wählen in aller Regel ohnehin dagegen – ist nicht gewählt und durchgefallen. Das blieb mir zum Glück erspart, das Präsidium wurde gewählt.

Es hätte eine schöne Zeit werden können, im Parlament und mit mir als Vizepräsident. Sie wurde es aber nur für kurze Zeit. Die Arbeit im Präsidium machte Spaß, alle verstanden sich ganz gut und bei der Leitung der Parlamentssitzungen wechselten wir uns regelmäßig ab. Auch die Kontakte zu Parlamenten in anderen Metropolen mit entsprechenden Besuchen waren stets besondere Ereignisse, von denen ich zwei erwähnen möchte:

Der Besuch der „Duma", also des russischen Parlamentes, in Moskau war für mich zum Teil auch eine Reise in die Vergangenheit. War ich doch in meiner Zeit als Immunologe in Berlin-Buch oft zu Forschungsreisen nach Moskau gefahren und kannte Stadt und Menschen einschließlich ihrer Mentalität, so konnte ich jetzt die Veränderungen sehen und bewerten.

Die Hotels waren nicht mehr ganz so wie früher, also äußerlich fast wie bei uns, aber im innern (Personal) – also das war wirklich noch wie früher. Abends und nachts war es sehr schwierig, ein geöffnetes Restaurant für ein Bier zu finden (auch wie früher!) und wir landeten schließlich wieder im Hotel, um mit viel Überredungskunst und viel Geld noch etwas zum Trinken zu bekommen (für zwei einfache Zigarillos wurden mir 80,- DM-West berechnet!) – auch ähnlich wie früher. Höhepunkt war sicher der Besuch und das lange Gespräch mit Michael Gorbatschow in seinem Büro. Gorbatschow, den wir in Deutschland eher verehren (zu recht), ist in Russland eher unbeliebt und das wurde oft auch unverblümt ausgesprochen.

Ganz anders der Oberbürgermeister Luschkow. Erstens gab es bei ihm die berühmten Moskauer Konfekte, die ich von früher kannte, und zum anderen sprach man von ihm und seinen Leistungen mit Hochachtung. Dabei ist Luschkow ein klassischer Führer des alten Machtapparates, Kommunist mit diktatorischen Eigenschaften und es wurden ihm viele korrupte Geschäfte nachgesagt. Auf jeden Fall waren beide auf ihre Art eindrucksvoll.

Abb. 61 Bei Gorbatschow

Der Besuch des Präsidiums des Parlamentes in Madrid war auf andere Art interessant. Bei einem festlichem Empfang saßen Deutsche und Spanier gemischt nebeneinander, so dass die Gespräche nur in Englisch oder manchmal eben mit Dolmetscher stattfanden.

Als mein Nachbar im Verlauf des Gespräches mit mir erfuhr, dass der Reformator Dr. Martin Luther wirklich zu meiner Familiengeschichte gehört, mein Vorfahre ist, wollte er das erst gar nicht glauben. Dann holte er sicherheitshalber doch den Dolmetscher heran, um es in sicherem Spanisch zu hören und rief dann überrascht aus: „Ein spanischer Grande sitzt neben einem Nachfahren des Reformators Luther, dem Ketzer gegen Kaiser Karl V., das glaubt mir in Spanien niemand ..., das darf ich überhaupt nicht erzählen ..." Er nahm die Sache zu meiner Überraschung wirklich ernst – jedenfalls saßen wir nicht wei-

ter zusammen – aber vielleicht musste er wirklich zufällig ein anderes Gespräch führen. Die Parlamentsarbeit dort kennen zu lernen oder auch die Stadt und die Schlösser der spanischen Könige waren beeindruckend.
Zurück in Berlin steuerten wir im Parlament inzwischen der sogenannten Bankenkrise entgegen. Der Umgang mit dieser Krise meiner eigenen Partei, der CDU, war eine einzige Katastrophe! Unsere Führung steuerte wirklich kopflos in Selbige – wie ein Kaninchen, das der Schlange entgegen rennt. Dabei hatten wir eigentlich erfahrene Politiker an der Spitze.

Bei früheren Krisen hatte ich das hervorragende Management von Landowsky und Diepgen oft bewundert – aber jetzt? Landowsky war selbst Betroffener, stand im Zentrum der Kritik und konnte nicht wie sonst im Wechselspiel mit Diepgen agieren. Diepgen allein war mal eher beleidigt und mal hilflos.

Ich erinnere mich an eine Schilderung von Eberhard Diepgen einige Jahre vorher, wie er und die CDU im alten West-Berlin vor Jahren mal an die Macht gekommen seien: „Wir hatten damals eine Volksbefragung begonnen, aber die hätten wir nie geschafft ..., wenn die SPD damals nicht die Nerven verloren hätte und Neuwahlen zugestimmt hätte, wären wir als CDU nie an die Macht gekommen ...“, so Diepgen.

Diese strategischen Leistungen von damals habe ich schon bewundert. Jetzt war es umgekehrt! Die SPD und andere drohten Diepgen und der CDU mit Neuwahlen, denn alle anderen Parteien konnten sich dadurch nur verbessern, da wir damals sehr stark im Parlament vertreten waren. Zu meiner völligen Überraschung verloren nun dieses mal Diepgen und einige andere „Strategen“ von uns wieder die Nerven! Statt in aller Ruhe die Probleme zu bearbeiten und die Volksbefragung abzuwarten ... (Ein schlechteres Wahlergebnis als das, was wir nach Zustimmung zu Neuwahlen bekamen, hätten wir auch nicht bekommen!). Auch die erforderlichen Unterschriften wären sicher nicht zustande gekommen.

Aber viele unserer Abgeordneten waren völlig verblendet. Besonders vorlaute (sie hielten sich sicher für besonders mutig) riefen: „Wenn die SPD mit der PDS zusammen geht, bekommen wir von den Wählern 50 Prozent ...!"

Ich dachte nur, wo haben die eigentlich ihren politischen Verstand oder Instinkt? Aber das waren eben noch alte Westberliner Denkweisen, die nicht mehr den Realitäten entsprachen, oder es war jugendlicher Übermut/Unverstand. Für Diepgen war es sicher traurig, menschlich traurig.

Eberhard Diepgen hatte wirklich geglaubt, es gäbe einen Aufstand in der Stadt, mindestens aber bei den Westberlinern. Doch das alles blieb aus. Auf die Besonnenen im Parlament, die sagten, „lasst uns alles in Ruhe abwarten, wir können aus eigener Kraft mit den CDU-Stimmen eine Parlamentsauflösung und damit Neuwahlen verhindern", wurde damals nicht gehört – das Gegenargument war auch zu einfach: „Ihr habt nur Angst, nicht wieder gewählt zu werden, wir kriegen 50 Prozent." Das wollte sich natürlich keiner nachsagen lassen. Viele der „50-Prozent-Prognostiker" waren danach nicht mehr im Parlament!

Neuwahlen gab es nur durch den Beschluss „Auflösung des Parlamentes" und der ging nur mit Zweidrittel-Mehrheit aller Parlamentarier! Die CDU hatte aber damals wirklich so viele Abgeordnete, dass diese Mehrheit nicht ohne die CDU erreicht werden konnte. Wir mussten also selbst unserem „Untergang" zustimmen und zu meiner völligen Überraschung taten das am Ende viele – unsere „Führung" hatte uns das dringend empfohlen! Was hat nur Diepgen und seine Berater damals bewogen, zur Zustimmung zu raten? Die „Abstrafung" der CDU begann:

Als erstes wurden gegen alle CDU-Senatoren Misstrauensanträge gestellt und SPD, PDS und Grüne stimmten zu, so dass alle CDU-Senatoren abgewählt waren. Alle SPD-Senatoren blieben natürlich im Amt! Danach wurde die neue Rot-Grüne Regierung mit Hilfe der PDS gewählt und begann zu arbeiten und dann wurden Neuwahlen durch die Zustimmung der CDU angesetzt, damit alle Parteien ihr Wahlergebnis gegenüber der CDU verbessern konnten. Die Einzigen, die bis dahin immer noch im Amt geblieben waren, waren Führer, Momper und ich als Präsidenten beziehungsweise Vizepräsidenten des noch bestehenden Parlamentes. Wir schieden erst mit der Neuwahl des Präsidiums aus.

Wie klug und geschickt Strieder und Wowereit mit der SPD ihre Strategie umgesetzt haben zeigt die Tatsache, dass die Bankenkrise in der Öffentlichkeit ausschließlich der CDU zugeschrieben wurde, obwohl heute alle Ausschüsse längst belegt haben, dass die SPD mindestens eben so stark beteiligt oder betroffen war. Aber heute ist das uninteressant und das wird sich wohl im Bewusstsein der Menschen auch nicht mehr ändern.

Das vorhersehbare Ergebnis trat ein, schlimmer als befürchtet. Nach den Wahlen hatte die CDU statt 76 nur noch 36 Abgeordnete und hatte mit dem Regieren in Berlin oder einer Einflussnahme in der Stadt nichts mehr zu tun – das ist auch heute, 2007, noch so. Es begann in der CDU eine komplette Erneuerung und Umstrukturierung .

Große Niederlagen haben eben neben dem schmerzlichen Anteil manchmal auch etwas heilsames und sogar gutes.

Epilog

Von Zwiegesprächen mit dem Reformator – und wie ich zu meiner eigenen Geschichte wurde

Wie oft wohl bin ich zu der Meinung des Reformators in meinem Leben gefragt worden? Unendlich oft und seit frühester Jugend und zu den unmöglichsten und möglichsten Dingen. Sei es in der Schule oder beim Spielen oder sonst wo – der Name machte es eben! Zunächst, in der Schule, waren es nur Spottreime:

„Dr. Martin Luther
hat Hosen ohne Futter
hat Stiefel ohne Sohlen
den wird der Teufel holen!“

Ich hasste das, aber ich durfte es mir nicht anmerken lassen, sonst hätten mich die Kinder in der Schule eher mehr geärgert. Aber solche Sprüche machten ja nur die viel älteren oder größeren Kinder oder sogar auch Erwachsene, wenn sie besonders witzig sein wollten. Nein, auf meinen berühmten Vorfahren war ich zunächst nicht besonders stolz!

In der Schule war das natürlich auch für Lehrer interessant – vor der ganzen Klasse natürlich. Zugegeben – eine besonders schöne Handschrift hatte ich damals wie heute nicht. Also hieß es oft: „Deine Schrift ist ja wie beim alten Luther – aber der hat auch die Bibel übersetzt, aber du nicht!" Oder bei irgend welchen Dummheiten: „Wenn das der alte Luther wüsste ..."

Nein, geliebt oder auch dankbar für meinen Vorfahren war ich in dieser Zeit nicht wirklich! Dass man mir das anmerken konnte oder ich mich gar zu Unmutsäußerungen über den Reformator hinreißen ließ – nein, das kam auch nicht in Frage. In meinem engeren Freundes- oder Bekanntenkreis kam so etwas ohnehin nicht oder selten vor. Vielmehr wurde ich hier gefragt: „Hat er das oder jenes wirklich gesagt ...?" Hier war ich eher gezwungen, Position zu beziehen und das setzte wiederum Wissen voraus.

Ein ganz kleines Büchlein, dass ich über den Reformator gelesen hatte, reichte völlig aus, um zu antworten – fehlende Wissenslücken wurden unter Kindern mühelos mit kleinen passenden Ergänzungen gefüllt. Die anderen wussten ohnehin nichts über den Reformator. So konnte ich einerseits mit etwas „angeben", was andere nicht wussten, und indirekt beschäftigte ich mich doch mit dem Reformator, ohne dass mich die Schule oder ein Lehrer dazu aufforderte.

Wie gesagt, die Würdigung der historischen Leistung des Reformators Dr. Martin Luther fand in der DDR-Schule nicht ausgeprägt statt!

In der Schulzeit, besonders im Fach Geschichte, war er immer der „Bauernfeind" und Thomas Münzer, ebenfalls eine historische Figur der damaligen Zeit und zunächst Freund und Schüler Luthers, war der Held und Freund des Volkes. Er entsprach in der DDR-Geschichtsschreibung wohl eher den revolutionären Vorstellungen und konnte leichter in die „Geschichte der Arbeiterbewegung" – so hieß das Unterrichtsfach (eine besondere Form von Geschichte) – eingeordnet werden. Da passte Dr. Martin Luther nicht so gut hinein.

Kein Unterrichtsfach wurde und wird wohl so sehr dem Zeitgeist oder der aktuellen Politik beziehungsweise den Vorstellungen der Politik angepasst wie eben das Fach

Geschichte – nicht nur in der DDR. Das ist auch heute nicht sehr viel anders.

Ich fühlte mich da in der Schule immer ein bisschen mit angegriffen, wenn er, der Reformator, „mein“ berühmter Vorfahre, „schlecht weg kam“ im Fach Geschichte. Aber auch heute hätte die Geschichtsschreibung viele Gründe, sich positiv oder negativ über den Reformator zu äußern – auch nach fast 500 Jahren.

Denken Sie nur an sein sehr negatives Urteil über die Juden oder seine Sorge und Angst vor dem Verlust der christlichen Werte durch den Islam, als 1529 nur durch heldenhaften Kampf Wien vor der Eroberung durch die Türken gerettet werden konnte. Angst, aber auch Hoffnung Martin Luthers wird sehr schön in einem seiner berühmtesten Kirchenlieder sichtbar, das er 1528 schrieb und vertonte: „Ein feste Burg ist unser Gott ...“

Ich ging also meinen beruflichen Weg und den an der Universität, in der Aspiranturzeit oder in der Klinik, im Forschungsinstitut für Lungenkrankheiten in Berlin-Buch – und der Reformator spielte keine oder eine untergeordnete Rolle. Das änderte sich in der DDR erst, als 1983 ein Jubiläum anstand (500. Geburtstag) und man sich in der „verhassten“ BRD anschickte, die große historische Leistung eines Deutschen zu ehren.

Das ging den DDR-Verantwortlichen um Erich Honecker nun doch zu weit! Eine große, international gefeierte deutsche Persönlichkeit, die in DDR-Bezirken Halle, Erfurt, Leipzig und Magdeburg gelebt und gewirkt hatte, konnte man nicht dem Klassenfeind überlassen! Da wurde kurzerhand die Geschichtsschreibung geändert und der Reformator Dr. Martin Luther war plötzlich ein „Guter“, wurde zum „Revolutionären Vorkämpfer“ und passte jetzt auch in die „Geschichte der Arbeiterbewegung“. Das alles stand im „Zentralorgan“ der SED, also in der Zeitung „Neues Deutschland“ und was da stand, war so gut wie Gesetz – man konnte das immer und überall zitieren.

Zunächst rieb ich mir ungläubig die Augen, als ich davon hörte, aber es war der Auftakt einer großen Luther-Ehrung durch den Staat in der DDR. Das war also 1983 und der Reformator war seit dieser Zeit etwas rehabilitiert in seinem Ansehen.

Als ich mein erstes Fachbuch schrieb (erschienen 1982), fand man das im Verlag zwar interessant, aber ich profitierte noch nicht von dem Namen „Luther" beziehungsweise es wusste keiner um die verwandtschaftliche Beziehung und es interessierte auch niemanden. Aber ich schrieb ja auch nur das eine oder andere Fachbuch – keine politische „Schmähschrift" gegen den Papst oder eine revolutionäre Schrift über die wirklichen Christenmenschen, wie es der Reformator in meinem damaligen Alter vergleichbar geschrieben hatte.

Er hatte damals seinen Kürfürsten und dessen politische Freunde auf seiner Seite, aber den Papst in Rom und fast alle kirchlichen und weltlichen Herrscher der damaligen Zeit als Gegner. Wie wir heute wissen, war sein Schreiben ein gefährlicher Kampf, bei dem er sein Leben für seine Überzeugung einsetzte.

Das alles und sicher viel mehr fehlte und fehlt mir – aber er ist dafür auch völlig zu Recht einer der berühmtesten deutschen Persönlichkeiten aller Zeiten geworden: Bei einer Umfrage im Jahre 2003 kam er bei der deutschen Bevölkerung auf Platz zwei. Diese Umfrage war aber wohl nicht wirklich bedeutend, kamen doch Persönlichkeiten wie Thomas Mann auf Platz 76 oder Friedrich Schiller auf 68 und der wohl genialste Forscher aller Zeiten, Alexander von Humboldt, auf Platz 61 während Daniel Kübelböck (wer auch immer das war!) auf Platz 16 landete – was für eine historische Leistung muss jener für Deutschland erbracht haben!

Ein Historiker schrieb damals: „Wenn es noch eines Beweises bedurfte, dass Deutschland in der „Pisa-Studie" wirklich und zu

Recht katastrophal abgeschnitten hat, das Votum für Kübelböck hat das eindrucksvoll bewiesen ..." Er meinte, mit der Bildung der Deutschen sei es eben immer schlechter geworden.

Eindrucksvoller oder realistischer war da sicher eine amerikanische Studie, die zum Ausgang des 20. Jahrhunderts, im Jahr 2000 gemacht wurde. Es wurde bei vielen Wissenschaftsmagazinen weltweit angefragt und ermittelt; Künstler, Wissenschaftler und andere wurden nach der berühmtesten Persönlichkeit weltweit, aus den vergangenen 1000 Jahren befragt.

Nach dieser Studie der weltweit bedeutendsten Persönlichkeiten wurde der Reformator Dr. Martin Luther auf Platz drei eingestuft! Platz eins bei dieser weltweiten Umfrage bekam übrigens der Erfinder der Buchdruckerkunst Johann Gutenberg, ein „Zeitgenosse" Luthers (ebenfalls ein Deutscher – was waren das für Zeiten!).

Platz zwei in dieser Studie ging an Christoph Kolumbus, Platz vier an Galileo Galilei, dann folgten Shakespeare, Newton, Darwin. Beethoven war als dritter Deutscher auf Platz zehn (drei Deutsche in den Top Ten weltweit!).

Mit zwei Ereignissen bin ich aber dann doch zu ernsthaften Überlegungen oder Zwiegesprächen mit dem Reformator gekommen, ob ich das wohl machen sollte oder nicht und ob der Reformator wohl einverstanden wäre oder nicht.

Im Juni 2004 habe ich an der Berliner Rathaustür Thesen angeschlagen und das kam so: Der rot-rote Senat in Berlin, also SPD und PDS, hatten beschlossen, den Religionsunterricht an Berliner Schulen zu streichen. Die CDU im Parlament kämpfte zwar gegen den Beschluss, aber die anderen hatten die Mehrheit. Jetzt protestierten die Kirchen – katholische und evangelische gemeinsam – doch es half nichts. Dann sollten Prominente der Stadt den Protest unterstützen. Kardinal Sterzinsky und die ehemalige Senatorin und Parlamentspräsidentin Laurin für die katholischen

Christen und Bischof Huber und ich als ehemaliger Senator und Parlamentsvizepräsident für die evangelische Kirche.

Die Idee war, eine Unterrichtsstunde auf der Straße zu machen. Schulkinder sollten auf dem Alexanderplatz 1000 gelbe und violette Luftballons in den Himmel steigen lassen, damit die Aktion weithin sichtbar würde.

Ich wusste aus meiner Erfahrung, dass Wowereit als regierender Bürgermeister eine solche Aktion nicht einmal registrieren würde und die Medien wohl auch nicht viel berichten könnten. Irgendeiner kam auf die Idee, Dr. P. Luther könne wie Dr. M. Luther die Forderungen an die Rathaustür schlagen. Die Idee gefiel mir und ich erklärte mich gegenüber den Organisatoren des Kirchenprotestes bereit. Auch die waren einverstanden und sagten zu die Thesen zu formulieren. Aber damit begann auch das Problem. Kaum meldeten die Zeitungen: „Dr. P. Luther schlägt Thesen an die Rathaustür", setzte der erhoffte Erfolg für die Öffentlichkeit ein. Fast alle Zeitungen berichteten eine Woche vorher davon, was ich machen wollte. Peinlich wurde mir nach und nach, dass ich auf die Fragen „welche Thesen, welcher Inhalt ..." nichts sagen konnte, denn die Formulierungen lagen beim Organisationsbüro bzw. der Pressestelle der Kirche. Mehrfach bat ich um Mitwirkung oder wenigstens um die Bekanntgabe des Inhaltes – ohne Erfolg. Es hieß nur: „Mitwirken können Sie nicht und unsere Formulierungen können wir Ihnen auch nicht geben."

Der „Kirchen-Protest" hatte aber inzwischen so einen positiven Verlauf genommen, dass ich das nicht mehr durch eine Absage scheitern lasse wollte. Aber Thesen in aller Öffentlichkeit an die Rathaustür vor laufenden Kameras zu nageln und sie weder vorher gesehen zu haben noch sie mit formulieren zu dürfen, das ging nicht. Nicht mit mir! Nachdem eine erneute Bitte mitzuformulieren scheiterte, entschloss ich mich, eigene Thesen zu formulieren und so der Kirche zu ihrem Erfolg zu verhelfen.

Wie gesagt, Ziel war es, die Bevölkerung über die Medien wach zu rütteln. Natürlich kam mir jetzt wieder der Reformator in den Sinn. Ich sollte ja wie er etwas Wichtiges machen; seine Tat vor 500 Jahren „missbrauchen". Immerhin für einen guten Zweck und ich dachte es wäre in seinem Sinne. Hätte er es wohl auch so gemacht und dann eigene Formulierungen gewählt?

Hätte er!

Vor 500 Jahren hatte er seine Thesen auch erst an den Erzbischof in Mainz oder Magdeburg geschickt. Erst als dieser nicht antwortete oder reagierte, hat Martin Luther seine Thesen veröffentlicht (damals an die Kirchentür genagelt). Rathaustüren oder Kirchentüren erfüllten vor 500 Jahren durchaus den Zweck, den heute Presse und Fernsehen haben. Ich fühlte mich also bestätigt oder zumindest in Gedanken nicht von ihm gescholten.

Also setzte ich mich an den verbleibenden drei Tagen viele Stunden mit einigen Freunden zusammen und wir formulierten Thesen. Der Presse sagte ich, wir würden Thesen machen und ich sagte jetzt auch etwa was - viele berieten uns, was wichtig war. Es sollten Thesen für unsere Zeit werden. Es waren katholische und evangelische Christen dabei, eine junge Muslimin aus unserer CDU, ganz junge Meinungen (18 und 27 Jahre), unpolitische Meinungen und so weiter. Selbst Eberhard Diepgen, Stadträte und andere beteiligten sich am Formulieren der Thesen.

Nach drei Tagen waren sie fertig.

Ich hatte sieben Thesen für unser Land und sieben Thesen für die Politik formuliert. Die Presse der Kirche hatte mir signalisiert, dass sie sieben Thesen zum Religionsunterricht gemacht hatte. So konnte ich der immer wieder nachfragenden Presse sagen, ich würde drei mal sieben, also 21 Thesen für das 21. Jahrhundert an Wowereits Rathaustür anbringen.

Die Botschaft kam an und der regierende Bürgermeister hatte längst – durch die Zeitungen informiert – registriert, was da kam.

Viele meiner Freunde halfen jetzt bei der Aktion – sie wurde immer mehr zu „unserer" Aktion für die Kirche. Als erstes erfuhren wir, die Rathaustür dürfen wir nicht benutzen, sie gehört dem Senat und Wowereit stimmt nicht zu. Da war guter Rat teuer und die ganze Aktion hätte scheitern können. Ein guter Freund unserer Karower CDU half. Gerd L. restaurierte dort gerade eine alte Scheune und hatte die großen Scheunentüren schon fertig. Die stellte er uns zu Verfügung und fuhr mit seinem Transporter vor das Rathaus und baute die Tür separat auf. Um aber über ein Mikrophon zu verkünden, was wir machen (der Kirchenprotest hieß „Tag der 100.000") mussten wir so ein Mikrophon und also Strom haben. Aber auch das erlaubte uns das rote Rathaus von Herrn Wowereit nicht. Wir durften wirklich nicht eine der dortigen Steckdosen benutzen. Allein diese Entscheidung zeigte mir, wie deutlich unser Anliegen bereits bei dem rot-roten Senat angekommen war. Doch die Hilfsbereitschaft war riesig: In kürzester Zeit war ein Notstromaggregat aufgetrieben.

Inzwischen kamen auch die vielen Kinder mit ihren Luftballons zu uns zum Rathaus, wir hatten eine große alte Tür, wir hatten ein Mikrophon und wir hatten drei große Rollen mit den Thesen.

Über Mikrophon hatte ich eine kurze Rede zu dem Erhalt von Wertvorstellungen, Gerechtigkeit und so weiter gehalten und gefordert, dass so etwas auch in der Schule vermittelt werden müsse.

Schließlich nagelte ich gemeinsam mit Bischof Huber die Thesen an unsere Tür und über diese Bilder und die Zeitungen erfuhr die ganze Stadt von unserem Anliegen.

Ich hoffte, der Reformator hätte mir in dieser Aktion zugestimmt.

Abb. 62 Thesenanschlag mit Bischof Huber

Abb. 63 Als Luther zu „Luthers Hochzeit“ in Wittenberg.

Ziemlich unwohl fühlte ich mich zunächst bei einer vorerst letzten Luther-Luther Zwiesprache im Jahr 2007 – hier sollte ich den Reformator selbst „spielen“ – zu „Luthers Hochzeit“ in Wittenberg.

Zunächst klang das für mich nicht kompliziert. 2006 war ich zwei Mal zu einer Musiksendung des MDR-Fernsehens eingeladen worden. Wittenberg als Stadt wurde dort vorgestellt und der berühmteste Sohn der Stadt erwähnt. In endsprechenden Gewändern standen dort Dr. Martin Luther und seine Freunde. Die Idee verlief dann so: „Heute haben wir nicht nur einen Schauspieler Luther in endsprechender Tracht, sondern einen echten Luther, also Dr. Peter Luther aus Berlin, in der 14. Generation nach Martin...,Ex Senator...“

Nach der Fernsehaufzeichnung saßen wir noch bei einem Bier zusammen und „Luthers Freunde“ aus Wittenberg meinten, ob ich diese Rolle nicht im nächsten Jahr machen wolle. Ein echter Luther als Martin Luther zum Stadtfest. Das Stadtfest kannte ich zwar vom Fernsehen, aber nur oberflächlich und sagte formal zu mit dem Anmerken, „wir reden nächstes Jahr noch einmal darüber ...“

2007 bekam ich dann prompt einen Anruf und wurde gefragt, ob ich mich noch erinnerte. Ich sagte erneut „ja“ und dachte vielleicht an drei Stunden an einem Tag – also keinen großen Aufwand, bat aber um Zusendung von Unterlagen um zu wissen, was auf mich zukommen würde. Danach gab es ein Treffen in Berlin, und nun war ich doch überrascht von dem Ausmaß des Festes „Luthers Hochzeit“ in Wittenberg. Inzwischen war ich richtig neugierig, was da alles auf mich zukommt, und zu der Neugierde kam jetzt auch ein kribbelndes Gefühl.

Zum ersten: Die Rolle des großen Vorfahren spielen – wie machte ich das? Ich war schließlich kein Schauspieler, der ständig in irgendeine Rolle zu schlüpfen gewohnt war. Und dann sollte ich auch noch meine eigene Geschichte, meinen Vorfahren darstellen. „Da kann man ganz schnell mal verlieren“, dachte ich mir. Ob der Reformator das wohl gut heißen würde, wenn ich ihn spielte?

Das zweite Kribbeln betraf „Katharina“. Ich sollte sie natürlich heiraten und mindestens drei Tage ganztägig mit ihr zusammen im Mittelpunkt vieler Menschen stehen. Auch das war ein Risiko, denn ich hatte bei der Auswahl keine Mitsprache. Auch das konnte schon mal schief gehen und die drei Tage könnten dann sehr anstrengend sein. Zu meinem Glück ging alles gut denn Katharina wurde gut für mich ausgewählt aus den Bewerberinnen.

Es gab im Vorfeld verschiedene Pressetermine und dann kam das Fest. Ich war völlig überwältigt, mit welcher Freude und Begeisterung wir drei Tage gefeiert wurden! Trotz brütender Hitze waren wir alle Tage in unseren dicken, viel zu warmen Gewändern in der Stadt unterwegs und waren begeistert.

Hier habe ich noch mehr gehofft, dass der Reformator mit mir einverstanden war beziehungsweise habe oft davor nachgedacht, wie ich wohl mit dieser Rolle umgehen sollte. Das Fest und die Menschen, das war jedenfalls ein einmaliges Erlebnis. Ebenso einmalig wie das Gefühl, für einen kurzen Moment im Leben seine eigene Geschichte zu sein.

Der Reformator Dr. Martin Luther wäre vielleicht stolz oder nicht stolz auf mich. Aber wer weiß das schon wirklich. Gedanken über 500 Jahre zurück kann man nicht ermitteln. Der Reformator übrigens ist in etwa dem Alter gestorben, in dem ich dieses Buch schreibe – er ist 63 Jahre alt geworden. Mit den heutigen medizinischen Leistungen wäre er sicher viel älter geworden (nicht nur er), weil damals das kleinste „Problem“, auch eine Erkältung, zum Tode führen konnte.

So, jetzt ist der Rahmen gesteckt für mich, für dieses Buch. Aber wo sollte ich mir auch einen Rat holen, um ein solches Buch zu schreiben? Mit dem Reformator vergleichen? Geht nicht – auch heute nach 500 Jahren nicht. Ein Fachbuch, o.k. das ist etwas anderes, aber eine Art Biographie, als „Luther", eine Biographie? Die dann im Regal neben Bohlen und Effenberg oder den „weiblichen Fraktionen" dieser Kategorie, den weiblichen „Luders", wie es die Zeitschrift GALA in einem Portrait über mich schrieb, steht? Das ist auch keine gute Vorstellung!

Der Reformator wäre darüber sicher nicht zufrieden mit mir. Aber einen Erlebnisbericht als Zeitzeuge, wirkliche, eigene und ganz persönliche Erlebnisse einer hoch interessanten Zeit in Deutschland zu beschreiben, das sollte ich vielleicht wirklich einfach machen. Andererseits bin ich es dem Reformator auch wieder irgendwie schuldig. Ich denke, er hätte möglicherweise auch gesagt: „Mache es einfach und frage nicht ..." oder „schreib, was aus der Feder kommt und denke nicht darüber nach, was andere darüber denken ...!"

So habe ich also immer wieder Mut gefasst, doch zu Ende zu schreiben.

Anhang

Stammbäume

700 Jahre Familie Luther
Stammbaum in seiner Zeit

1180 +Kaiser Friedr. Barbarossa
1227 +Dsingis Khan
1283 Deutscher Orden in Preußen

1 Wiegand von Luther (Luder)
Ritter auf Möhra
1295 und 1308 geschichtlich erwähnt,

1237 Gündung Berlins

1300

1301 Osman I (Osm. Reich)
1339 "Hundertjähriger Krieg"
1356 "Goldene Bulle"
1365 Kaiser Karl IV (Prag)
1371 - 1714 Dynastie der Stuarts in England

2 Heinrich von Luther (Luder)
1317 und 1321 geschichtlich erwähnt

3 Luther von der Reede (Luder)
*1360 +1437 (77)
Pfalzgraf u. Freiherr

4 Wiegand von Luther (Luder)
*1396 +1456 (60)

1328 +Meister Eckhard (Mystiker)
1330 Erfindung des Schießpulvers
1348 erste deutsche Universität Prag
1350 Pest in Europa (1/3 der Bevölkerung stirbt)
1358 Gründung der "Hanse"

1400

1415 Friedrich I. Kurfürst in Brandenburg
1415 Jan Huss
1429 Jungfrau von Orleans
1483 Richard III, König von England
1493 Maximilian I, Kaiser

5 Heine Luther (Luder)
*1430 +vor 1510 (75)
~ Margarethe Ziegler
*1431 +1521

6 Hans Luther (Luder d. Große)
*1459 Möhra +29.05.1530 (71)
Bergmann in Eisleben/Ratsherr
~ Margarethe Lindemann

7 Jakob Luther
*1490 +18.01.1571 (81)
Ratsherr

Dr. Martin Luther
*10.11.1483 +18.02.1546 (63)
der Reformator

1401 +Störtebecker
1427 erste deutsche Steuern
1450 Gutenberg (erster Buchdruck)
1473 - 1543 Kopernikus
1475 - 1564 Michelangelo
1481 Inquisition in Spanien
1492 Columbus
1493 - 1541 Paracelsus

1500

1515 - 1547 Franz I, König von Frankreich
1519 Karl V, Kaiser
1520 - 1566 Sulliman II (Osm.Reich)
1521 Reichstag in Worms
1533 Elisabeth I, Königin von England
1556 Philipp II, König von Spanien

8 Johannes Luther ("Miles")
*1515 Eisleben +1584 in Drohndorf (69)
Landsknecht

9 Andreas Luther
*1536 Drohndorf +1580 in Drohndorf (44)
Bauer

10 Johann Luther
*1557 Drohndorf +1615/21 (64
Richter in Drohndorf
~ M. Stehling
*1560 +1621

11 Peter Luther
*1580 +1627 (47)
Richter in Drohndorf
~ A. Duderstedt

1517 Luthers 95 Thesen
1520 +Raphael
1520 Magellanés (1. Weltumsegel.)
1522 Luther, Bibelübersetzung (erste deutsche Schriftsprache)
1528 +A. Dürer
1582 Papst Gregor XIII (Kalender)

1600

1618 - 1648 30-jähriger Krieg
1634 +Wallensteins
1640 "Große Kurfürst" in Preußen
1643 Louis XIV, König in Frankreich
1697 Prinz Eugens Sieg über Türken

12 Andreas Luther
*07.02.1610 +07.04.1654 (44)
Freisasse in Drohndorf

13 Peter Ernst Luther
*21.10.1653 +28.03.1700 (47)
Freisasse zu Drohndorf
~ M. Dummenhagen

14 Johann Daniel Luther
*01.10.1680 +01.10.1735 (55)
Ackersasse, Drohndorf
~ Wiehla

1606 - 1669 Rembrandt van Rijn
1640 Rubens
1643 - 1727 Isaac Newton
1648 Westfählischer Frieden
1685 - 1750 J. S. Bach

1700

1713 - 1740 König Friedrich Wilhelm I (Sold. K.)
1740 - 1786 "Friedrich der Große"
1745 Kaiserin Maria Theresia
1762 Zarin Katharina II
1789 Französische Revolution

15 Johann Ludolph Luther
* 21.03.1717 +21.10.1781 (64)
Ackersasse, Drohndorf
~ Dorothea Luther

16 Johann Gottfried Christoff Luther
24.12.1744 Drohndorf +28.03.1808 (64)
Freisasse
~ Johanna Elisabeth Luther

17 Johann Martin Hartwig Luther
*19.09.1792 Drohndorf +24.02.1848 (56)
Freisasse und Gutsbesitzer in Drohndorf
~ Boßmann

1700 Gründung Akademie der Wissenschaften
1703 Bau von Petersburg
1739 Voltaire
1749 - 1832 J. W. v. Goethe
1757 Carl von Liné (System d. Arten)
1763 Gründung Charité in Berlin
1770 - 1827 Beethoven

1800

1804 Kaiser Napoleon I
1813 Völkerschlacht Leipzig
1848 - 1918 Kaiser Franz Jospeph I, Österreich
1861 - 1888 Kaiser Wilhelm I
1861 Abraham Lincoln, Präsident USA
1874 Amaedeus I, letzt. König, Spanien
1888 - 1918 Kaiser Wilhem II

18 Martin Georg Gottfried Luther
*18.11.1817 +17.06.1898 (79)
Freisasse und Gutsbesitzer
~ Mänicke

19 Otto Friedrich Franz Luther
11.02.1862 Drohndorf +21.06.1943 (81)
Gutsbesitzer Drohndorf
~ Hermine Köhler

1817 "Wartburgfest" (deutsche Einheit)
1818 - 1883 Karl Marx
1835 erste Deutsche Eisenbahn
1837 "Gebrüder" Grimm
1848 Bürgerliche Revolution in Deutschland
1859 +A. v. Humboldt
1878 Erfindung Telefon, Licht
1886 erstes Auto (Daimler)
1890 +van Gogh
1895 Röntgen

1900

1933 - 1945 Adolf Hitler
1949 Konrad Adenauer
1953 Elisabeth II, Königin von England
1963 +John F. Kennedy
1969 Willy Brandt
1985 Michael Gorbatschow
1990 Deutsche Wiedervereinigung

20 Otto Friedrich Martin Luther
* 19.04.1903 Drohndorf +10.12.1992 (89)
Gutsbesitzer
~ Margarethe Götze
*02.01.1906 +03.06.1985

21 Dr. Peter Luther
*10.05.1942 Drohndorf
Senator
~ Ghita Stober
*10.09.1947

1905 Landsteiner (Blutgruppen)
1967 Barnard (1. Herzverpflanzung)
1968 erste Mondlandung
1973 +Picasso
1977 erster Computer (PC)

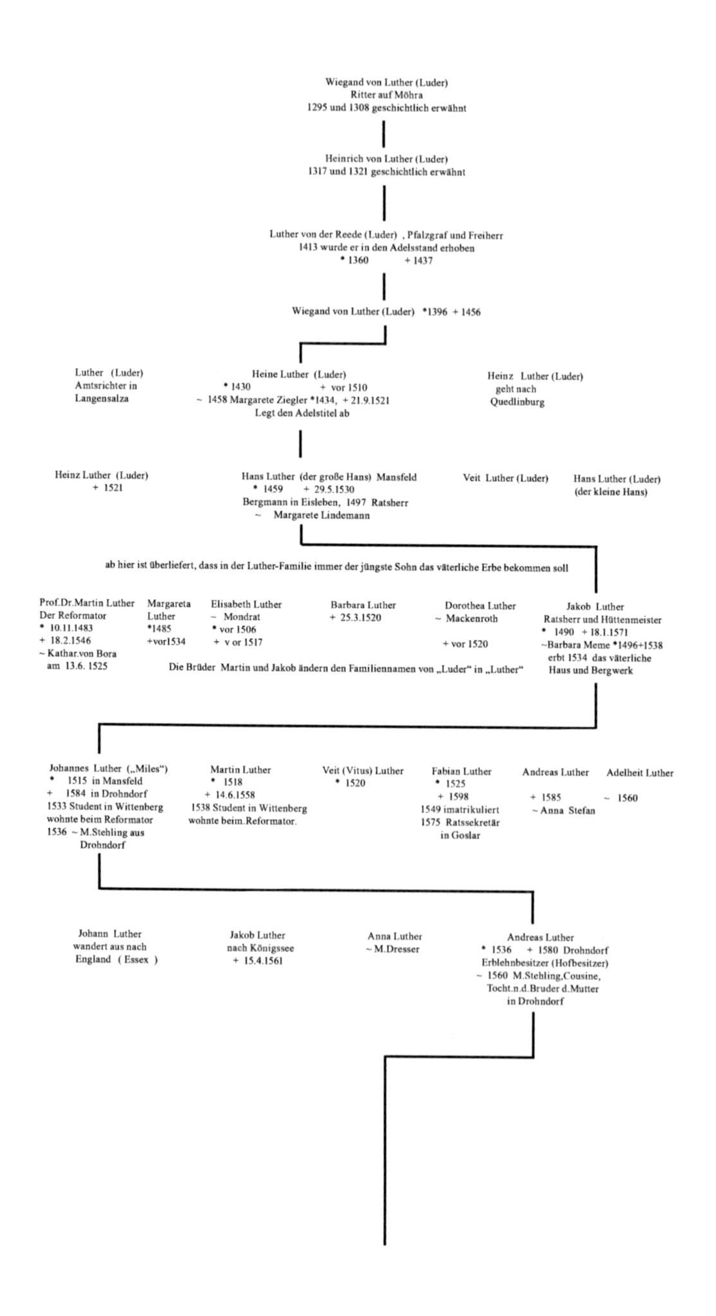
Wiegand von Luther (Luder)
Ritter auf Möhra
1295 und 1308 geschichtlich erwähnt
Heinrich von Luther (Luder)
1317 und 1321 geschichtlich erwähnt
Luther von der Reede (Luder) , Pfalzgraf und Freiherr
1413 wurde er in den Adelsstand erhoben
* 1360 + 1437
Wiegand von Luther (Luder) *1396 + 1456
Luther (Luder)
Amtsrichter in
Langensalza
Heine Luther (Luder)
* 1430 + vor 1510
~ 1458 Margarete Ziegler *1434, + 21.9.1521
Legt den Adelstitel ab
Heinz Luther (Luder)
geht nach
Quedlinburg
Heinz Luther (Luder)
+ 1521
Hans Luther (der große Hans) Mansfeld
* 1459 + 29.5.1530
Bergmann in Eisleben, 1497 Ratsherr
~ Margarete Lindemann
Veit Luther (Luder)
Hans Luther (Luder)
(der kleine Hans)
ab hier ist überliefert, dass in der Luther-Familie immer der jüngste Sohn das väterliche Erbe bekommen soll
Prof.Dr.Martin Luther
Der Reformator
* 10.11.1483
+ 18.2.1546
~ Kathar.von Bora
am 13.6. 1525
Margareta
Luther
*1485
+vor1534
Elisabeth Luther
~ Mondrat
* vor 1506
+ v or 1517
Barbara Luther
+ 25.3.1520
Dorothea Luther
~ Mackenroth
+ vor 1520
Jakob Luther
Ratsherr und Hüttenmeister
* 1490 + 18.1.1571
~Barbara Meme *1496+1538
erbt 1534 das väterliche
Haus und Bergwerk
Die Brüder Martin und Jakob ändern den Familiennamen von „Luder“ in „Luther“
Johannes Luther („Miles“)
* 1515 in Mansfeld
+ 1584 in Drohndorf
1533 Student in Wittenberg
wohnte beim Reformator
1536 ~ M.Stehling aus
Drohndorf
Martin Luther
* 1518
+ 14.6.1558
1538 Student in Wittenberg
wohnte beim.Reformator.
Veit (Vitus) Luther
* 1520
Fabian Luther
* 1525
+ 1598
1549 imatrikuliert
1575 Ratssekretär
in Goslar
Andreas Luther
+ 1585
~ Anna Stefan
Adelheit Luther
~ 1560
Johann Luther
wandert aus nach
England (Essex)
Jakob Luther
nach Königssee
+ 15.4.1561
Anna Luther
~ M.Dresser
Andreas Luther
* 1536 + 1580 Drohndorf
Erblehnbesitzer (Hofbesitzer)
~ 1560 M.Stehling,Cousine,
Tocht.n.d.Bruder d.Mutter
in Drohndorf

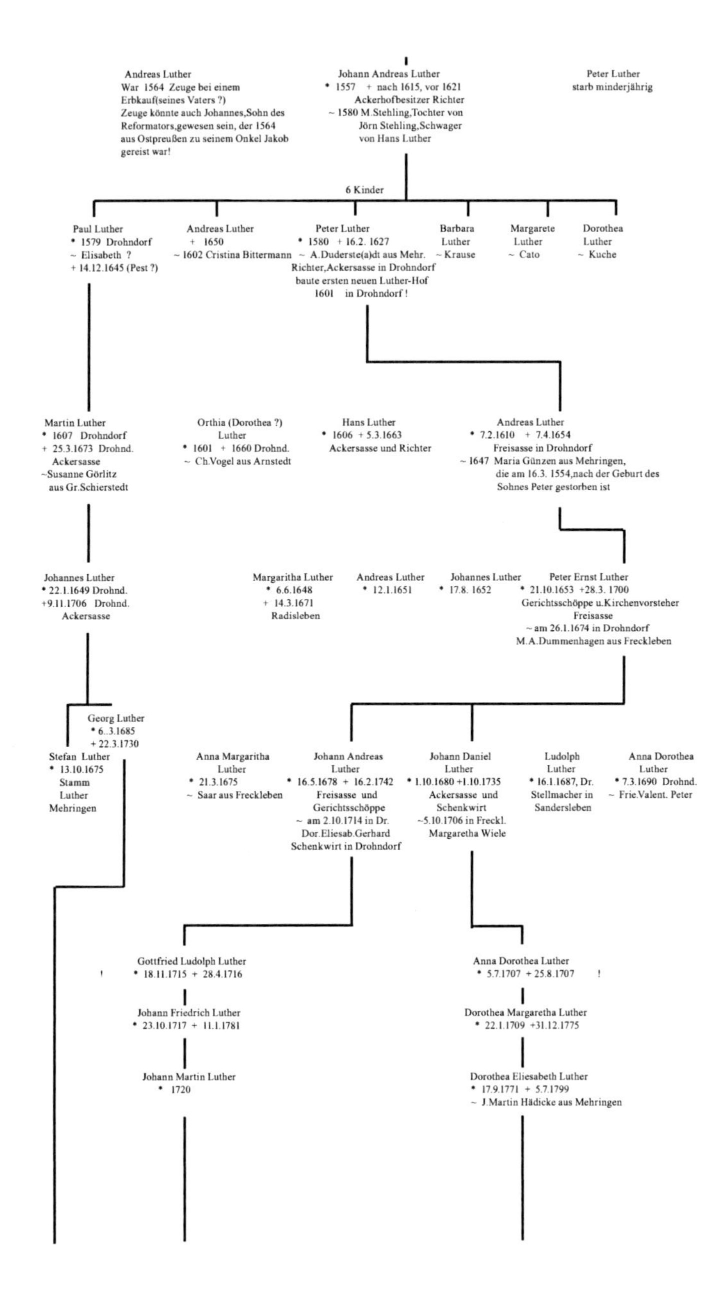
Andreas Luther
War 1564 Zeuge bei einem
Erbkauf(seines Vaters ?)
Zeuge könnte auch Johannes,Sohn des
Reformators,gewesen sein, der 1564
aus Ostpreußen zu seinem Onkel Jakob
gereist war!
Johann Andreas Luther
* 1557 + nach 1615, vor 1621
Ackerhofbesitzer Richter
~ 1580 M.Stehling,Tochter von
Jörn Stehling,Schwager
von Hans Luther
Peter Luther
starb minderjährig
6 Kinder
Paul Luther
* 1579 Drohndorf
~ Elisabeth ?
+ 14.12.1645 (Pest ?)
Andreas Luther
+ 1650
~ 1602 Cristina Bittermann
Peter Luther
* 1580 + 16.2. 1627
~ A.Duderste(a)dt aus Mehr.
Richter,Ackersasse in Drohndorf
baute ersten neuen Luther-Hof
1601 in Drohndorf !
Barbara
Luther
~ Krause
Margarete
Luther
~ Cato
Dorothea
Luther
~ Kuche
Martin Luther
* 1607 Drohndorf
+ 25.3.1673 Drohnd.
Ackersasse
~Susanne Görlitz
aus Gr.Schierstedt
Orthia (Dorothea ?)
Luther
* 1601 + 1660 Drohnd.
~ Ch.Vogel aus Arnstedt
Hans Luther
* 1606 + 5.3.1663
Ackersasse und Richter
Andreas Luther
* 7.2.1610 + 7.4.1654
Freisasse in Drohndorf
~ 1647 Maria Günzen aus Mehringen,
die am 16.3. 1554,nach der Geburt des
Sohnes Peter gestorben ist
Johannes Luther
* 22.1.1649 Drohnd.
+9.11.1706 Drohnd.
Ackersasse
Margaritha Luther
* 6.6.1648
+ 14.3.1671
Radisleben
Andreas Luther
* 12.1.1651
Johannes Luther
* 17.8. 1652
Peter Ernst Luther
* 21.10.1653 +28.3. 1700
Gerichtsschöppe u.Kirchenvorsteher
Freisasse
~ am 26.1.1674 in Drohndorf
M.A.Dummenhagen aus Freckleben
Georg Luther
* 6..3.1685
+ 22.3.1730
Stefan Luther
* 13.10.1675
Stamm
Luther
Mehringen
Anna Margaritha
Luther
* 21.3.1675
~ Saar aus Freckleben
Johann Andreas
Luther
* 16.5.1678 + 16.2.1742
Freisasse und
Gerichtsschöppe
~ am 2.10.1714 in Dr.
Dor.Eliesab.Gerhard
Schenkwirt in Drohndorf
Johann Daniel
Luther
* 1.10.1680 +1.10.1735
Ackersasse und
Schenkwirt
~5.10.1706 in Freckl.
Margaretha Wiele
Ludolph
Luther
* 16.1.1687, Dr.
Stellmacher in
Sandersleben
Anna Dorothea
Luther
* 7.3.1690 Drohnd.
~ Frie.Valent. Peter
!
Gottfried Ludolph Luther
* 18.11.1715 + 28.4.1716
Johann Friedrich Luther
* 23.10.1717 + 11.1.1781
Johann Martin Luther
* 1720
Anna Dorothea Luther
* 5.7.1707 + 25.8.1707
!
Dorothea Margaretha Luther
* 22.1.1709 +31.12.1775
Dorothea Eliesabeth Luther
* 17.9.1771 + 5.7.1799
~ J.Martin Hädicke aus Mehringen

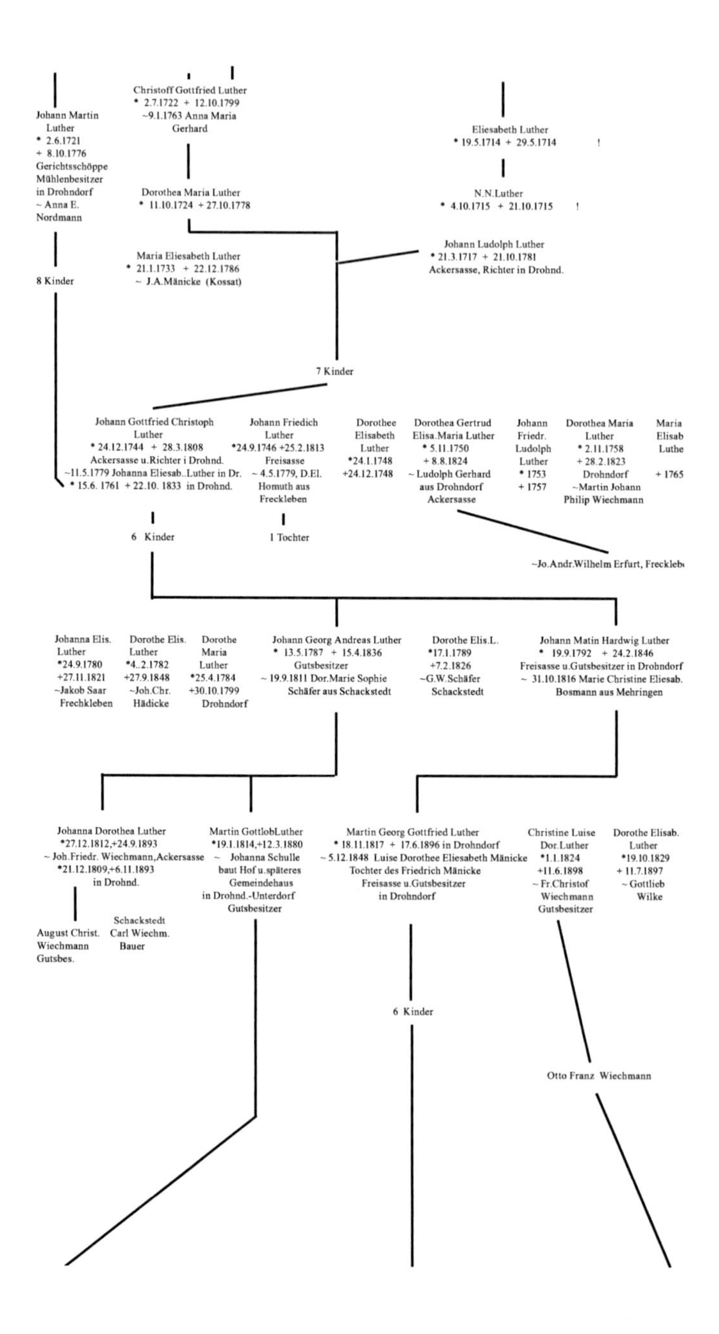
Christoff Gottfried Luther
* 2.7.1722 + 12.10.1799
~9.1.1763 Anna Maria
Gerhard
Johann Martin
Luther
* 2.6.1721
+ 8.10.1776
Gerichtsschöppe
Mühlenbesitzer
in Drohndorf
~ Anna E.
Nordmann
Eliesabeth Luther
* 19.5.1714 + 29.5.1714
Dorothea Maria Luther
* 11.10.1724 + 27.10.1778
N.N.Luther
* 4.10.1715 + 21.10.1715
Johann Ludolph Luther
* 21.3.1717 + 21.10.1781
Ackersasse, Richter in Drohnd.
Maria Eliesabeth Luther
* 21.1.1733 + 22.12.1786
~ J.A.Mänicke (Kossat)
8 Kinder
7 Kinder
Johann Gottfried Christoph
Luther
* 24.12.1744 + 28.3.1808
Ackersasse u.Richter i Drohnd.
~11.5.1779 Johanna Eliesab..Luther in Dr.
* 15.6. 1761 + 22.10. 1833 in Drohnd.
Johann Friedich
Luther
*24.9.1746 +25.2.1813
Freisasse
~ 4.5.1779, D.El.
Homuth aus
Freckleben
Dorothee
Elisabeth
Luther
*24.1.1748
+24.12.1748
Dorothea Gertrud
Elisa.Maria Luther
* 5.11.1750
+ 8.8.1824
~ Ludolph Gerhard
aus Drohndorf
Ackersasse
Johann
Friedr.
Ludolph
Luther
* 1753
+ 1757
Dorothea Maria
Luther
* 2.11.1758
+ 28.2.1823
Drohndorf
~Martin Johann
Philip Wiechmann
Maria
Elisab
Luthe
+ 1765
6 Kinder
1 Tochter
~Jo.Andr.Wilhelm Erfurt, Freckleb
Johanna Elis.
Luther
*24.9.1780
+27.11.1821
~Jakob Saar
Frechkleben
Dorothe Elis.
Luther
*4..2.1782
+27.9.1848
~Joh.Chr.
Hädicke
Dorothe
Maria
Luther
*25.4.1784
+30.10.1799
Drohndorf
Johann Georg Andreas Luther
* 13.5.1787 + 15.4.1836
Gutsbesitzer
~ 19.9.1811 Dor.Marie Sophie
Schäfer aus Schackstedt
Dorothe Elis.L.
*17.1.1789
+7.2.1826
~G.W.Schäfer
Schackstedt
Johann Matin Hardwig Luther
* 19.9.1792 + 24.2.1846
Freisasse u.Gutsbesitzer in Drohndorf
~ 31.10.1816 Marie Christine Eliesab.
Bosmann aus Mehringen
Johanna Dorothea Luther
*27.12.1812,+24.9.1893
~ Joh.Friedr. Wiechmann,Ackersasse
*21.12.1809,+6.11.1893
in Drohnd.
Martin GottlobLuther
*19.1.1814,+12.3.1880
~ Johanna Schulle
baut Hof u.späteres
Gemeindehaus
in Drohnd.-Unterdorf
Gutsbesitzer
Martin Georg Gottfried Luther
* 18.11.1817 + 17.6.1896 in Drohndorf
~ 5.12.1848 Luise Dorothee Eliesabeth Mänicke
Tochter des Friedrich Mänicke
Freisasse u.Gutsbesitzer
in Drohndorf
Christine Luise
Dor.Luther
*1.1.1824
+11.6.1898
~ Fr.Christof
Wiechmann
Gutsbesitzer
Dorothe Elisab.
Luther
*19.10.1829
+ 11.7.1897
~ Gottlieb
Wilke
August Christ.
Wiechmann
Gutsbes.
Schackstedt
Carl Wiechm.
Bauer
6 Kinder
Otto Franz Wiechmann

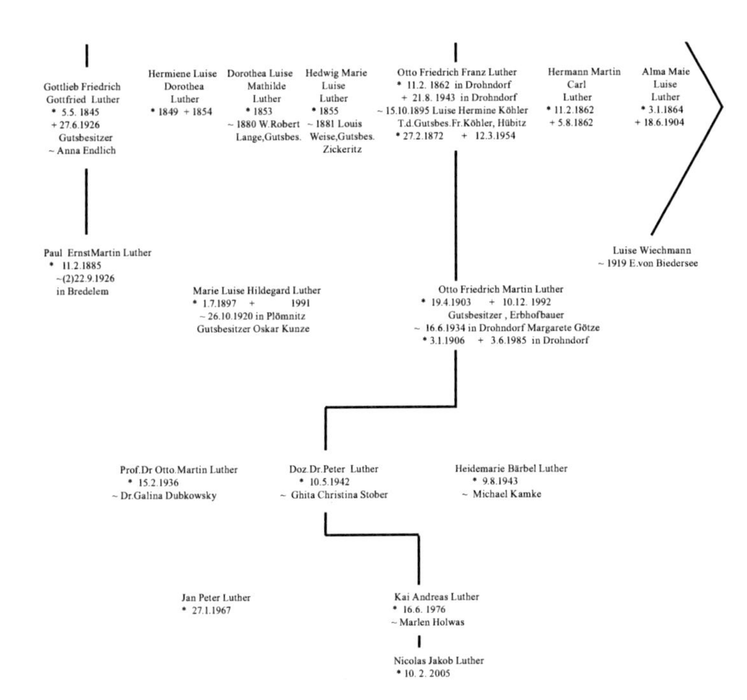

Dieses ist die gegenwärtig
24. Generation
der Luther – Familie,
seit Wiegand Luther
vor 700 Jahren, im Jahre 1295, gelebt hat